W0173065

Warren W. Wiersbe
**Kurzkommentar
zum Neuen Testament**

NT

Warren W. Wiersbe

WIERSBE KURZKOMMENTAR
ZUM NEUEN TESTAMENT

▪ Impressum ▪

Bibelzitate – wenn nicht anders ausgewiesen – nach der
Revidierten Elberfelder Übersetzung
© 2011 SCM R.Brockhaus im SCM-Verlag GmbH & Co.KG

Wiersbe, Warren W.
**Kurzkommentar
zum Neuen Testament**

ISBN 978-3-89436-916-3

1. Auflage 2012

Titel des amerikanischen Originals
Wiersbe Bible Commentary New Testament
© 1991 by Warren W. Wiersbe. Published in Nashville, Tennessee, by Thomas Nelson.
All Rights Reserved. This Licensed Work published under license.

© 2012 der deutschen Ausgabe
Christliche Verlagsgesellschaft mbH, Dillenburg
www.cv-dillenburg.de
Übersetzung: Martin Plohmann, Bielefeld
Umschlaggestaltung: Werbestudio 71a.de
Druck: CPI Moravia Books, Pohorelice

Printed in Czech Republic

Inhalt

▪ Inhalt ▪

Wie du den größten Gewinn aus diesem Buch ziehst

Der Wiersbe Kurzkommentar zum NT ist als ergänzende Lektüre zu deiner Bibel gedacht, nicht als Ersatz. In erster Linie soll er dir helfen, einige der grundlegenden geistlichen Lektionen der Bibel zu entdecken und anzuwenden. Wo es nötig ist, werden schwierige Stellen erklärt, wobei dieses Buch kein reiner »Auslegungskommentar« ist.

Die Bibel ist Gottes Wahrheit (Joh 17,17), und sie wird uns auf verschiedenen »Ebenen« gegeben. Die Grundlage ist die *historische Wahrheit*, die aufgezeichneten Fakten und Worte, die reale Menschen und Ereignisse betreffen. Aus diesen Tatsachen lernen wir *lehrmäßige Wahrheiten* über Gott, den Menschen, Sünde, Errettung und eine Vielfalt anderer Themen. Das Ergebnis muss natürlich die *praktische Wahrheit* sein, denn Gott segnet uns, wenn wir sein Wort *tun*, und nicht, wenn wir es nur *lernen* (Jak 1,22-25). Das Lernen muss dahin führen, dass wir es ausleben.

Die Bibel wurde sowohl für das Herz als auch für Verstand und Willen geschrieben. An diesem Punkt kommt die *erbauliche Wahrheit* hinzu. Wir benutzen die Bibel zu unserer geistlichen Erbauung, wenn wir sie persönlich zu uns reden und uns vom Geist Gottes belehren lassen (Joh 14,26; 15,26; 16,13-15). Die ganze Bibel wurde nicht *an* uns, sondern *für* uns geschrieben (2Tim 3,16-17), und sie kann uns geistlich erleuchten, befähigen, bereichern und ermutigen, wenn wir sie nur lassen.

Charles Haddon Spurgeon, der bekannte britische Prediger, sagte: »Kein Teil der Schrift ist von privater Auslegung; keine Bibelstelle ist nur auf die Person beschränkt, die sie zuerst empfangen hat. Gottes Tröstungen sind wie Brunnen, die kein Mensch oder eine Gruppe von Menschen erschöpfen kann, ganz gleich wie groß ihr Durst auch sein mag.«

Wenn wir die Bibel mit Hingabe lesen, richten wir unseren Blick auf den geistlichen Kern, nicht auf die historischen oder geographischen Begleiterscheinungen. Gott hat mich oft durch das erste Kapitel von Josua ermutigt. Das bedeutet aber nicht, dass ich in den Jordan steigen und erwarten kann, dass er sich vor mir teilt. Allerdings habe ich erlebt, wie Gott schwierige Situationen in meinem Dienst aus dem Weg räumte, wenn ich ihm vertraut habe.

Das Wort Gottes soll uns warnen (1Kor 10,1-12) und uns Hoffnung geben (Röm 15,4). Das kann es nur, wenn wir es in uns aufnehmen und es in unserem Leben wirken lassen (1Thes 2,13).

Die Biografien von Christen sind voller Beispiele dafür, wie Gott durch sein Wort zu seinen Dienern »gesprochen« und ihnen genau die Wahrheit gegeben hat, die sie brauchten, um schwierige Entscheidungen zu treffen oder sich großen Herausforderungen zu stellen. Meine Frau und ich haben das in unserem Dienst erlebt. Gott zeigte uns seine Gedanken genau zum richtigen Zeitpunkt durch eine Bibelstelle, die wir in unserer täglichen Andacht lasen. Menschen, die »die Bibel willkürlich aufschlagen« und um Hilfe bitten, machen aus dem Wort Gottes ein magisches Buch und versuchen Gott, statt ihm zu vertrauen.

Allerdings möchte ich an dieser Stelle warnen: Wir sollten sehr vorsichtig sein mit der Behauptung, dass »Gott mir gesagt hat, ich sollte dieses oder jenes tun.« Gott spricht heute nicht so mit uns, wie er es mit Mose, Josua und Paulus getan hat. Wir sollten vielmehr sagen: »Das hat mir der Geist Gottes aus der Bibel geoffenbart, und ich bete, dass Gott mir zeigt, was ich tun soll.« Schließlich weiß auch der Teufel, wie er die Bibel gebrauchen kann (Mt 4,5-7). »*Es steht geschrieben*« muss im Gleichgewicht stehen mit »*wiederum steht geschrieben*«.

Um den größten Gewinn aus diesem Buch zu ziehen, schlage ich dir folgendes Vorgehen vor:

1. Nimm dir einen Bibelleseplan zu Hilfe, und lege eine bestimmte Zeit und einen bestimmten Ort fest. Wahlloses Bibellesen ist besser als nichts, aber es ist selten auferbauend.

2. Lies die Bibelstelle gründlich, und bitte Gott, dich durch seinen Geist zu belehren. Denke darüber nach, und suche nach der Wahrheit, die Gott dir mitteilen will. Vielleicht hältst du in einem geistlichen Tagebuch fest, was du in seinem Wort entdeckt hast.

3. Lies die Kommentare in »Der Wiersbe Kurzkommentar zum NT«, denke darüber nach und versuche die Wahrheiten, die Gott dir aufs Herz legt, in dir aufzunehmen. Überprüfe die angegebenen Bibelstellen, vergleiche die Schrift mit der Schrift und finde heraus, wie eine Stelle Licht auf eine andere wirft.

4. Bete, dass die Wahrheit in dein Inneres dringt und Gott dir hilft, sie in deinem Leben umzusetzen. Wenn wir unser Bibelwissen richtig anwenden, führt das zu einem »brennenden Herzen«, das gehorsam sein will (Lk 24,32), und nicht zu einem »großen Kopfwissen«, das nur angeben möchte (1Kor 8,1).

Du musst nicht mit allem übereinstimmen, was ich geschrieben habe, um Gewinn aus diesem Buch zu ziehen. Meine Kommentare zum Wort Gottes sind nicht die Nahrung, sondern nur die Speisekarte, die die Nahrung beschreibt. Sie sind nicht die Straße, sondern die Schilder, die dir helfen, den Weg zu finden. Wenn dieses Buch jemals den Platz deiner Bibel einnimmt oder dein Nachdenken über sie ersetzt, wirst du aufhören, geistlich zu wachsen. Bibelwissen allein kann dich geistlich nicht ernähren.

Seitdem ich 1945 Christ geworden bin, lese ich treu die Bibel. Viele Kommentare in diesem Buch entstammen meinen Notizbüchern, die ich in den letzten zwanzig Jahren geführt habe. Als mir mein guter Freund und Herausgeber Dr. Victor Oliver vorschlug, einen erbaulichen Kommentar zu schreiben, bot es sich an, diese Notizbücher noch einmal durchzugehen und ihnen die Wahrheiten zu entnehmen, die ich für den Lebensweg eines Christen für hilfreich hielt. Zumindest haben sie mir geholfen, und dafür bin ich dem Herrn dankbar.

Warren W. Wiersbe

Die vier Evangelien

Das Wort *Evangelium* bedeutet »gute Nachricht«. Es ist die Botschaft, dass Jesus Christus die Sünden all derer vergibt, die an ihn glauben (1Kor 15,1-11; Gal 1,6-9). Es bezieht sich auch auf die ersten vier Bücher des Neuen Testaments, in denen das Leben und die Lehren des Erlösers beschrieben werden. Ohne Jesus Christus – seine Person, seine Lehre, seine Taten – gibt es keine guten Nachrichten für verlorene Sünder (Apg 4,12).

Die vier Evangelien sind keine Biografien nach heutigem Verständnis, ebenso wenig berichten sie uns alles über Jesus (Joh 20,30-31). Unter der Leitung des Heiligen Geistes haben die Verfasser Ereignisse berichtet, die ihre Absichten unterstützten.

Matthäus schrieb in erster Linie für die Juden und erklärte, dass Jesus Christus der Messias ist, der die alttestamentlichen Prophezeiungen erfüllt. *Markus* richtete sein Buch an die Römer und stellte Jesus als den Knecht Gottes dar. *Lukas* schrieb für die Griechen und zeigte Jesus als den vollkommenen und mitfühlenden Sohn des Menschen. *Johannes* hatte die ganze Welt im Sinn, als er Jesus als den Sohn Gottes und den Erlöser darstellte.

Die ersten drei Evangelien liefern einen bis zu einem bestimmten Grad parallelen Bericht vom Leben Jesu und werden deshalb die »synoptischen Evangelien« genannt. (Das Wort *synoptisch* bedeutet »zusammen sehen«.) Das viel später geschriebene Johannes-Evangelium enthält Material, das die Berichte der synoptischen Verfasser ergänzt. Jedes Evangelium ist einzigartig, und alle vier sind nötig, um eine ausgewogene Sicht vom Leben, den Lehren und Taten Jesu Christi zu erhalten.

Matthäus

Matthäus (»Gabe Gottes«) war ein jüdischer Zöllner, der dem Ruf gern folgte und einer der zwölf Apostel wurde (Mt 9,9-13). Sein Vorname war Levi (Lk 5,27).

Matthäus, der vor allem für die Juden schrieb, weist nach, dass Jesus Christus der Sohn Davids ist, der Messias, der rechtmäßige Erbe von Davids Thron. In seinem Evangelium finden sich mindestens 129 alttestamentliche Zitate und Andeutungen und das Wort *Reich* taucht über fünfzig Mal auf. Das Matthäus-Evangelium, das erste Buch des Neuen Testaments, bildet die perfekte Brücke zwischen dem alten und dem neuen Bund, zwischen Israel und der Gemeinde, der Prophezeiung und ihrer Erfüllung.

Der König zeigte sich seinem Volk (Kap. 1–10), aber die religiösen Führer widersetzten sich ihm (Kap. 11–13). Deshalb zog sich der König mit seinen Jüngern von den Menschenmengen zurück und bereitete sie auf seine bevorstehende Gefangennahme und Kreuzigung vor (Kap. 14–20). Er wurde verworfen und gekreuzigt (Kap. 21–27), aber er stand aus den Toten auf und beauftragte seine Jünger, seine Botschaft in die ganze Welt zu tragen (Kap. 28).

Beim Lesen des Matthäus-Evangeliums wirst du beeindruckt sein von der Macht Jesu über Krankheiten, Dämonen, Situationen und sogar über den Tod. Er hat die Autorität über unser Leben, und wir sollten ihm gehorsam folgen.

Matthäus 1
Ein besonderes Buch (1). Das Alte Testament ist »*das Buch der Geschlechterfolge Adams*« (1Mo 5,1), aber das Neue Testament ist das »*Buch des Ursprungs Jesu Christi*«. Der Stammbaum Jesu Christi ist der letzte, den Gott uns an dieser Stelle und in Lukas 3,23-28 in der Bibel gibt. Nicht deine *erste* Geburt ist entscheidend, sondern deine *zweite* (Joh 3).

Eine besondere Vorsehung (2-17). Was einigen wie eine langweilige Aufzählung von schwierigen Namen erscheinen mag, ist in Wirklichkeit ein Bericht vom Wirken Gottes in allen Zeitaltern, um seinen Sohn auf die Erde zu bringen. Gott bestimmte, verwarf und hielt seine großen Verheißungen zurück. Ebenso wird er seine Verheißungen wahrmachen und Jesus wiederkehren lassen.

Ein besonderes Kind (18-25). Die Geburt Jesu war anders als jede andere Geburt. Er wurde vom Heiligen Geist in Marias Leib gezeugt und mit einer sündlosen Natur geboren. Er ist »*Gott mit uns*«, und ebenso ist er Gott, der *uns gleich* ist, da er unseren Körper und unser menschliches Leben annahm und in unsere Erfahrungswelt kam. Was für ein wunderbarer Erlöser!

Die Jungfrauengeburt

Die Jungfrauengeburt Jesu ist für die Wahrheit des Evangeliums entscheidend (Jes 7,14). Da Jesus Christus Gott ist, existierte er bereits vor Maria; deshalb konnte er nicht wie andere Babys gezeugt werden. Er wurde nicht nur geboren, sondern er ist »*in die Welt gekommen*« (Joh 18,37). Er ist sowohl Gott als auch Mensch, das sündlose Lamm Gottes (1Petr 1,19). Matthäus beginnt und beendet sein Buch mit der Aussage, dass »*Gott mit uns*« ist (1,23; 28,20).

Matthäus 2

Welche Reaktionen gab es auf seine Geburt?

Die **Schöpfung** reagierte mit einem wunderbaren Stern am Himmel, um der Welt mitzuteilen, dass ein König geboren worden war (4Mo 24,17).

Die **Nationen** beteten ihn an und brachten ihm Geschenke. Matthäus zeigt schon früh in seinem Buch, dass Jesus kam, um sowohl die Nationen als auch die Juden zu erretten. Die Weisen aus dem Morgenland waren Sternenkundige, die den Himmel erforschten. Der Stern führte sie zu den Schriften, und diese brachten sie zum Retter (siehe Ps 19). Gott spricht zu uns auf eine Weise, die wir verstehen können.

Herodes reagierte mit Furcht und List. Er wollte keinen neuen König, der seine Herrschaft gefährdete.

Alle Hohenpriester und Schriftgelehrten lieferten zwar die richtige Information, reagierten aber falsch. Sie waren nur acht Kilometer vom Messias entfernt, dennoch weigerten sie sich, zu ihm zu gehen! Was bringt es, die biblische Prophetie zu verstehen, wenn sie dein Leben nicht verändert?

Die Weisen aus dem Morgenland

Diese Männer waren Wissenschaftler, für die es keinen Widerspruch zwischen der Wissenschaft und der Schrift gab oder zwischen der Suche nach der Wahrheit und der Anbetung des Erlösers. Überzeugte Christen können den Herrn sowohl mit dem Verstand als auch mit dem Herzen anbeten (Mt 22,37). »Wissenschaft ohne Religion ist schwach«, sagte Albert Einstein. »Religion ohne Wissenschaft ist blind.«

Matthäus 3

Johannes der Täufer war das Vorbild eines Predigers. Er ebnete den Weg für den Herrn (V. 3; Jes 40,3) und legte die Axt an die Wurzel der Sünde und sprach sie offen an (V. 10). Er ließ sich von Menschen nicht einschüchtern und hatte keine Angst, das Gericht zu verkünden (V. 12). Er war seinem Herrn gehorsam und verherrlichte ihn in allen Dingen (Joh 3,30).

Einige Menschen hörten Gottes Wort und bekannten ihre Sünden (V. 5-6), während andere ihre Sünden zudeckten (V. 7-9; Spr 28,13). Die ersten wurden Kinder Gottes, aber die zweiten waren Kinder des Teufels (V. 7; Joh 8,44).

Jesus ist der Sohn Gottes. Die Schriften (V. 3), Johannes der

Täufer (V. 11), der Heilige Geist (V. 16) und der Vater (V. 17) bezeugten diese Wahrheit.

Die Bedeutung der Taufe

Da Jesus sündlos war, ließ er sich nicht taufen, um Sünden zu bekennen (V. 5). Durch seine Taufe wurde er Israel vorgestellt (Joh 1,31). Außerdem war sie ein Bild seiner zukünftigen Taufe am Kreuz, als »*alle deine* [Gottes] *Wogen und deine Wellen*« über ihn hinweggingen (Ps 42,8; vgl. Mt 20,22; SCHLACHTER 2000). Die Taufe des Johannes blickte voraus auf das Kommen des Messias (Apg 19,1-7). Die christliche Taufe heute sieht zurück auf Tod, Grablegung und Auferstehung Jesu Christi und bezeugt, dass sich der Gläubige mit ihm eins macht (Kol 2,12; Apg 10,47-48).

Matthäus 4

Der Sieger (1-11). Die Grundlage für öffentlichen Dienst ist der Sieg im privaten Bereich. Unser Herr wurde nicht versucht, weil der Vater ihn prüfen wollte. Der Vater hatte bereits sein Wohlgefallen an ihm kundgetan (3,17). Er wurde um unseretwillen versucht, um die Versuchung persönlich kennenzulernen und um uns helfen zu können, wenn wir versucht werden (Hebr 2,17-18; 4,15). Er überwand den Teufel mit denselben Mitteln, die auch uns heute zur Verfügung stehen: das Wort Gottes (»*es steht geschrieben*«), die Kraft des Heiligen Geistes (V. 1; Lk 4,1) und das Gebet (Lk 3,21; 1Kor 10,13).

Der Meister (12-22). Nachdem er den »Starken« besiegt hatte, drang Jesus nun in sein Haus ein und raubte seinen Hausrat (12,24-30). Er war dem Wort gehorsam (V. 15-16; Jes 8,23–9,1), predigte es und berief Menschen zu seinen Jüngern. Jeder muss sich entscheiden, ob er Jesus nachfolgt oder sich auf einen Handel mit dem Teufel einlässt (V. 8-10). Was ist *deine* Entscheidung?

Der Heiler (23-25). Die Haupttätigkeit unseres Herrn war Lehren und Predigen. Aber sein Erbarmen brachte ihn dazu, sich um die körperlichen Nöte der Menschen zu kümmern. Tragischerweise wollten die meisten Leute, die ihm folgten, seine Dienste, nicht aber seine Erlösung, die Gaben, nicht den Geber. Diese Menschen gibt es auch heute unter uns.

> *»Niemand möge sich für heilig halten, nur weil er nicht versucht wird, denn die Heiligsten und Höchsten im Leben sind den meisten Versuchungen ausgesetzt. Je höher der Berg ist, umso stärker weht der Wind; je höher das Leben ist, umso stärker ist die Versuchung des Feindes.«*
> John Wycliffe

Die Bergpredigt

Die Bergpredigt war die »Einsetzungspredigt« unseres Herrn für seine Apostel (Lk 6,12ff.). Das Thema ist Gottes Gerechtigkeit im Gegensatz zu der heuchlerischen Gerechtigkeit der Schriftgelehrten und Pharisäer (5,17-20; Mt 23). Die Predigt ist nicht ein zweites Gesetz mit neuen Geboten. Sie geht viel tiefer als das Gesetz, da sie sowohl innere Einstellungen als auch äußeres Handeln berücksichtigt. Sie liefert ein Bild des wahrhaft gerechten Menschen und zeigt die geistlichen Prinzipien auf, die sein Leben bestimmen.

Jesus beginnt die Predigt mit einer Beschreibung des wahrhaft gerechten Menschen (5,1-16). Anschließend legt er fest, was Sünde ist (5,21-48) und wie in den Bereichen Anbetung (6,1-18) und Reichtum (6,19-34) wahre Gerechtigkeit aussieht. Zum Schluss warnt er vor heuchlerischem Richten (7,1-12), falschen Propheten (7,13-20) und Ungehorsam gegenüber dem Willen Gottes (7,21-29).

Man wird nicht errettet, wenn man sich an die Bergpredigt hält, ebenso wenig durch das Befolgen der Zehn Gebote. Da die

Forderungen der Bergpredigt die richtige innere Haltung voraussetzen, sind sie viel schwerer zu erfüllen als die des mosaischen Gesetzes. Nur der wahre Gläubige in Jesus Christus kann die Bergpredigt in die Tat umsetzen (Röm 8,1-4).

Matthäus 5

Bürger (1-12). Durch die neue Geburt gelangen wir in das Reich Gottes (Joh 3,1-16), aber genießen können wir es nur, wenn wir für die Dinge leben, die Gott wichtig sind (6,33). Die Welt (und weltliche Gläubige) würde der Beschreibung Jesu von einem glückseligen Menschen widersprechen, aber dennoch ist sie wahr. Gott legt Wert auf Charakter, und wir sollten es auch tun.

Salz und Licht (13-16). Geschmackloses Salz und verborgenes Licht sind zu nichts zu gebrauchen! Das Salz gebietet dem Verfall in unserer Welt Einhalt, und Licht vertreibt die Dunkelheit. Salz ist verborgen, Licht sichtbar. Beides wird in der Welt gebraucht, und beides muss eingesetzt werden, damit man dienen kann.

Anbeter (17-26). Wenn wir mit Zorn vor den Altar treten, können wir Gott nicht anbeten; zuerst müssen wir den Zorn überwinden. Wut bringt zornige Worte und Taten hervor und kann schließlich zu Mord führen (siehe Eph 4,25-32).

Chirurgen (27-32). Es ist offensichtlich, dass Jesus nicht buchstäblich einen chirurgischen Eingriff meint, da das wahre Problem im Herzen liegt (V. 28). Er erinnert vielmehr bildhaft daran, wie schrecklich die Sünde ist; und wir sind »verstümmelt« besser dran als gesund und auf dem Weg in die Hölle. Nimm drastische Maßnahmen gegen die Sünde vor!

Kinder des Vaters (33-48). »*Was tut ihr Besonderes?*« (V. 47). Wir dürfen uns nicht an anderen messen, sondern nur am Vater (V. 48). Das betrifft unsere Worte (V. 33-37), unsere Reaktion auf Kränkungen (V. 38-42) und unseren Umgang mit unseren Feinden (V. 43-48).

> »Rache macht einen Menschen nicht besser als seinen
> Feind. Wenn er sich aber zurückhält, steht er über ihm.«
>
> Francis Bacon

Matthäus 6

Lob (1-4). Wir sollten nur geben, um Gott zu gefallen und von *ihm* gelobt zu werden. Wenn wir es tun, um das Lob anderer zu gewinnen oder um uns selbst zu gefallen (V. 3), bekommen wir den Lohn und das Lob *sofort* – aber wir verlieren den *ewigen* Lohn. Wir können nicht zweimal Lohn empfangen. Deshalb müssen wir uns entscheiden, welchen wir wollen.

Gebet (5-15). Unser öffentliches Gebet ist nur so gut wie unser privates, und unser privates Gebet sollte im Verborgenen stattfinden (V. 5-6) und ernsthaft (V. 7-8) und strukturiert (V. 9-13) sein. Das Gebet des Herrn ist ein Beispiel, dem wir folgen sollten, so dass wir die Dinge Gottes an die erste Stelle setzen und nicht vergessen, anderen zu vergeben.

Besitz (16-34). Wir brauchen *Dinge* zum Leben (V. 32), und Gott gibt sie uns (V. 33). Aber ihr Erwerb darf nicht das Hauptziel unseres Lebens sein. Wir leben für Dinge, wenn sie unser Herz gefangen nehmen (V. 19-21) und unsere Gedanken (V. 22-23) und unseren Willen beherrschen (V. 24). All das führt zu *Sorgen*. Die Lösung: Gib Gott den ersten Platz, und lebe für ewige Werte.

Schätze im Himmel

Wir sammeln uns Schätze im Himmel, wenn wir daran denken, dass alles, was wir haben, Gott gehört und wir es einsetzen, um seine Gerechtigkeit zu zeigen und sein Reich voranzubringen (Mt 6,33). Das bedeutet viel mehr, als Gott etwas von unserem Geld zu geben, auch wenn das wichtig ist. Es bedeutet, Gott die völlige Kontrolle über unser Leben zu geben und allein ihn verherrlichen zu wollen. Das ist das Geheimnis eines Lebens (Mt 6,24), das frei von Sorgen ist.

Matthäus 7

Richter (1-12). Andere zu richten, ist eine der gängigsten Methoden, um von unseren Sünden abzulenken. Etwas zu beurteilen, ist nicht falsch (V. 6), aber wir müssen bei uns selbst anfangen. Oft machen wir uns Sünden schuldig, die wir meinen, bei anderen zu erkennen (Röm 2,1-3). Wir haben Gebet und Liebe nötig, wenn wir an unseren Brüdern und Schwestern eine erfolgreiche »Augenoperation« vornehmen wollen. Wir müssen sie so behandeln, wie wir von ihnen behandelt werden wollen.

Reisende (13-14). Da die Pforte zum wahren Leben eng und der Weg schmal ist, solltest du kein überflüssiges Gepäck mitnehmen. Falsche Lehrer machen den Weg leicht und beliebt. Wenn du Jesus wirklich nachfolgst, wirst du einen Preis dafür bezahlen müssen und der Weg wird manchmal sehr einsam.

Bäume (15-20). Das Leben bringt Frucht hervor, und gute Bäume werfen gute Früchte ab. Im Leben der Schriftgelehrten und Pharisäer gab es viele Lippenbekenntnisse, aber keine Beweise für geistliche Frucht.

Bauherren (21-29). »*Auf den Felsen*« zu bauen, heißt, dem Wort Gottes gehorsam zu sein. *Worte* reichen nicht aus, Taten müssen folgen (Jak 1,22-25). Wenn du behauptest, ein Jünger Jesu zu sein, solltest du damit rechnen, dass dein Bekenntnis in diesem Leben geprüft wird. Ein Schönwetter-Glaube wird die Prüfung nicht bestehen.

Matthäus 8–9

In diesen beiden Kapiteln beschreibt Matthäus einige Wunder unseres Herrn und führt sie als Beweis dafür an, dass Jesus der verheißene Messias ist (1Kor 1,22; Jes 35,4-6). In Kapitel 8,17 zitiert er Jesaja 53,4 und bezieht es auf den irdischen Heilungsdienst Jesu. Diese Wunder enthalten einige hilfreiche Lektionen.

Im Glauben wachsen
Manche Menschen haben »*keinen Glauben*« (Mk 4,40), andere
hingegen sind »*Kleingläubige*« (Mt 6,30). Gott möchte, dass
wir einen »*großen Glauben*« haben (Mt 8,10; 15,28). Glaube ist
wie ein Same, der wächst, wenn er in das Herz hineingesät
und dort gepflegt wird (Mt 17,20). Der Glaube kommt aus
dem Wort Gottes (Röm 10,17). Wenn sich dein Glaube in
schwierigen und prüfungsvollen Zeiten bewährt, wächst er,
und du verherrlichst Gott (Jak 1,1-8; 1Petr 1,1-9). Der Glaube,
nicht das Gefühl, gibt dir den Sieg (1Jo 5,1-5).

Gott sind einzelne Menschen wichtig. Jesus diente nicht nur den
Menschenmengen (8,1; 9,36), er kümmerte sich auch um Einzelpersonen. Er hatte Erbarmen mit Menschen, die von anderen
gemieden wurden. Petrus und Johannes hatten dieselbe Gesinnung: Sie dienten Tausenden (Apg 2), nahmen sich aber auch
Zeit für einen einzelnen Bettler (Apg 3).

 Gott kann jedes Bedürfnis stillen. Nichts ist zu schwer für den
Herrn (Jer 32,17). Er kann die Kranken und Geplagten heilen, den
Sturm beruhigen, Dämonen austreiben und sogar die Toten
auferwecken. Wirfst du *alle* deine Sorgen auf ihn (1Petr 5,7)?

 Gott reagiert auf Glauben. Der Hauptmann hatte einen *großen*
Glauben (8,10), während sich die Jünger als *Kleingläubige* zeigten
(8,26). Die Männer, die ihren gelähmten Freund zu Jesus brachten,
bewiesen einen *gemeinsamen* Glauben (9,2), während die kranke
Frau fast schon *abergläubisch* war (9,21). Jesus stellt dir dieselbe
Frage wie den beiden blinden Männern: »*Glaubst* [du], *dass ich dies
tun kann?*« (9,28). Was ist deine Antwort?

 Gottes größtes Anliegen ist die Errettung von Sündern. Die
Heilung der Kranken ist ein großes Wunder und die Auferweckung
aus den Toten ein noch größeres, aber die Errettung verlorener
Seelen ist das größte Wunder von allen. Jesus ist der große Arzt,

der kam, um Sünder zu heilen (9,12-13), der Bräutigam, der Sünder zum Hochzeitsfest einlädt (9,14-17), und der gute Hirte, der Erbarmen mit den verlorenen Schafen hat (9,35-36).

Petrus und Jesus
Die Heilung der Schwiegermutter des Petrus war das erste von sieben Wundern, die Jesus speziell für Petrus tat. Zu zwei verschiedenen Gelegenheiten schenkte er Petrus einen großen Fischfang (Lk 5,1-11; Joh 21,1-8), und einmal half er ihm, einen Fisch mit einer Münze im Maul zu fangen (Mt 17,24-27). Ein anderes Mal ließ Jesus ihn auf dem Wasser gehen (Mt 14,22-33). Als Petrus das Ohr von Malchus abschlug, heilte Jesus es wieder (Lk 22,50-53); er rettete Petrus aus dem Gefängnis und vor dem Tod (Apg 12). So verwundert es nicht, dass Petrus schrieb: »*Werft alle eure Sorge auf ihn! Denn er ist besorgt für euch*« (1Petr 5,7).

Gott will, dass wir ihm helfen, die Verlorenen zu erreichen. Petrus öffnete sein Haus, und Jesus heilte viele Menschen dort (8,14-16); Matthäus stellte Jesus in seinem Haus seinen Freunden vor (9,9-17). Die beiden geheilten Blinden verbreiteten die Nachricht über Jesus im ganzen Land (9,31). Jesus sucht Jünger (8,18-22) und Arbeiter in der Ernte (9,37-38), die ihm bei dieser großen Aufgabe helfen.

Matthäus 10
Wenn du anfängst, für Arbeiter zu beten (9,38), solltest du auf die Antwort auf dein Gebet gefasst sein! Du betest und wirst ausgesandt!

Einige dieser Anweisungen galten in erster Linie den Aposteln (V. 5-15), und andere gelten denen, die kurz vor der Wiederkunft des Herrn in seinem Dienst stehen werden (V. 16-23). Aber die hier erwähnten geistlichen Grundsätze betreffen alle Diener Gottes.

Jesus beruft und befähigt uns. Wenn der Herr dich beruft, gibt er dir auch die Fähigkeit zu der Aufgabe, die du für ihn erledigen sollst. Es wird zu Recht gesagt: »Der Wille Gottes sendet dich nirgendwo hin, wo die Gnade Gottes dich nicht aufrechterhalten kann.«

Jesus verheißt kein leichtes Leben. Es ist ein großartiges Privileg, ein Botschafter des Königs zu sein, aber es hat auch seinen Preis. Wir sind Schafe unter Wölfen (V. 16), Schwertträger (V. 34-36) und Kreuzträger (V. 37-39). Die Welt hasst uns, weil sie ihn hasst (V. 24-25; Phil 3,10).

Jesus möchte, dass wir anderen großzügig geben (8). Die Apostel besaßen die Macht, Wunder zu tun, aber wir dienen dem Herrn schon, indem wir anderen ein Glas mit kaltem Wasser geben (V. 42). Alles, was wir besitzen, haben wir von Gott geschenkt bekommen (Joh 3,27; 1Kor 4,7), und wir sollen es in Liebe mit anderen teilen. Wir müssen im Glauben leben und auf Gott vertrauen, dass er uns gibt, was wir brauchen.

Jesus kann alle Ängste wegnehmen. Wenn du Gott fürchtest, brauchst du vor nichts weiter Angst zu haben (V. 27-31; Ps 112). Du bist wertvoll für deinen Vater, und er wird sich um dich kümmern. Bis ihre Aufgabe erfüllt ist, sind Diener Gottes unsterblich.

Gehe das Kapitel noch einmal durch und markiere die Verheißungen, die du heute brauchst.

Matthäus 11

Johannes der Täufer war verwirrt und vielleicht auch entmutigt. Er hatte Gott treu gedient und wurde trotzdem ins Gefängnis geworfen. Seine Aufgabe war beendet und er war sich nicht sicher, ob Jesus der Messias war. Wenn du in einer ähnlichen Situation bist, dann mache das, was Johannes tat: Sag es Jesus, und warte, bis er durch sein Wort zu dir spricht (V. 4-6; Jes 35,4-6). Jesaja

50,10 ist eine große Verheißung, die du in Anspruch nehmen kannst, wenn die Tage dunkel sind und du enttäuscht bist.

Die Jünger des Johannes hörten nicht, wie Jesus ihren Führer lobte. Johannes war kein kompromissbereiter Mensch (ein Rohr, V. 7) oder eine berühmte Persönlichkeit; er war Gottes größter Prophet. Johannes saß im Gefängnis, weil ein grausamer König und ein kindisches (V. 16-19) statt kindliches (V. 25) Volk ihn dort hingebracht hatten.

Überlasse das Gericht dem Herrn (V. 20-24), und warte auf ihn, dass er seinen vollkommenen Plan ausführt. Vielleicht meinst du, du hättest versagt, aber Gott wird dein Werk segnen. Johannes gewann Menschen für Jesus lange, nachdem er gestorben und beerdigt war (Joh 10,40-42)! Wenn du das sanfte Joch Jesu aufnimmst, wirst du seine vollkommene Ruhe erfahren (V. 25-30).

Matthäus 12

Feindseligkeit (1-8). Die religiösen Führer warteten auf eine Gelegenheit, Jesus anzugreifen, und er gab sie ihnen absichtlich. Es ist tragisch, wenn man die Last der Gesetzlichkeit trägt, obwohl man doch die vollkommene Sabbatruhe genießen könnte (V. 11,28-30)! Wenn Jesus dein Herr ist, wird das ganze Leben zu einem Sabbat, und jeder Ort ist Gottes Tempel, sogar ein Kornfeld.

Heuchelei (9-14). Den Pharisäern war es wichtig, den Sabbat einzuhalten, aber ein Mann mit einer verkrüppelten Hand war ihnen egal. Jesus will Barmherzigkeit und nicht Opfer (V. 7; Hos 6,6; Mi 6,6-8). *Benutzt* du Menschen oder *dienst* du ihnen?

Sieg (15-32). Jesus ist der Stärkere, der in das Haus des Teufels eingedrungen ist. Er hat ihn überwunden, ihm seine Waffen weggenommen und seinen Hausrat geraubt (Eph 1,15-23; Kol 2,15). Lege die Waffenrüstung an und mache dich mit seinem Sieg eins (Eph 6,10ff.).

Neutralität (43-50). Hüte dich vor einem leeren Leben! Es ist eine offene Einladung an den Teufel. Im geistlichen Kampf kannst du nicht neutral bleiben; entweder bist du für Jesus oder gegen ihn.

Die unvergebbare Sünde

Die unvergebbare Sünde wird von Menschen begangen, die dem Wirken des Heiligen Geistes widerstehen und sein Zeugnis über Jesus ablehnen. Es ist eine Sünde des Herzens, nicht des Mundes, denn das, was wir sagen, kommt aus unserem Herzen (Mt 12,33-37). Als die religiösen Führer die Gefangennahme und Tötung von Johannes dem Täufer zuließen, sündigten sie gegen Gott, den Vater, der ihn gesandt hatte. Als sie Jesus kreuzigten, sündigten sie gegen Gott, den Sohn. Jesus bat, dass ihnen vergeben würde (Lk 23,34), und Gott gab ihnen noch eine Chance. Als sie die Apostel verfolgten und Stephanus töteten, sündigten sie gegen den Heiligen Geist, der durch sie wirkte (Apg 7,51). Diese Sünde gegen den Heiligen Geist führte zum Untergang des Volkes. Gott kann alle Sünden vergeben, außer die Sünde, seinen Sohn abzulehnen (Joh 3,36). Gottes Kinder können keine unvergebbare Sünde begehen, da alle ihre Sünden vergeben wurden, als sie an Jesus Christus gläubig wurden (Joh 3,18; Röm 8,1; Kol 2,13).

Matthäus 13

Diese Gleichnisse erklären, wie Gott heute in der Welt wirkt. Das Reich der Himmel ist nicht die wahre Gemeinde, da in ihm sowohl echte als auch falsche Bekenner zu finden sind, errettete und verlorene Menschen. Das Reich der Himmel besteht aus allen, die in irgendeiner Weise bekennen, dem König ergeben zu sein.

Gott sät sein Wort in die Herzen der Menschen und sucht nach Frucht (V. 1-9.18-23). Er sät sein Volk aus in die Welt, wo es eine Ernte hervorbringen kann (V. 24-30.36-43). Am Ende des Zeitalters wird er die wahren Bekenner von den falschen trennen, die Guten von den Bösen.

Ist dein Bekenntnis für Jesus echt? Oder wirst du dich am Ende des Zeitalters als Fälschung herausstellen? (siehe Mt 7,21-29.)

Nimmst du das Wort in deinem Herzen auf? Der Same hat Leben und Kraft und kann eine gesegnete Ernte in deinem Leben hervorbringen. Hörst du das Wort?

Kann Gott dich »aussäen«, wo er will? Du bist ein Same, der göttliches Leben enthält. Aber ein Same muss ausgesät werden, um Frucht zu bringen (Joh 12,23-28).

Gibst du anderen weiter, was er dich lehrt (51-52)? Die Wahrheit darf nicht gehortet werden. Man muss mit anderen teilen, damit sie errettet und im Glauben auferbaut werden können.

Nimm die Wahrheit auf

Das Wort *Gleichnis* stammt von einem griechischen Wort, das »daneben stellen« bedeutet. Jesus benutzte Bekanntes, um Unbekanntes zu lehren (»*Neues und Altes*«, Mt 13,52). Das tat er nicht, um die Wahrheit zu verbergen, sondern um Interesse an ihr zu wecken (Mt 13,13-15). Er wollte, dass die Menschen ihre Augen und Ohren aufmachten und die Wahrheit in ihr träges Herz aufnahmen.

Matthäus 14

Sag es Jesus (1-12). Die Jünger von Johannes dem Täufer waren fassungslos und teilten ihr Leid mit Jesus. Das Leben wird Enttäuschungen für uns bereithalten, und du musst lernen, mit ihnen umzugehen. Jesus wird dir dabei helfen (Ps 55,23; 1Petr 5,7).

Bringe es Jesus (13-21). Die Zwölf sagten: »*Schicke sie weg!*« Aber Jesus sagte: »Bringt mir, was ihr habt!« Gib ihm alles, was du hast, und er wird es benutzen, um die Not zu stillen. Wenn wir es ganz ihm überlassen, kann er mit allem, was wir ihm geben, das Unmögliche tun. Du kannst ihm sogar *Menschen* bringen, die seine Berührung brauchen (V. 35-36).

Blicke auf Jesus (22-33). Manche Stürme entstehen, weil wir ungehorsam sind, aber dieser Sturm kam, weil die Jünger Jesus gehorchten. Petrus ging tatsächlich auf dem Wasser; doch als er von der ihn umgebenden Gefahr abgelenkt wurde, wandte er seinen Blick von Jesus weg. Wir sehen im Glauben auf Jesus, wenn wir seinem Wort vertrauen (Hebr 12,1-3). Hüte dich vor Ablenkungen!

> *»Er ist nahe, auch wenn er abwesend zu sein scheint.*
> *Er sieht uns, auch wenn wir meinen, er wäre blind.*
> *Er handelt, auch wenn er untätig erscheint.«*
>
> G. Campbell Morgan

Matthäus 15

Die Jünger unseres Herrn wussten nie, was als Nächstes passierte! Du kannst deine eigenen Reaktionen auf die Herausforderungen des Lebens überprüfen, indem du darüber nachdenkst, wie die Jünger sich in drei schwierigen Situationen verhielten.

Beleidigte Menschen (1-20) Jesus lehnte die menschlichen Traditionen der Schriftgelehrten und Pharisäer ab, weil sie sich um das Äußere kümmerten und den inneren Menschen ignorierten. Diese Männer waren Pflanzen, die Gott nicht gepflanzt hatte (13,24-30), und blinde Leiter, die die Menschen in die Irre führten. *»Lasst sie!«*, lautete der Rat des Herrn.

Beharrliche Menschen (21-31). Wieder waren die Jünger im Unrecht. Jesus schien die Frau zu ignorieren, aber im Grunde wollte er nur ihren Glauben vergrößern. Wenn er abwartet, bedeutet das nicht, dass er nicht eingreifen will. Jesus wirkte unter den Nichtjuden, und die Menschen *»verherrlichten den Gott Israels«* (V. 31).

Hungrige Menschen (32-39). Die Jünger hatten das Wunder der Speisung der Fünftausend bereits vergessen! Wenn du in einer Krise bist, dann nimm dir Zeit und denke an die Dinge, die Gott in der Vergangenheit für dich getan hat. Erinnere dich daran, dass er sich nicht ändert.

Versuche heute, den Menschen so zu begegnen, wie Jesus es tat. Bitte ihn, dir zu zeigen, wie du in der jeweiligen Situation handeln sollst.

Matthäus 16

Hast du diese Dinge falsch eingeschätzt?

Die Zeiten (1-4). Die Leute glauben dem Wetterbericht, aber nicht dem Wort Gottes! Sie erkennen nicht, was Gott in seiner Welt tut. Halte die Augen offen, und bitte Gott um die Weisheit, seinen Plan zu verstehen.

Falsche Lehre (5-12). Jesus verglich falsche Lehre mit *Hefe*. Sie scheint klein und unbedeutend, aber sie wächst unbemerkt und durchdringt bald schon alles (Gal 5,9). Das Einzige, was man tun kann, ist, sie zu entfernen (1Kor 5,6-7).

Jesus Christus (13-20). Die Menschen waren sich uneins, wer Jesus war. Folge nicht ihrem Beispiel. Lass dir stattdessen vom Vater den Retter zeigen (11,25-27), und bekenne ihn vor anderen. Er ist der Sohn Gottes.

Petrus

Der Name Petrus bedeutet »Stein« (Joh 1,40-42). Alle Kinder Gottes sind »lebendige Steine«, aber Jesus ist der Fels (1Petr 2,4-8; Apg 4,11-12; Ps 118,22), und seine Gemeinde ist auf ihn gebaut (1Kor 3,11). Wer sich zum Glauben an Jesus bekennt, wird zu einem lebendigen Stein in dem geistlichen Tempel (Eph 2,19-22). Petrus wurden nicht die Schlüssel des Himmels gegeben, denn die hält Jesus in den Händen (Offb 1,18), sondern die »*Schlüssel des Reiches der Himmel*« (Mt 16,19). Zu Pfingsten hatte er das Privileg, den Juden (Apg 2), Samaritern (Apg 8,14ff.) und Nationen (Apg 10) die »*Tür des Glaubens*« zu öffnen (Apg 14,27).

Jüngerschaft (21-28). In seinem fehlgeleiteten Versuch, Jesus vor Leiden und Tod zu bewahren, wurde Petrus der Stein zu Petrus dem Stolperstein. Ein Bekenntnis für Jesus muss zu seiner Nachfolge führen. Die Welt ermutigt dich, es dir gut gehen zu lassen; aber der Herr ruft dich zur Selbstverleugnung auf. Der einzige Weg zum Leben ist, das eigene Ich sterben zu lassen und Jesus im Glauben nachzufolgen.

Matthäus 17

Höre auf den König (1-13)! Dieses Ereignis war ein Bild vom kommenden Reich (16,27-28) und ein Beweis, dass Jesus Christus wirklich der Sohn des lebendigen Gottes ist. Das Gesetz (Mose) und die Propheten (Elia) laufen alle in ihm zusammen (Hebr 1,1-2). Doch am deutlichsten erinnerte sich Petrus an das Wort Gottes (2Petr 1,16-21). Die Erinnerung an Visionen verblasst, aber das Wort bleibt ewig. Höre auf ihn!

Vertraue dem König (14-21)! Jesus gab den Jüngern die Macht, Dämonen auszutreiben (10,1.8); aber Unglaube und mangelndes Gebetsleben (V. 20-21) raubten ihnen die Kraft, die sie brauchten. Wir können nicht auf dem Berg der Herrlichkeit bleiben, sondern müssen uns um die Nöte im Tal kümmern.

Gehorche dem König (22-27)! Einmal im Jahr wurde von den jüdischen Männern eine Steuer zur Unterstützung des Tempels erhoben (2Mo 30,11-16). Jesus bestätigte seine Stellung als König, indem er seine Macht über eine Münze und einen Fisch bewies, aber seine Bereitschaft zum dienen deutlich machte, indem er sich ihren Forderungen beugte. »*Damit wir ihnen aber kein Ärgernis geben*« (V. 27) ist ein guter Grundsatz, wenn man nicht auf sein Recht beharrt. Aber an Gottes Wahrheit solltest du sehr wohl festhalten (15,12-14).

Matthäus 18

Größe (1-14). Ein Kind ist völlig auf andere angewiesen und muss ihnen vertrauen. Ein unverdorbenes Kind akzeptiert seinen Platz im Leben, freut sich darüber und versucht nicht, wie eine erwachsene Person zu handeln (Ps 131). »Der ist der Größte, der sich am wenigsten dafür hält«, schrieb A. H. McNeile.

Die Art, wie wir Kinder behandeln (einschließlich der »Kinder im Glauben«), lässt erkennen, wie demütig wir sind. Nehmen wir sie auf (V. 5) oder verachten wir sie (V. 10)? Erniedrigen wir uns wie sie (V. 3-4), oder bringen wir sie durch unser schlechtes Vorbild zu Fall (V. 6-9)? Es war ein *Schaf*, nicht ein *Lamm*, das sich verirrte (V. 10-14)!

Ehrlichkeit (15-20). »*Lasst uns aber die Wahrheit reden in Liebe*« (Eph 4,15) ist das Geheimnis, wie wir christliche Gemeinschaft aufrechterhalten. Je länger wir uns dagegen wehren, umso mehr Menschen ziehen wir in das Problem hinein (Mt 5,21-26). Demut und Ehrlichkeit müssen zusammen an einem harmonischen Miteinander arbeiten.

Vergebung (21-35). Petrus wollte eine Regel, an die er sich halten konnte. Das zeigt, dass er nicht in der Gesinnung Jesu lebte (Röm 12,8-10). Das Gleichnis handelt nicht von Errettung, sondern von Vergebung unter dem Volk Gottes. Wir sollen anderen vergeben, weil Gott uns vergeben (Eph 4,32; Kol 3,13) und *einen hohen Preis bezahlt hat*! Es ist möglich, Vergebung zu empfangen, aber die Bereitschaft zum Vergeben nicht tief im Herzen zu haben. Deshalb fällt es uns schwer, anderen zu vergeben.

Wenn du eine unversöhnliche Haltung hast, sitzt du in einem geistlichen und emotionalen Gefängnis. Der Luxus, Groll gegen jemanden zu hegen, wird dich teuer zu stehen kommen. Ist es das wert?

> »*Ein Mensch, der nicht vergeben kann, reist die Brücke ab, über die er selbst gehen muss.*«
>
> George Herbert

Matthäus 19

Lass Jesus deine Ehe heilen (1-12). Manche Praktiken sind gesetzlich erlaubt, aber nicht biblisch; halte dich daher an die Grundsätze der Heiligen Schrift. Gottes ursprünglicher Plan war: ein Mann für eine Frau ein Leben lang (1Mo 2,18-25). Aber er machte Israel ein Zugeständnis und erlaubte die Scheidung (5Mo 24,1-4). Scheidung ist nicht die Lösung des Problems. Das Herz der beiden Eheleute muss verändert werden, um einen Neubeginn zu wagen; und nur Jesus kann Herzen verändern. Bevor du wegläufst, gehe lieber zu Gott und suche seine Hilfe.

Lass Jesus deine Familie segnen (13-15). Kinder wollen zu Jesus kommen (V. 14), aber Erwachsene stehen ihnen dabei allzu oft im Wege. Gute Eltern machen es ihren Kindern leicht, zu Jesus zu kommen, ihn zu lieben und seinen Segen zu empfangen.

Gib Jesus alles (16-30). Der reiche junge Mann hatte viele Vorteile, aber er dachte zu gut von sich selbst und war nicht ganz ehrlich vor Gott. Das Geld stand zwischen ihm und seiner Errettung. Er tat keine Buße und gab seinen falschen Gott nicht auf. Du wirst nie verlieren, wenn du Jesus alles gibst, was du hast. Er segnet dich in diesem Leben und im zukünftigen.

> »Eine gute Ehe ist nicht ein Vertrag zwischen zwei Personen, sondern ein heiliger Bund zwischen dreien. Allzu oft wird Jesus Christus nicht zur Hochzeit eingeladen und bekommt keinen Platz im Haus.«
> Donald T. Kauffman

Matthäus 20

Was werden wir bekommen (19,27–20,16)? Das Gleichnis handelt weder von der Errettung, da wir sie uns nicht erarbeiten können, noch von der Belohnung, denn nicht alle empfangen denselben Lohn. Die Geschichte beschäftigt sich mit der egoistischen Haltung, die durch Petrus' Frage indirekt zum Ausdruck kommt.

Der Schlüssel zu diesem Gleichnis ist, dass die ersten eingestellten Arbeiter *einen Vertrag verlangten und unbedingt wissen wollten, wie viel sie bekommen.* Die anderen Arbeiter vertrauten dem Grundbesitzer. Wenn du Gott um einen Vertrag bittest, beraubst du dich nur selbst, da er großzügig zu seinen Arbeitern ist. Erledige treu deine Aufgabe und schaue nicht auf die anderen Arbeiter, und er wird großzügig zu dir sein.

Was wünschst du dir (20,17-28)? Salome erinnerte sich an seine Verheißung (19,28) und nahm sie für ihre beiden Söhne in Anspruch. Sie vergaß jedoch, was Jesus gerade noch über das Kreuz gesagt hatte (20,17-19). Sie hätte wissen sollen, dass der einzige Weg zur Herrlichkeit über Leiden führt (1Petr 5,10). Du betest nicht um einen Thron, du bezahlst für ihn. Hüte dich vor egoistischen Gebeten: Der Herr könnte sie beantworten. Jakobus war der erste Apostel, der einen Märtyrertod starb (Apg 12,1-2), und Johannes wurde als römischer Gefangener schwer geprüft (Offb 1,9).

Was willst du, dass ich dir tun soll (20,29-34)? Die beiden Blinden wussten, was sie von ihm wollten und vertrauten ihm. Weißt du, was du willst, wenn du zu ihm betest? Betest du noch intensiver, selbst wenn andere dich entmutigen wollen? Wir haben eine große Verheißung in Hebräer 4,16!

Die letzte Woche

In der letzten Woche unseres Herrn fanden folgende Ereignisse statt: Am Sonntag zog er in Jerusalem als König ein. Am Montag reinigte er den Tempel und verfluchte den Feigenbaum. Am Dienstag sprach er mit den jüdischen Führern und hielt die Rede am Ölberg (Mt 24–25). Am Mittwoch ruhte er. Am Donnerstag hielt er das letzte Abendmahl und wurde im Garten Gethsemane gefangen genommen. Am Freitag wurde er gekreuzigt und begraben. Am Samstag lag er im Grab. Am Sonntag stand er von den Toten auf. Denke daran, dass der jüdische Tag mit Sonnenuntergang beginnt, d.h., der jüdische Freitag fängt schon am Donnerstagabend an.

Matthäus 21,1–22,14

Der König (21,1-11). Die Menschen waren blind für die Heiligen Schriften (Sach 9,9). Sie priesen ihn mit Psalm 118,26, aber übersahen die Verse 22-23, die Jesus später zitierte (V. 42). Hüte dich davor, die Bibel zu kennen, aber nicht den Herrn, wenn er in deiner Mitte wirkt.

Der Richter (21,12-22). Jesus reinigte den Tempel und verfluchte den Feigenbaum. Das waren zwei »ungewöhnliche Taten« für ihn, da er nicht gekommen war, um zu richten, sondern zu erretten (Jes 28,21). Wie der Tempel war Israel im Inneren verdorben; und wie der Feigenbaum brachte es keine Früchte. Eine Gemeinde kann zu einer »*Räuberhöhle*« werden, wenn wir dort hingehen, um unsere Sünden zu vertuschen (Jes 56,7; 1,10-20; Jer 7,11). Ein Mensch, an dessen Leben nichts zu finden ist »*als nur Blätter*«, steht in der Gefahr, ins Gericht zu kommen, denn Jesus sucht Frucht (Mt 7,15-20).

Der Sohn (21,23-41). Jesus hat Vollmacht, weil er der Sohn Gottes ist! Der Weinberg ist ein Bild für Israel (Jes 5), dessen Führer den Sohn des Weinbergbesitzers nicht anerkannten, als er zu ihnen kam. Das Volk wies den Vater zurück, als es das Zeugnis des Johannes zurückwies, und jetzt stand es im Begriff, auch den Sohn abzulehnen.

Der Stein (21,42-46). Die jüdischen Führer sprachen ihr eigenes Urteil. Jesus zitierte Psalm 118,22-23, um zu beweisen, dass ihre Sünden seinen Sieg nicht verhindern würden (Jes 8,14-15; Dan 2,34; Apg 4,11; 1Petr 2,9). Wenn sie doch nur wie Kinder geworden wären und den Herrn gepriesen hätten, statt ihn zu bekämpfen (Mt 21,15-16; Ps 8,3)!

Der Bräutigam (22,1-14). Der verworfene Sohn des Weinbergbesitzers ist auferstanden und herrscht in der Herrlichkeit. Er ist der

Bräutigam, der möchte, dass jeder zu seinem Fest kommt. Da Israel die Einladung ablehnte, wurde Jerusalem zerstört (V. 7). Aber die Einladung gilt auch heute noch. Sei dir nur sicher, dass du nicht deine eigene Gerechtigkeit trägst (Jes 64,5); lass dir von ihm den Mantel seiner Gerechtigkeit geben (Jes 61,10; 2Kor 5,21).

Matthäus 22,15-46

Die Feinde Jesu stellten ihm Fragen in der Hoffnung, er würde Schwierigkeiten mit Rom bekommen. Nach dem Passah konnten sie ihn gefangen nehmen und vor Gericht stellen. Aber wie können sterbliche Menschen versuchen, Gott in die Enge zu treiben, und gleichzeitig hoffen, gegen ihn zu gewinnen (Hi 38,1-3)? Was für eine Überheblichkeit und Ignoranz!

Jesus stellte die entscheidende Frage: »Wer ist euer Herr?« (V. 41-46; Ps 110). Wenn Jesus Christus dein Herr ist, stellen die anderen Fragen kein Problem dar. Dann bist du ein guter Bürger (V. 15-22; Röm 13), brauchst dir keine Sorgen über das Jenseits machen (V. 23-33) und wirst Gott und deinen Nächsten lieben (V. 34-40).

Streitlustige Menschen sind meistens nicht sehr demütig und müssen sich unter Christus beugen (Phil 2,1-11). Es ist gut, über die großen Fragen des Lebens nachzudenken, aber ebenso gut ist es, unsere Unwissenheit einzugestehen und Jesus Christus anzubeten, »*in dem alle Schätze der Weisheit und Erkenntnis verborgen sind*« (Kol 2,3).

Matthäus 23

Das Wort Gottes besitzt Autorität, selbst wenn es den Menschen, die es lehren, an Integrität mangelt (V. 1-3). Der Herr will, dass wir seine Wahrheit *tun* und *lehren* (5,17-20; 1Thes 2,10-12). Heuchlerische Menschen schaden ihrem Charakter und anderen. Heuchelei macht Menschen tragischerweise blind (V. 16-19.24.26), so dass sie den Herrn, sich selbst und andere nicht sehen können.

Der Gott der Pharisäer ist nicht der Gott der Bibel. Er ist ein strenger Gesetzgeber, der denen zurückgibt, die ihm geben. Er ist nicht »*der Gott aller Gnade*« (1Petr 5,10) oder der liebevolle Vater, der für seine Kinder sorgt (Ps 103,1-14).

Die Pharisäer waren blind für sich selbst. *Sie* hatten Recht und jeder andere Unrecht. Da ihnen das Äußere wichtig war, erkannten sie nicht die Verdorbenheit in ihren Herzen (V. 25-28). Da sie sich um nebensächliche Details kümmerten, ignorierten sie die großen Grundsätze des Wortes Gottes (V. 23).

Heuchler sehen nie den Schaden, den sie anderen zufügen: Sie schließen Türen des Segens (V. 13), verunreinigen diejenigen, die mit ihnen in Berührung kommen (V. 27), und vermitteln den Menschen ein falsches Wertesystem (V. 23). Kein Wunder, dass Jesus weinte! Sein »*Wehe*« ist auf Schmerz, nicht auf Zorn zurückzuführen. Und vielleicht weint er auch über dich und mich.

Heuchelei

Wenn du deine Ziele nicht erreichst oder nicht so bist, wie du sein willst, ist das keine Heuchelei. Gibst du allerdings vor, du hättest es geschafft, heuchelst du. Das Wort *Heuchler* stammt von einem griechischen Wort ab, das die Maske, die ein antiker Schauspieler trug, bezeichnete. Heuchler spielen bewusst eine Rolle, so dass die Leute denken, sie wären viel geistlicher, als sie es in Wirklichkeit sind. Gegen Heuchelei hilft Ehrlichkeit gegenüber uns selbst und Gott (1Jo 1,5-10).

Die Rede auf dem Ölberg

Nachdem unser Herr von der Verwüstung des Tempels (23,37-39) gesprochen hatte, fragten die Jünger ihn nach der Zukunft der Stadt, des Tempels und des Volkes. In Kap. 24,1-35 ist die Drangsalszeit das Thema (»*Tag des Herrn*«), die in den letzten Tagen über die Welt kommen wird. Jesus redete über die erste Hälfte dieser Drangsalszeit (24,1-14) und über die zweite Hälfte

(24,15-28), dann kündigte er seine Wiederkunft nach dieser Zeit an (24,29-35).

In Kap. 24,1-35 liegt der Schwerpunkt auf den *Zeichen seines Kommens auf die Erde*. In erster Linie richtet er sich an Israel (V. 15-28) und sagt dem Volk, dass es wachsam und bereit sein soll. Aber diese Worte haben auch eine Botschaft für die Gemeinde heute, denn »kommende Ereignisse werfen ihre Schatten voraus«. Wir warten auf den Erlöser und nicht auf Zeichen (Phil 3,20), da er jeder Zeit kommen kann. Wenn wir diese Dinge jedoch in unserer Welt erkennen, macht uns das Mut, ihn bald zu erwarten.

Matthäus 24,36–25,46 konzentriert sich auf die Gemeinde und nicht auf Israel. Hier liegt das Augenmerk nicht auf den Zeichen, sondern auf der Tatsache, dass Jesus zu jeder Zeit zurückkehren kann (24,36.44.50). Wenn er kommt, wird er seine treuen Diener belohnen. Wir sollten bereit sein.

Matthäus 24

Wenn du dir die Nachrichten und die Spannungen und Probleme in der Welt ansiehst, dann denke an die Warnungen des Herrn.

Lass dich nicht verführen (4.11). Menschen stellen Behauptungen auf und machen große Versprechungen und verführen viele damit. Du hast das Wort Gottes, das dir den Weg weist (Jes 8,20), und den Heiligen Geist, der dich belehrt (Joh 16,13-15), so dass du nicht in die Irre gehen musst (1Jo 2,18-29).

Lass dich nicht entmutigen (6). Politische Unruhen und Naturkatastrophen waren schon immer Teil der Weltgeschichte, so dass sie dir nicht den Mut rauben sollten. Sie sind »*der Anfang der Wehen*« (V. 8). Die Probleme der Welt bieten viele Gelegenheiten! Gott sitzt noch immer auf dem Thron!

Lass dich nicht besiegen (13). Das hat mit unserer Treue in Prüfungen zu tun, bis der Herr wiederkommt. Lass es nicht zu, dass die Gesetzlosigkeit um dich herum dir deine Liebe nimmt (V. 12). Eine verlorene Welt muss das Evangelium hören (V. 14). Mach dich an die Arbeit!

Zweifle nicht (34-35). Religiöse Führer kommen und gehen, stehen und fallen, aber das Wort Gottes ändert sich nicht. Glaube ihm, gehorche ihm und halt an ihm fest – ganz gleich was andere sagen oder tun. Deine Bibel ist das Licht Gottes in dieser dunklen Welt (2Petr 1,19-21).

Lass dich nicht ablenken (42). Wir sollen wachsam bleiben und uns daran erinnern, dass unser Herr jederzeit kommen kann. Wenn du denkst, dass er sein Kommen hinauszögert (V. 48), verlieren dein Dienst und Zeugnis langsam an Kraft. Sei wachsam und arbeite weiter!

Matthäus 25

Bei der Wiederkunft Jesu Christi wird es viele *Trennungen* geben: der Weise wird von den Törichten getrennt, der Treue von den Untreuen, die Gesegneten (Schafe) von den Verfluchten (Böcke). Die weisen Jungfrauen hatten Öl in ihren Lampen und waren bereit, dem Bräutigam zu begegnen. Viele Leute bekennen, Christen zu sein, aber sie besitzen nicht den Heiligen Geist (Röm 8,9) und sind nicht wiedergeboren. Sie können sich unter die Erlösten mischen, aber sie gehören nicht wirklich zu ihnen, und sie werden nicht am Hochzeitsfest teilnehmen.

Sein Kommen bedeutet auch *Beurteilung*. Während wir auf die Wiederkunft des Herrn warten, müssen wir unser Leben für ihn einsetzen und zu seiner Verherrlichung beitragen. Jesus gibt uns Möglichkeiten, die unseren Fähigkeiten entsprechen, und der Knecht mit einem Talent ist ebenso wichtig wie der mit fünf Talenten. Der Schlüssel ist *Treue* (1Kor 4,2), denn Gott misst uns an uns selbst und nicht an den anderen Dienern. Fürchtest du dich, deinen Glauben zu leben und etwas für Gott zu riskieren?

Wenn Christus wiederkommt, wird es *Belohnung* geben. Wir werden überrascht sein, wenn wir sehen, für welche Dienste er uns belohnt, obwohl wir sie für unbedeutend hielten. Dieses Gleichnis lehrt nicht die Errettung durch gute Werke. Die Schafe Jesu Christi wissen, dass sie Schafe sind (Joh 10,14.27-30), aber sie sind sich nicht immer bewusst, was ihr Dienst für Jesus bedeutet. An diesem Tag werden wir so manche Überraschung erleben!

> *»Große Dienste bringen unsere Möglichkeiten zum Vorschein; kleine Dienste unsere Hingabe.«*
> George Morrison

Matthäus 26

Das Leben hält viele Möglichkeiten für uns bereit; wie wir auf sie reagieren, hängt davon ab, was wir lieben und wonach wir im Leben suchen.

Die jüdischen Führer suchten nach einer Gelegenheit, Jesus einer Sünde zu überführen, während Jesus zur gleichen Zeit die Möglichkeit sah, seinem Vater gehorsam zu sein und ihn zu verherrlichen.

Maria nutzte die Gelegenheit, die sie hatte, um ihre Hingabe an Jesus zum Ausdruck zu bringen, aber Judas nahm dieselbe Situation zum Anlass, sie zu kritisieren. Nichts, was wir Jesus in Liebe geben, ist vergeudet. Judas war derjenige, der am Ende sein Leben vergeudet hatte!

Jesus suchte die Gemeinschaft mit seinen Jüngern, obgleich er wusste, dass einer ihn verraten, ein anderer ihn verleugnen und alle ihn verlassen würden. Er wollte ihnen helfen und sie auf die vor ihnen liegende Prüfung vorbereiten.

Petrus versäumte seine Gelegenheiten, um stark und siegreich zu werden. Er prahlte, als er hätte zuhören sollen (V. 32-35), schlief, als er hätte beten sollen (V. 36-46), kämpfte, als er sich hätte zurückhalten sollen (V. 47-56), folgte Jesus, als er sich in Sicherheit hätte bringen sollen (V. 57-75; vgl. V. 31). Aber als er die Möglichkeit zur Buße hatte, weinte er.

Ganz gleich was andere taten, Jesus hatte alles unter Kontrolle und wusste, das Beste aus jeder Gelegenheit zu machen. *»Nicht wie ich will, sondern wie du willst«* lautet das Geheimnis (V. 39). Gott wird dir heute viele Möglichkeiten geben. Nutze sie weise!

> »Gottes beste Gaben sind nicht Dinge, sondern Möglich-
> keiten. Was wir Unglück nennen, nennt Gott Chance.«

Matthäus 27

Jesus ist das Vorbild, dem du nacheifern sollst, wenn du zu Unrecht leidest (1Petr 2,18-23).

Er gab keine Antwort, als er angeklagt wurde (11-14). Dadurch erfüllte er Jesaja 53,7. Es gibt eine Zeit zum Reden und eine Zeit zum Schweigen (Pred 3,7), und wir müssen erkennen, was wir wann tun müssen. Eines ist sicher: Ganz gleich was er sagte, sie hätten ihm nicht geglaubt.

Er rächte sich nicht, als sie ihn misshandelten (15-31). Er hatte die Macht, die zu vernichten, die über ihn spotteten. Ihm standen sogar Legionen von Engeln zur Verfügung, die ihn befreit hätten. Aber es war der Wille des Vaters, dass er leiden sollte, und Jesus war seinem Vater gehorsam.

Er weigerte sich zu trinken (32-38). Das betäubende Getränk hätte den Schmerz gedämpft, aber Jesus lehnte es ab. Stattdessen trank er den Kelch der Leiden.

Er stieg nicht vom Kreuz herab (40-44). Wäre er vom Kreuz herabgekommen, hätten ihm die Menschen trotzdem nicht geglaubt. Und hätte er sich selbst gerettet, hätte er andere nicht erretten können (Joh 12,23-28). Erst die Leiden, dann die Herrlichkeit; erst das Kreuz, dann die Krone. Denke daran, wenn du das nächste Mal versucht bist, den leichten Weg zu nehmen.

> »Lass das Kreuz weg, und du zerstörst den Glauben an
> Jesus. Die Sühne durch das Blut Jesu ist nicht ein Arm der
> christlichen Wahrheit, es ist ihr Herzstück.«
>
> Charles Haddon Spurgeon

Matthäus 28

Die Botschaft des leeren Grabes ist: »*Fürchte dich nicht!*«

Er überwindet seine Feinde (1-5). Durch seinen Tod und seine Auferstehung besiegte unser Herr die Welt (Joh 16,33), das Fleisch (Röm 6,1-7), den Teufel (Joh 12,31) und den Tod selbst (1Kor 15,50-58). Du musst keine Angst haben vor dem Leben oder dem Tod, vor der Zeit oder der Ewigkeit (Offb 1,17-18).

Er erfüllt seine Verheißungen (6-7). Weil seine Nachfolger die Verheißung seiner Auferstehung vergaßen, trauerten sie, statt sich zu freuen. Der Herr erfüllt seine Verheißungen immer, ganz gleich wie dunkel der Tag sein mag.

Er geht vor dir her (7-10). Als die Frauen losrannten, um die Nachricht zu verbreiten, begegneten sie dem Herrn. Auf dem Weg des Gehorsams wirst du ihn immer treffen. Der Hirte geht den Schafen voran und bereitet ihnen den Weg (Joh 10,4). Du hast einen lebendigen und siegreichen Erlöser, der alles unter Kontrolle hat. Vertraue ihm!

Er ist unser Herr (11-20). Er hat *absolute Vollmacht*. Er beauftragt uns, das Evangelium zu *allen Völkern* zu bringen. Und er verheißt uns, *immer* bei uns zu sein. Welche Zusicherung brauchen wir noch? Wir sind seine Botschafter (2Kor 5,20) und sollten ihm in *allen Dingen* treu sein.

Die Auferstehung

Die Auferstehung Jesu Christi ist ein entscheidender Bestandteil der Evangeliumsbotschaft, denn ein toter Christus kann niemanden erretten (1Kor 15,1-19). Das leere Grab beweist, dass er der Sohn Gottes ist (Röm 1,4); dass die Gläubigen ein zukünftiges Erbe haben (1Petr 1,3ff.); dass wir bereits verstorbene Christen einmal wiedersehen werden (1Thes 4,14-18); dass unser Dienst für ihn nicht vergebens ist (1Kor 15,50-58), und dass Jesus Christus eines Tages verlorene Sünder richten wird (Apg 17,30-31). Die frühe Gemeinde bezeugte die

Auferstehung Jesu Christi (Apg 1,22; 4,2.33), und wir sollten es heute auch tun.

Markus

Johannes Markus war der Cousin von Barnabas (Kol 4,10; Apg 4,36-37; 11,19-30) und der Sohn von Maria, einer angesehenen Frau in der Jerusalemer Gemeinde (Apg 12,12). Er half Paulus und Barnabas auf ihrer ersten Missionsreise (Apg 12,25–13,5), aber aus irgendeinem Grund blieb er nicht bei ihnen (Apg 13,13). Das führte dazu, dass Paulus und Barnabas sich trennten, aber Barnabas gab Markus eine zweite Chance (Apg 15,36-41). Später wurde Markus zu einem Mitarbeiter von Paulus (Phim 24), und Paulus lobte ihn für seinen Dienst (2Tim 4,11). Alles nahm ein gutes Ende.

1. Petrus 5,13 deutet an, dass sich Johannes Markus aufgrund von Petrus' Dienst bekehrte. Viele Bibellehrer glauben, dass das Markus-Evangelium eine Aufzeichnung von dem ist, was Petrus über den Dienst Jesu berichtete. Es stellt Jesus Christus als den Knecht Gottes vor (Mk 10,45). Markus benutzte häufig die Worte *sobald* und *sogleich*, um den Dienst eines Knechtes zu beschreiben, der seinem Vater gehorsam sein und die Bedürfnisse der Menschen stillen will (1,10.12.20-21, usw.). Markus hatte beim Schreiben die Römer als Empfänger im Sinn, ein aktives Volk, das Leistung bewunderte.

Nach einer kurzen Einleitung (1,1-13) beschreibt das Buch den Dienst Jesu in Galiläa (1,14–9,50), seine Reise nach Jerusalem (Kap. 10), seinen Dienst in Jerusalem, der seinen Höhepunkt in der Kreuzigung fand (Kap. 11–15) sowie seine Auferstehung und Himmelfahrt (Kap. 16).

Markus 1

Sogar ein Diener muss Referenzen haben, und unser Herr hatte die allerbesten. Sein Kommen wurde von Jesaja (40,3) und Maleachi vorhergesagt (3,1) und von Johannes dem Täufer angekündigt. Der Vater und der Heilige Geist legten Zeugnis über ihn ab (V. 9-11) und der Teufel konnte ihn nicht besiegen (V. 12-13). Er ist ein Diener, dem du vertrauen kannst.

Aber was kann er tun? Was ist sein Dienst? Er kann dein Leben leiten und es erfolgreich machen (V. 16-20). Er kann den Teufel überwinden (V. 21-28), Krankheiten heilen (V. 29-34.40-45) und dich dazu gebrauchen, die Botschaft der Errettung in eine verlorene und Not leidende Welt zu tragen (V. 35-39). Du kannst ein Diener des großen Dieners sein und dich an seinem wunderbaren Werk beteiligen.

Woher hat der Diener seine Macht? Er war abhängig vom Heiligen Geist (V. 12) und vom Gebet (V. 35). Er gestattete es den Anforderungen seines Dienstes nicht, ihm die Zeit zu stehlen, die er brauchte, um neue Kraft zu schöpfen. Wenn schon der heilige Sohn Gottes das Gebet nötig hatte, wie viel mehr brauchst du es dann! Im Dienst des Herrn kannst du nicht »mit leerem Tank fahren« (s. Jes 40,28-31.)

Markus 2

Denke über die einzigartigen Dienste des Knechtes Gottes, Jesus Christus, nach.

Er vergibt unsere Sünden (1-12). Stell dir einen Diener vor, der solche Macht besitzt! Eine körperliche Heilung ist ein großes Wunder, aber sie hat keinen Bestand. Sündenvergebung ist Gottes größtes Wunder, da sie für immer gilt und den größten Nutzen hat. Der Diener vergibt uns und *bezahlt den Preis für das Wunder*!

Kleidung des neuen Lebens

Unser erstes Elternpaar versuchte, seine Sünden mit selbstgemachter Kleidung zu bedecken (1Mo 3,7), aber Gott akzeptierte sie nicht. Stattdessen bekleidete er die beiden mit Fellen (1Mo 3,21). Blut musste vergossen werden (Hebr 9,22). Jesus kam nicht auf die Erde, um unser Leben wieder zusammenzuflicken, sondern um uns heil zu machen. Wir sind

> aus den Toten auferweckt worden (Eph 2,1-10); und wie
> Lazarus müssen wir die alte Kleidung des Todes ausziehen
> und die des neuen Lebens anziehen (Joh 11,44; Kol 3,1ff.).

Er hat Gemeinschaft mit »Sündern« (13-22). Warum? Weil sie krank sind, und er ist der einzige Arzt, der sie heilen kann. Sie sind hungrig und einsam, und er ist der Bräutigam, der sie zu seinem Hochzeitsfest bittet. Ihr Leben ist nichts als Lumpen, und er möchte ihnen ein neues Gewand der Gerechtigkeit schenken. Andere mögen das Leben zusammenflicken können, aber nur er kann neues Leben geben.

Er befreit uns von der Sklaverei (23-28). Er ist der Herr des Sabbats, der Ruhe schenkt (Mt 11,28-30). Die religiösen Traditionen des Menschen können ein schreckliches Sklavenjoch sein, aber wenn du dem Herrn nachfolgst, erfährst du Freiheit und Ruhe.

Markus 3

Einige Menschen widersetzen sich dem Diener (1-6.20-30). Den religiösen Führern war es wichtiger, ihre Traditionen zu schützen, als einem Mann mit einer verkrüppelten Hand zu helfen. Trotz all der Dinge, die Jesus tat und sagte, verhärteten sie ihre Herzen und widerstanden seinem Dienst. Das ging so weit, dass sie ihn sogar beschuldigten, mit dem Teufel im Bunde zu sein. Am Ende machten sie mit dem Bösen gemeinsame Sache!

Einige Menschen halfen dem Diener (7-19). Die Menschenmengen waren so groß, dass Jesus seine Jünger befähigte, ihm in seinem Dienst zu helfen. Es gibt für jeden etwas zu tun, wenn es auch nur die Bereitstellung eines kleinen Bootes ist (V. 9). Wenn du ihm helfen möchtest, dann denke daran: Das Wichtigste ist, *bei ihm zu sein* (V. 14). Wie er selbst sagte: »*Getrennt von mir könnt ihr nichts tun*« (Joh 15,5).

Einige Menschen misstrauten dem Diener (31-35). Maria brachte nach der Geburt Jesu noch andere Kinder zur Welt, aber sie glaubten nicht an ihn (Joh 7,1-5). Sogar seine Mutter schien Zweifel an ihrem »beliebten« Sohn zu haben, der den Zorn der Führer erregte. Aber Jesus tat den Willen Gottes, und wir sollten es auch tun (V. 35).

Markus 4

Gottes Wort aufnehmen (1-25). Auch wenn wir die Bibel nur lesen, sollten wir *hören*, wie Gottes Stimme zu unseren Herzen spricht. Es muss ganz persönlich sein. Behandle die Bibel nie wie irgendein anderes Buch (1Thes 2,13). Jesus sagt uns, wir sollen darauf acht geben, *dass* wir hören (V. 9), *was* wir hören (V. 24) und *wie* wir hören (Lk 8,18).

Je mehr wir vom Wort Gottes aufnehmen und weitergeben, umso mehr will Gott uns geben.

Gottes Ernte einbringen (26-34). Es ist deine Aufgabe, den Samen zu säen; wir können die Saat nicht zum Keimen und zur Ernte bringen. Selbst ein fleißiger Landwirt muss schlafen und Gott arbeiten lassen! Wenn es jedoch Zeit zur Ernte ist, müssen wir wachsam sein und sie einbringen, ansonsten könnte sie verloren gehen (Joh 4,35-38).

Auf Gottes Macht vertrauen (35-41). Unser Glaube an sein Wort wird in den Stürmen des Lebens geprüft. Hätten die Jünger seinem Wort wirklich vertraut (V. 35), wären sie nicht in Panik geraten und hätten ihm nicht vorgeworfen, dass er sich nicht um sie kümmert. Du kannst seinem Wort vertrauen, denn es wird dich nie im Stich lassen.

Markus 5

Der Diener kommt zu uns (1-20). Jesus fuhr mit dem Boot durch einen Sturm, um zu zwei Besessenen zu kommen (Mt 8,28), die seine Hilfe brauchten. Die Dämonen baten ihn, die Gegend nicht verlassen zu müssen (V. 10), die Bürger wollten ihn loswerden (V. 17), und einer der geheilten Männer bat Jesus, ihn begleiten zu dürfen (V. 18). Den Bürgern war ihr finanzieller Profit wichtiger als ihre geistliche Heilung. Stell dir vor, du würdest Jesus bitten, dass er dich verlässt!

Wir können zu dem Diener kommen (21-34). Alle möglichen Leute kamen zu Jesus. Ein bekannter Synagogenvorsteher und eine namenlose kranke Frau fanden Hilfe bei ihm. Vielleicht hatte der Glaube der Frau eine Spur von Aberglauben, aber der Herr ehrte sie dennoch. Wenn du seine Hand nicht greifen kannst, dann berühre den Saum seines Gewandes. Der erste Glaubensschritt, ganz gleich wie schwach, führt zu größeren Segnungen.

Der Diener wird mit uns gehen (35-43). Keine Situation ist so verzweifelt, dass Jesus nicht wirken kann. Er hat Krankheiten, die Umstände und sogar den Tod unter Kontrolle. Jesus geht mit dir in deiner Enttäuschung und deinem Kummer und stillt deine Bedürfnisse. Ganz gleich wie ausweglos deine Situation erscheinen mag: »*Fürchte dich nicht; glaube nur!*« (V. 36). Der Diener wirkt für dich.

Markus 6

Der Diener kann nicht wirken (1-29). Seine Nachbarn staunten darüber, was Jesus sagte und tat, aber er wunderte sich über ihren Unglauben, der verhinderte, dass er noch mehr tat: »*Euch geschehe nach eurem Glauben!*« (Mt 9,29; Ps 78,41). Bitte Gott, deinen Glauben zu stärken, so dass du ihn verherrlichen kannst (Röm 4,20-21). Aufgrund des Unglaubens der Menschen sandte unser Herr seine Jünger zum Dienst aus. Herodes brachte eine Stimme zum Schweigen, aber das Wort Gottes konnte er nicht besiegen (Kol 4,2-4).

Der Diener kann sich nicht ausruhen (30-44). Gottes Diener werden bei der Arbeit müde (Joh 4,6) und müssen sich körperlich erholen. Doch wenn du ein mitfühlendes Herz hast, wird deine Hand nicht untätig bleiben. Unser Herr unterbrach seine Erholung, um die Bedürfnisse der Menschen zu stillen. Heute muss er nichts unterbrechen, da es sein beständiger Dienst ist, für uns zu sorgen (Hebr 7,25).

Der Diener findet keine Zeit zum Gebet (45-56). Nach einem so anstrengenden Dienst suchte Jesus sich einen Ort zum Beten (V. 46; 1,35). Doch wieder wurde er unterbrochen. Dieses Mal waren es seine Jünger, die auf dem See in Not geraten waren (V. 48). Und es waren die Jünger, die erstaunt waren (V. 51)! Jesus setzt sich für dich ein und kennt deine Situation. Er wird zu dir kommen, für dich sorgen und dich in seinen Frieden führen.

Markus 7

Verunreinigung (1-23). Wenn wir nicht ganz vorsichtig sind, können uns religiöse Rituale ernsthafte Probleme bereiten. Sie bekommen dann ebenso viel Autorität wie das Wort Gottes (V. 7) und ersetzen es sogar (V. 9). Sie können uns die falsche Sicherheit geben, dass äußeres Handeln uns innerlich verändert. Aber das Herz muss verändert werden, äußere Rituale können das nicht. Das Herz kann nur durch den Glauben gereinigt werden (Apg 15,9).

Entfernung (24-30). Jesus heilte sowohl den Knecht des Hauptmanns (Mt 8,1-13) als auch die besessene Tochter dieser Frau *aus der Entfernung.* Beide waren Heiden, die geistlich »fern« standen. Aber durch das Kreuz nahm Jesus diese Distanz weg (Eph 2,11-22). Wenn du für Menschen betest, die weit von dir oder dem Herrn entfernt sind, dann denke daran, dass er sein Wort senden und mächtige Taten vollbringen kann (Ps 107,20).

Befreiung (31-37). Die Wunderheilungen des tauben und des blinden Mannes (8,22-26) finden sich nur bei Markus. Beide Heilungen fanden auf nichtjüdischem Gebiet statt, was die römischen Leser interessiert haben dürfte. Sie geschahen nicht vor den Augen der Menschenmenge und trotz einiger Schwierigkeiten. Der Diener kann aus der Entfernung wirken oder wenn wir Menschen zu ihm bringen. Er versagt nie.

Markus 8

Mangelnder Glaube (1-10). Die Jünger wussten nicht, was sie mit der hungrigen Volksmenge tun sollten, obwohl sie gesehen hatten, wie Jesus die Fünftausend speiste (6,30-44). Offensichtlich »*verga-ßen sie schnell seine Taten, warteten nicht auf seinen Rat*« (Ps 106,13). Jede seiner Taten sollte dich ermutigen, ihm zu vertrauen, dass er dir auch hilft, das nächste Problem zu lösen. Erinnere dich immer wieder an seine Gnadentaten, aber nicht an dein Versagen.

Mangelndes Verständnis (11-21). Die Jünger erkannten nicht, was Jesus mit dem Sauerteig meinte (V. 13-21). Die Blindheit der Pharisäer überrascht uns nicht (V. 11-12), aber warum waren seine Nachfolger so blind? Wie das alttestamentliche Israel sahen die Jünger Jesu Taten, aber verstanden seine Wege nicht (Ps 103,7). Bitte Gott, dir geistliches Verständnis zu geben.

Mangelndes Sehvermögen (22-26). Das ist das einzige Heilungswunder, das schrittweise geschah. Betsaida stand unter dem Gericht (Mt 11,21-24), so dass Jesus dem Geheilten aus dem Dorf hinausführte und ihm sagte, er solle nicht zurückgehen. Achte darauf, wo du Menschen hinführst, deren Augen für Jesus und seine Gnade geöffnet wurden.

Mangelnde Hingabe (27-38). In einem Augenblick hat Petrus eine himmlische Offenbarung (Mt 16,17) und im nächsten werden seine Worte von der Hölle gelenkt (V. 33; Jak 3,6). Petrus erkannte im Kreuz nur Schande, Jesus aber Herrlichkeit. Petrus sah die Niederlage, Jesus den großen Sieg. Fürchte oder schäme dich nie, sein Jünger zu sein; und trage dein Kreuz, denn Jesus hat es zuerst getragen.

Markus 9

Denke über folgende Paradoxe des christlichen Lebens nach.

Herrlichkeit durch Leiden (1-13). Auf dem Berg der Verklärung wurde Petrus' Zeugnis bestätigt. Doch ebenso wurde die Herrlichkeit des Kreuzes offenbart (Gal 6,14). Erst kommen die Leiden, dann die Herrlichkeit. Wenn du den ersten Petrusbrief liest, stellst du fest, dass Petrus seine Lektion gründlich gelernt hatte (1,6-8.11; 4,12-16; 5,1.10). Der Teufel bietet dir Herrlichkeit ohne Leiden (Mt 4,8-10), aber am Ende stehen Leiden ohne Herrlichkeit.

Sieg durch Niederlage (14-29). Dass die Jünger den besessenen Jungen nicht befreien konnten, betrübte den Herrn, spielte dem Feind in die Hände und raubte Gott die Ehre. Die neun Jünger, die nicht mit auf dem Berg der Verklärung waren, hatten ihre geistlichen Pflichten vernachlässigt und ihre Vollmacht verloren (V. 29; 6,7). Wenn du feststellst, dass du besiegt bist, dann lass dir von ihm den Sieg schenken, und finde heraus, was du falsch gemacht hast.

Größe durch Dienst (30-41). Das ist eine Schlüsselstelle im Markus-Evangelium, weil sie die Bedeutung des Dienstes hervorhebt. Strebe nicht nach menschlicher Größe, sondern danach, Jesus ähnlicher zu werden. Miss dich nicht an anderen Dienern (V. 38-41), sondern an ihm.

Gewinn durch Verlust (42-50). Wenn du Sünde in deinem Leben hegst, wirst du deine Aufgabe als »Salz« verlieren und andere nicht für Christus gewinnen können. Ergreife drastische Maßnahmen gegen die Sünde so wie ein Chirurg gegen ein Krebsgeschwür. Du gewinnst, indem du verlierst.

> »Ein Grund, weshalb Sünde gedeiht, ist,
> dass sie wie ein Sahnetörtchen behandelt wird
> statt wie eine Klapperschlange!«
> Billy Sunday

Markus 10

Wie weit kann ich gehen (1-16)? Die Rabbis konnten sich nicht auf eine Auslegung des Scheidungsgesetzes einigen (5Mo 24,1-4), die eine Richtung war nachsichtig und die andere streng. Wenn du nach dem lebst, was »erlaubt« ist, bist du versucht, denen zu folgen, die dir sagen, was du hören willst. Unser Herr verwies die Pharisäer auf Gottes ursprünglichen Plan und legte ihn für sie aus.

Wie viel kann ich behalten (17-27)? Der reiche junge Mann war auf einen Handel aus. Er wollte das Beste beider Welten, sollte daran aber scheitern. Berechnende Gedanken und das Kreuz vertragen sich nicht miteinander. Auf Golgatha gab es keinen Handel – Jesus gab alles.

Wie viel bekommen wir (28-45)? Jesus verspricht, alle zu belohnen, die ihm treu nachfolgen. Gleichzeitig warnt er uns aber auch davor, in der Belohnung die einzige Motivation für den Dienst zu sehen. Wenn du sein Jünger bist, dann erwarte ein Kreuz, einen Kelch und eine Taufe, denn der Diener ist nicht größer als sein Herr. Die Frage lautet: »Wie viel können wir geben?«

> »Hat er Besitz von deinem Herzen ergriffen? Vielleicht wohnt er dort, aber herrscht er dort auch?«
> Vance Havner

Markus 11

Ehre (1-11). Der Esel war ein königliches Tier, und das stattfindende Ereignis war eine Krönungszeremonie (1Kö 1,32-40). Es war das einzige Mal, dass unser Herr eine öffentliche Demonstration zu seiner Ehre abhielt. Dies tat er, um die Prophezeiung zu erfüllen (Sach 9,9) und das Herz der Menschen wieder zum Wort Gottes hinzuwenden. Sie aber hörten nicht. Was würde Jesus verändern, wenn er heute in unsere Gemeinden käme?

Hunger (12-14.20-26). Der Feigenbaum steht für Israel, das Raum einnimmt, aber keine Frucht bringt (Lk 13,6-9). Wenn wir keine Frucht mehr bringen, ist das Problem immer an den Wurzeln zu suchen (V. 20; Mt 3,10). Jesus erinnert uns, dass wir Glauben haben müssen und vergeben sollen, wenn wir beten, andernfalls wird Gott uns nicht erhören.

Heiligkeit (15-19). Der Psalmist sagte: »Deinem Haus geziemt Heiligkeit« (Ps 93,5). Doch Unheiligkeit machte den Tempel zu einem Ort, an dem sich Diebe versteckten! Die Führer beteten nicht, sondern benutzten den Glauben, um Geld daraus zu schlagen.

Ehrlichkeit (27-33). Die Führer waren zu Johannes dem Täufer nicht ehrlich gewesen, und jetzt weigerten sie sich, ehrlich zu Jesus zu sein. Wenn wir gehorsam sind, zeigt Gott uns mehr (Joh 7,17), sind wir jedoch ungehorsam, schließen wir die Tür für Gottes Wahrheit.

Markus 12

Jede Familie suchte ihr Passahlamm am Zehnten des Monats aus. Anschließend wurde es bis zum 14. Tag des Monats untersucht, um sicher zu gehen, dass es keinen Fehler hatte (2Mo 12,1-6). In der letzten Woche seines öffentlichen Dienstes wurde das Lamm Gottes (Joh 1,29) auf verschiedenste Weise untersucht, und es bestand jede Prüfung. Kein Trug wurde in seinem Mund gefunden (Jes 53,9).

Seine Antworten zeigten ihnen, wer er war; aber trotzdem akzeptierten sie die Wahrheit nicht. Er ist der Sohn, den der Vater sandte (V. 1-9), und der Stein, den die Bauleute verwarfen (V. 10-11; Ps 118,22-23; Apg 4,11). Seine Feinde waren so sehr darauf aus, Jesus zu vernichten, dass sie nicht erkannten, dass sie nur sich selbst zerstörten.

Alle politischen (V. 13-17) und hypothetischen lehrmäßigen Fragen (V. 18-27) sind nichts verglichen mit der wichtigsten Frage von allen: Ist Jesus Christus dein Herr (V. V. 35-37) und liebst du ihn (V. 28-34)?

Wenn du die geistlichen Personen in diesem Kapitel herausstellen solltest, würdest du dann die heuchlerischen Schriftgelehrten (V. 38-40) oder die arme Witwe nennen (V. 41-44)? Lies Offenbarung 2,9 und 3,17.

Über das Geben

Der Herr beobachtet, *wie* wir geben (Mk 12,41-44), und prüft die Beweggründe unseres Herzens (Mt 6,1-4). Er sieht auch, *wie viel* wir geben, und beurteilt es nach unseren finanziellen

Verhältnissen (1Kor 16,2). Ein alter Sinnspruch sagt: »Was ich gegeben habe, das besitze ich. Was ich ausgegeben habe, habe ich besessen. Was ich behalten habe, habe ich verloren.«

Markus 13

Hier finden wir Markus' Version von der Ölbergrede (Mt 24–25). Beim Schreiben hatte er die Leser aus den Nationen im Sinn (V. 14). Wenn wir in diesen letzten Tagen bereit und treu sein wollen, müssen wir die Ermahnungen von Jesus beherzigen.

Pass auf, dass dich niemand verführt (5). Politische Unruhen und Naturkatastrophen werden falschen Propheten und falschen Christussen die Gelegenheit liefern, die Menschen zu verführen. Verfolgungen gegen das Volk Gottes werden uns entweder stärken oder schwächen.

Achte darauf, was Jesus lehrte (23). Das Wort Gottes ist das einzige zuverlässige Licht in dieser dunklen Welt (2Petr 1,19). Jesus hat uns schon im Voraus gesagt, was auf uns zukommt und was wir meiden sollen. Wir müssen seine Worte ernst nehmen. Sein Wort ist verlässlich und von Dauer. Vertraue ihm!

Wache und bete (33). In der Drangsalszeit werden verschiedene Zeichen die Wiederkunft Jesu anzeigen, aber die Gläubigen heute warten auf den Erlöser und nicht auf Zeichen. »Seid wachsam und betet«, ermahnt er uns. »Tut, was ich euch aufgetragen habe.« Du möchtest treu gefunden werden, wenn er kommt, und das könnte schon heute sein.

Markus 14

Vorbereitung für den Verrat (1-2.10-11). Judas löste das Problem der Hohenpriester, indem er ihnen anbot, sie zu Jesus zu bringen. Aber wie kann man den Sohn Gottes »*zu gelegener Zeit*« verraten? Ist es nicht zu jeder Zeit ein *kostspieliges* Unterfangen?

Vorbereitung für die Grablegung (1-9). Marias Geste der Anbetung erfreute das Herz Jesu und ärgerte Judas, der das Geld wollte, das sie ausgegeben hatte (Joh 12,6). Andere Frauen salbten ihn *nach* seiner Grablegung (16,1), aber Maria tat es, als ihre Liebe ihn ermutigen konnte.

Vorbereitung für die Gemeinschaft (12-26). Es bedeutete Jesus viel, diese Stunden mit seinen Jüngern zu verbringen. Er liebte sie (Joh 13,1), und ihre Anwesenheit ermutigte ihn. Er nahm den Kelch und das Brot des Passahmahls und machte aus ihnen die Gedenkzeichen seines Blutes und Leibes, da er wollte, dass die Jünger sich an ihn erinnerten.

Vorbereitung auf die Gefahr (27-31.66-72). Die gute Gemeinschaft im Obersaal ließ die Zwölf die Gefahr vergessen, die draußen auf sie wartete. Deshalb warnte Jesus sie. Petrus war nicht der einzige, der angab und selbstsicher war. »*Ebenso aber sprachen auch alle*« (V. 31). Beachte seine Warnungen, er weiß, was geschehen wird.

Vorbereitung auf den Tod (32-65). Jesu Gebet zeigt den Kampf in seiner heiligen Seele, als er kurz davor stand, die Sünden der Welt am Kreuz zu tragen. Wenn du in eine Situation kommst, die ähnlich der im Garten Gethsemane ist, dann sprich sein Gebet: »*Doch nicht, was ich will, sondern was du willst!*« (V. 36). Petrus hatte ein Schwert, aber Jesus nahm den Kelch. Du brauchst keine Angst vor dem Kelch haben, den der Vater für dich vorbereitet hat. Jesus konnte sich den Misshandlungen der Menschen beugen, da er sich bereits dem Willen Gottes gebeugt hatte.

Markus 15

Wenn du die ungerechten Angriffe einer bösen Welt ertragen musst, dann denke an Jesus. Die Welt sagt: »Verteidige dich!«, aber Jesus schwieg (V. 1-5). Die Welt sagt: »Gönne dir etwas!«, aber Jesus lehnte das Beruhigungsmittel ab (V. 23). Die Welt sagt: »Rette dich selbst!«, aber Jesus blieb am Kreuz und beendete das Werk, das der Vater ihm gegeben hatte (V. 30).

Simon und das Kreuz

Simon von Kyrene war wahrscheinlich nach Jerusalem gekommen, um das Passahfest zu feiern (Apg 2,10), und dort begegnete er dem Lamm Gottes! Es scheint sicher, dass er sich bekehrte und zu Hause seine beiden Söhne zu Christus führte. Diese Männer waren der römischen Leserschaft von Markus bekannt, so dass sie führende Personen in der Gemeinde geworden sein mussten (Röm 16,13). Wenn deine Pläne das nächste Mal gestört werden und du das Kreuz eines anderen tragen musst, dann denke daran, was Simon für Jesus getan hat – und Jesus für Simon.

Jesus gab sich selbst

Der Teufel sagte Jesus: »Diene dir selbst!« (Mt 4,3-4). Petrus sagte: »Habe Mitleid mit dir selbst!« (Mt 16,21-23). Seine unerretteten Verwandten sagten: »Zeige dich selbst!« (Joh 7,4). Die Volksmenge sagte auf Golgatha: »Rette dich selbst!« Aber Jesus war taub für all diese Appelle und *gab sich selbst*.

Die Hohenpriester waren *neidisch* (V. 10), und Pilatus ging einen *Kompromiss* ein (V. 15). Ihre Sünden brachten die Freilassung einer bösen Person (V. 15), Beschämung für einen unschuldigen Mann (V. 21) und den Tod eines guten Menschen (V. 25). Dennoch werden Neid und Kompromissbereitschaft heute nicht als Sünden angesehen. Sollten wir sie dafür halten?

Der Mensch tat das Schlimmste, was er konnte, aber Gott tat sein Bestes und erfüllte sein Wort (V. 28.34). »*Wo aber die Sünde zugenommen hat, ist die Gnade überreich geworden*« (Röm 5,20). Und er tat es für dich und mich!

Markus 16

Er stand aus den Toten auf (1-8). Da sie seine Verheißungen auf seine Auferstehung vergessen hatten, waren die Frauen traurig und sorgten sich um die Zukunft: »*Wer wird uns den Stein von der Tür der Gruft wegwälzen?*« Als sie erfuhren, dass Jesus lebte, war ihre erste Reaktion Angst, nicht Glauben. Doch dann wurden sie zu den ersten Boten der Auferstehung. Der Engel hatte ein besonderes Wort für Petrus (V. 7), den seine Sünden zweifellos noch immer Kummer bereiteten. Der lebendige Christus gibt dir etwas, worüber du dich freuen und worüber du reden kannst. Er geht vor dir her!

Errettet durch Glauben

Sünder sind durch den Glauben an Jesus errettet (Eph 2,8-9), und sie bezeugen ihren Glauben durch die Taufe (Mk 16,16; Apg 10,47). Einige von den in Markus 16,17-18 beschriebenen Zeichen tauchten während der Zeit auf, die in der Apostelgeschichte festgehalten ist. Sie waren die »Referenzen« der Apostel (Hebr 2,1-4; Röm 15,19; 2Kor 12,12). Daher dürfen wir nicht annehmen, dass sie heute für jeden Gläubigen gelten. Es ist dumm, wenn wir *Gott versuchen*, indem wir Gift trinken oder giftige Schlangen anfassen. Aber es ist alles andere als dumm, *Gott zu vertrauen*, wenn der Gehorsam gegenüber seinem Willen uns in gefährliche Situationen führt. Überheblichkeit kann uns umbringen, aber der Glaube kann uns retten.

Er erschien den Gläubigen (9-18). Dieser Abschnitt fasst das Auftreten des Herrn nach seiner Auferstehung zusammen. Alle, denen er erschien, wurden zu Zeugen seiner Auferstehung (Apg 1,22), so wie auch wir es heute sein sollten (Röm 6,4; Phil 3,10).

Er fuhr in den Himmel auf (19-20). Der Diener ist nun der Herrscher zur rechten Hand des Vaters! Gehorsam erniedrigte er sich und Gott erhöhte ihn in Herrlichkeit (Phil 2,5-11). Aber er ist nicht untätig, sondern wirkt unter seinen Gläubigen, die das Evangelium zu allen Völkern bringen. Das sollte dich ermutigen, um für deinen Herrn zu zeugen!

Lukas

Lukas war ein Arzt und wahrscheinlich Grieche (Kol 4,10-11.14). Er begleitete Paulus auf einigen seiner Reisen. (Man beachte die Pronomen »wir« und »uns« in Apg 16,10; 20,5; 21,1; 27,1.) Er schrieb das Lukas-Evangelium und die Apostelgeschichte (Lk 1,1-4; Apg 1,1-3). Beides sind Reiseberichte: Jesu Reise nach Jerusalem (Lk 9,51) und Paulus' Reise nach Rom.

Dr. Lukas hatte beim Schreiben die Griechen im Sinn und stellte Jesus Christus als den vollkommenen Sohn des Menschen, den mitfühlenden Erlöser, dar (Lk 19,10). In seinem Evangelium kommen oft Frauen, Kinder und die Armen vor, und häufig spricht er von *Freude*. Außerdem betont er das Gebet und die Liebe Gottes für die ganze Welt. Beide Bücher waren an Theophilus (»Freund Gottes«) adressiert, einen römischen Gläubigen, der möglicherweise ein Beamter war und im Glauben gegründet werden musste.

Lukas' Ansatz ist einfach. Er berichtet von der Geburt unseres Herrn und von seinen ersten Jahren (Kap. 1–2), seiner Taufe und Versuchung (3,1–4,13), seinem Dienst in Galiläa (4,14–9,17), seinem Dienst auf dem Weg nach Jerusalem (9,18–19,27) und seinem Dienst in der letzten Woche in Jerusalem (19,28–24,53).

Beim Lesen des Lukas-Evangeliums wirst du den mitfühlenden Sohn des Menschen lieben lernen, der sich um die Notleidenden sorgt und der möchte, dass seine Heilsbotschaft in die ganze Welt getragen wird.

Lukas 1

Dienen (1-25). Seine Enttäuschung, keinen Sohn zu haben, hielt Zacharias nicht davon ab, dem Herrn zu dienen. Sei treu, du weißt nicht, wann Gottes Engel zu dir kommt. Zacharias' Glaube ließ ihn weiter beten, doch als er erhört wurde, fehlte ihm der Glaube, es anzunehmen. Er sah auf seine eigene Begrenztheit statt auf Gottes große Macht. Unglaube führt zum Schweigen (Ps 116,10; 2Kor 4,13), der Glaube hingegen öffnet den Mund und lobt Gott.

Sich beugen (26-38). Was für eine große Ehre, als Mutter des Messias auserwählt zu werden! Maria beugte sich demütig vor dem Herrn, weil sie glaubte, dass er seine Verheißung erfüllen würde. Ihre Entscheidung würde ihr Kummer und Leid bringen, aber sie traf sie bereitwillig. Sie war die »*Gesegnete unter den Frauen*«, da sie bei Gott Gnade gefunden hatte (V. 28.30; SCHLACHTER 2000). Alle, die auf Christus als ihren Erlöser vertrauen, haben Gottes Gnade empfangen (Eph 1,6).

Die Größe Jesu

Über Johannes den Täufer wurde gesagt: »*Denn er wird groß sein vor dem Herrn*« (Lk 1,15), aber über Jesus hieß es: »*Dieser wird groß sein*« (Lk 1,32). Er ist der große Prophet (Lk 7,16), der große Gott und Retter (Tit 2,13), der große Hohepriester (Hebr 4,14) und der große Hirte der Schafe (Hebr 13,20).

»Fürchte dich nicht«

Im Lukas-Evangelium taucht häufig die mutmachende Aussage auf: »*Fürchte dich nicht!*« Die Botschaft der Erlösung ersetzt Furcht durch Freude. Alle möglichen Leute wurden auf diese Weise ermutigt: Zacharias (1,13), Maria (1,30), die Hirten (2,10), Petrus (5,10), Jairus (8,50) und die Jünger (12,7.32).

Singen (39-80). Maria war eine schwangere jüdische Frau aus Nazareth, die einen armen Zimmermann heiraten wollte. Welchen Grund hatte sie schon zu singen? Sie sang von dem, was der Herr für *sie* tat (V. 46-49), für *alle, die ihn fürchten* (V. 50-53), und für *sein Volk Israel* (V. 54-55). Gott gibt den Schwachen Kraft, Throne den Niedrigen und Essen den Hungrigen, aber die Starken, Reichen und Mächtigen gehen leer aus.

Zacharias lobte Gott für das, was er für sein Volk Israel tun würde. Ein neuer Tag brach an (V. 78-79), da der Messias geboren werden sollte. Gott erfüllt seine Verheißungen und ist seinen Bünden treu.

Lukas 2

Du kannst vor Jesus Christus nicht fliehen.

Seine Geburt hatte Auswirkungen auf die Politik des Kaisers (V. 1-3), den Dienst der Engel (V. 8-15) und das Handeln normaler Menschen (V. 15-20). Damals wurden Hirten für gering geachtet, aber Gott suchte sie aus als die ersten menschlichen Boten der Geburt des Messias. Sein Kommen bewegte Anbeter (V. 21-38) und sogar Gelehrte (V. 39-52).

Die Engel sangen von ihm, und er ist noch immer das Thema der schönsten Musik. Lukas schrieb über ihn, und er ist auch heute noch Gegenstand der wunderbarsten Literatur. Die Hirten beeilten sich, ihn zu sehen, und er ist nach wie vor der Mittelpunkt größter Kunstwerke. Lehrer hörten ihm zu und staunten, und er ist noch immer das Zentrum aller Wahrheit und Weisheit.

Seine Entwicklung war in jeder Hinsicht vollkommen ausgewogen: geistig (Weisheit), körperlich (Wuchs), geistlich (Gunst bei Gott) und sozial (Gunst bei Menschen). Er ist das beste Vorbild für Kindheit und Jugend.

Er allein ist anbetungswürdig!

Kommt, lasst uns anbeten!

Lukas 3

Prophetie. Gottes Botschaft erging nicht an irgendeinen der »großen Führer« dieser Zeit. Sie kam zu Johannes dem Täufer, dem letzten und größten Propheten Gottes. Der Dienst von Johannes wurde von dem Propheten Jesaja vorhergesagt (V. 4-6; Jes 40,3-5). Johannes war ein Prophet, der selbst im AT prophezeit wurde!

Dienst. Johannes hatte das Privileg, das Volk auf den Messias vorzubereiten und ihn dem Volk vorzustellen. Er predigte gegen die Sünde und forderte die Menschen zur Buße auf. Denen, die sich bekehrten, gab er Anweisungen, wie sie ihren Glauben im Leben umsetzen sollten. Er erwartete Frucht (V. 8), befasste sich mit der Wurzel der Sünde (V. 9) und warnte vor dem kommenden Zorn Gottes (V. 7.17). Würdest du auf einen solchen Prediger hören?

Geheimnis. Der Sohn Gottes wird getauft, der Heilige Geist kommt wie eine Taube auf ihn herab, und der Vater bekundet aus dem Himmel sein Wohlgefallen an ihm. Vergiss nie, dass die ganze heilige Dreieinheit an deiner Errettung beteiligt ist (Eph 1,1-14).

Geschichte. Das ist der Stammbaum von Maria (V. 23-38), deren Vater Eli war. Josef war nicht der leibliche Vater von Jesus, obwohl die Menschen das annahmen (Joh 1,45; 6,42). Josefs Stammbaum findet sich in Matthäus 1. Es war ungewöhnlich, dem Stammbaum einer Frau Aufmerksamkeit zu schenken. Das zeigt, dass Lukas sich für Menschen interessierte, die meist übersehen wurden. Die Geschichte der Nationen (V. 1) und die des jüdischen Volkes (V. 23-38) liegen in den Händen des allmächtigen Gottes, der seine Absichten ausführt.

Lukas 4

Der Sieger (1-13). Du kannst mit dem Heiligen Geist erfüllt (V. 1) und dem Willen Gottes gehorsam sein und trotzdem Versuchungen und Prüfungen erleben. Weil Jesus dem Feind gegenüberstand und ihn besiegte, kann er deine Versuchungen verstehen und dir zum Sieg verhelfen (Hebr 2,17-18). Es ist keine Sünde, versucht zu werden, denn auch Jesus wurde versucht. Doch wenn wir der Versuchung nachgeben, sündigen wir. Der Teufel verspricht dir: »*Das alles soll dein sein*« (V. 7), aber in Jesus Christus gehören dir bereits alle Dinge (1Kor 3,21-23). Der Teufel kann dir nichts geben.

Der Prediger (14-30). Der Heilige Geist gibt uns nicht nur den Sieg, er führt uns auch (V. 14) und befähigt uns zum Dienst (V. 18).

Der Predigttext unseres Herrn stammte aus Jesaja 61,1-2. Er beschreibt, wozu Jesus gekommen war und was er auch heute noch für Menschen tut. Die Leute in der Synagoge wollten eine ermutigende Predigt, nicht eine, die sie von Sünde überführte. Als Jesus Gottes Gnade für die Nationen erwähnte (V. 23-27), wurden die Menschen wütend und warfen ihn hinaus! Sie verloren ihre Segnungen, weil sie sein Wort zurückwiesen.

Der Heiler (31-44). Jesus erfüllte seinen Auftrag (V. 18-19), indem er die Armen und Bedürftigen durch sein Wort heilte und befreite. Hätte Jesus den Teufel nicht persönlich überwunden, hätte er ihn auch nicht öffentlich besiegen können. Obschon das Predigen des Wortes sein vorrangiger Dienst war (V. 42-44), hatte Jesus Erbarmen mit den Kranken und heilte sie. Auch wenn wir nicht die Macht besitzen, um zu heilen, so können wir doch bedürftigen Menschen im Namen Jesu beistehen und helfen (Mt 25,34-40).

Lukas 5

Jesus reagiert auf Gehorsam (1-11). Wenn du die ganze Nacht gefischt und nichts gefangen hättest, wärst du dann bereit, noch einmal zum Fischen hinauszufahren? Ein Grund, weshalb Jesus mehrere Fischer zu seinen Jüngern berief, war, dass sie nie aufgeben! Vielleicht dachte Petrus, er verstünde mehr vom Fischfang als Jesus, aber trotzdem tat er, was Jesus ihm auftrug; und der Herr belohnte seinen gehorsamen Glauben. Kein Misserfolg ist endgültig, wenn du zum Herrn kommst und einen Neubeginn mit ihm wagst.

Jesus reagiert auf Krankheit (12-14). Aussätzige durften sich Menschen nicht nähern. Aber dieser Mann kam in seiner Verzweiflung zu Jesus und wurde von ihm geheilt. Das Opfer, von dem Jesus spricht, wird in 3. Mose 14 beschrieben und ist ein Bild für das Erlösungswerk des Herrn. Denke darüber nach.

Jesus reagiert auf Erfolg (15-16). Die Menschenmenge suchte ihn, aber Jesus zog sich zurück, um mit seinem Vater zu reden.

Obwohl er so gefragt war, ließ er sich nicht vom Willen des Vaters abbringen. Vance Havner sagte: »Erfolg kann unser Nest so angenehm machen, dass wir vergessen zu fliegen.«

Jesus reagiert auf Sünder (17-39). Er vergab dem Gelähmten, Matthäus dem Zöllner und den Freunden von Matthäus, die dem Herrn vertrauten, weil er der »*Freund der Sünder*« ist (Mt 11,19). Den Schriftgelehrten und Pharisäern konnte er nicht vergeben, da sie nicht eingestehen wollten, dass sie krank sind und neue Kleider brauchten!

»Sie verließen alles«

Nachdem Petrus und seine Gefährten dem Herrn zuvor schon begegnet waren (Joh 1,35-42) und ihn in seinem Dienst durch Galiläa begleitet hatten (Mk 1,16-20), waren sie zu ihrem Fischereibetrieb zurückgekehrt. Jetzt aber wurden sie aufgerufen, alles zu verlassen und dem Herrn als seine Apostel zu folgen (Lk 5,9-11).

Lukas 6

Wahre Freiheit (1-11). Menschen, die nur danach fragen, ob etwas erlaubt ist, können das Prinzip unseres Herrn nicht verstehen. Es ist nicht entscheidend, ob etwas erlaubt ist, sondern ob wir es aus Liebe tun. Die Schriftgelehrten und Pharisäer hatten aus dem Tag des Segens, dem Sabbat, einen Tag der Sklaverei gemacht. Jesus heilte absichtlich am Sabbat, um sie herauszufordern. Es ist immer richtig, Gutes zu tun und die Not der Menschen zu lindern (Mi 6,8), denn die Liebe erfüllt das Gesetz (Röm 13,8-10).

Wahre Werte (12-26). In seiner Einsetzungspredigt für die Apostel betonte Jesus die wahren geistlichen Werte des Lebens im Gegensatz zu den falschen Werten der Pharisäer (Mt 23). Ein bequemes Leben ist nicht unbedingt das Leben, das wir als Christen führen sollten.

Wahre Liebe (27-45). Ja, Gottes Volk hat Feinde, die sogar Jesus hatte, und wir müssen sie so behandeln wie Jesus es tat. Wir müssen geben und vergeben; und wir sollen für sie beten, damit Gott sie nicht vernichtet, sondern sie verändert. Die beste Art und Weise, einen Feind zu besiegen, ist, ihn zu einem Freund zu machen. Halte dein Herz nahe bei Gott (V. 45) und der Herr wird gute Frucht in deinem Leben hervorbringen.

Wahrer Gehorsam (46-49). Wahrer Gehorsam besteht nicht nur aus Worten, sondern aus Taten, und er entsteht aus dem Hören und Tun von Gottes Wort (1Thes 2,13). Judas wusste das alles, aber den Willen Gottes tat er nicht; und als der Sturm kam, stürzte sein Haus ein.

Lukas 7

Er verdiente es nicht (1-10). »*Ich bin nicht würdig*«, bekannte der Hauptmann demütig, und seinen Glauben drückte er mit den Worten aus: »*Sprich ein Wort!*« Wir haben großen Glauben, wenn wir vertrauen, dass Jesus allein durch sein gesprochenes Wort wirkt. Diese Segnungen können wir uns nie verdienen, aber wir können im Glauben um sie bitten.

Wahre Ruhe
Noch vor der Begegnung in Lukas 7,36-50 fordert Jesus uns auf, zu ihm zu kommen und Ruhe bei ihm zu finden (Mt 11,28-30). Die Sünderin hatte dies gehört und war zu Jesus gekommen. Bei ihm fand sie Ruhe. Sie schämte sich ihrer Vergangenheit, aber nicht ihres Erlösers oder ihrer Tränen.

Sie erwartete es nicht (11-17). Niemand wusste, dass Jesus kommen und das Begräbnis beenden würde! Verzweifle nie, denn vielleicht überrascht dich dein Herr noch in letzter Minute und tut das Unmögliche für dich.

Er verstand es nicht (18-35). Wenn der Herr nicht tut, was du von ihm erwartest, dann sprich mit ihm darüber und höre auf sein Wort. Du hast möglicherweise den Eindruck, dass dein Dienst gescheitert ist, aber du bist nicht derjenige, der da zu beurteilen hat. Überlasse Jesus das letzte Wort.

Sie konnte es nicht verbergen (36-50). Die Sünderin vertraute Jesus und er errettete sie. Nun wollte sie ihre Liebe zu ihm zum Ausdruck bringen. Wahrer Glaube kann nicht verborgen bleiben, er zeigt sich in Liebe und Anbetung. Simon der Pharisäer war blind: Er sah weder sich selbst, noch den Herrn oder die Frau. Er wusste nicht, wie viel er ihm schuldete!

Lukas 8

Eine Menschenmenge hörte ihn (1-25). Jesus war nicht beeindruckt von den Volksmengen, die ihm folgten. Er kannte den geistlichen Zustand ihrer Herzen. Das Gleichnis vom Sämann hilft uns, unser Herz zu prüfen. So können wir erkennen, wie wir auf sein Wort reagieren. Es reicht nicht, das Wort nur zu hören (V. 8.18), wir müssen ihm auch gehorsam sein (V. 21) und ihm vertrauen, wenn wir geprüft werden (V. 22-25).

Eine Menschenmenge lehnte ihn ab (26-39). Die Heilung der besessenen Gadarener (Mt 8,28) hätte Jesus beliebt machen sollen, aber die Menschen dort hatten mehr für Schweine und Geld übrig als für Notleidende und Gnade. Der Mann, der Jesus bat, mit ihm gehen zu dürfen, war von allen der Gesündeste!

Eine Menschenmenge begrüßte ihn (40). Das geschah auf der anderen Seite des Sees von Galiläa in der Nähe von Kapernaum. Warum war er bei ihnen willkommen? Wahrscheinlich nicht, weil sie ihn liebten, sondern weil sie viele seiner Wunder gesehen hatten und von ihm erwarteten, dass er ihre Bedürfnisse erfüllte. Würdest du Jesus willkommen heißen, wenn er heute auf die Erde käme?

Eine Menschenmenge drängte sich um ihn (41-56). Die Leute wollten Jesus nahe sein, um seine Hilfe zu bekommen. Doch obwohl sie zu ihm strömten, hatten sie nicht den Glauben wie die arme kranke Frau. In der Menschenmenge zu sein, heißt nicht, auch gesegnet zu werden. Manchmal muss Gott dich von den Menschen beiseite nehmen, bevor er die Not lindern kann (V. 51).

Lukas 9

Jesus rüstet uns aus (1-6). Er wird uns niemals eine Aufgabe geben, ohne uns vorher mit dem auszurüsten, was wir brauchen. Wir neigen dazu, dem zu vertrauen, was wir haben, aber wir sollten Gott allein vertrauen. Wenn wir uns in seinem Willen befinden, wird er uns alles Nötige geben.

Jesus befähigt uns (7-17). Wie konnten zwölf Männer fünftausend Menschen Essen geben? Nur weil der Herr sie dazu befähigte, denn *er* tat das Wunder und sie verteilten den Segen. *Jesus* sucht nach reinen, leeren Händen, die er füllen kann.

Jesus ermutigt uns (18-36). Wenn du Jesus als Sohn Gottes und Erlöser bekennst, dein Kreuz aufnimmst und ihm nachfolgst, wird er dir sein Reich und seine Herrlichkeit offenbaren. Wenn du die Herrlichkeit Gottes erlebst, werden die Forderungen der Jüngerschaft zu Segnungen, die dein Leben mit freudigem Gehorsam erfüllen.

Jesus erträgt uns (37-62). Was für seltsame Worte aus dem Mund Jesu: »*Bis wann soll ich bei euch sein und euch ertragen?*« (V. 41). Er muss unseren Unglauben und unser Versagen ertragen (V. 37-42), unsere geistliche Blindheit (V. 43-45), unseren Stolz (V. 46-48), unsere fehlende Liebe (V. 49-58) und unsere mangelnde Hingabe (V. 57-62). Segnet Jesus dich oder erträgt er dich?

Lukas 10

Dieses Kapitel stellt dir vier persönliche Fragen.

Was bringt dich dazu zu dienen (1-16)? Jesus beschränkte sich nicht auf die Zwölf, er hatte siebzig weitere Jünger, die ihm gehorsam waren und ihm bei der Ernte halfen. Aber trotzdem sind es nur wenige Arbeiter, und Lukas 9,57-62 sagt uns auch warum.

Der Dienst ist schwer und gefährlich, aber ebenso lohnenswert. Bist du seinem Ruf gehorsam?

Was bringt dir Freude (17-24)? Als sich die Jünger über ihren erfolgreichen Dienst freuten, sagte Jesus zu ihnen, sie sollten sich freuen, dass sie Bürger des Himmels waren. Schließlich würde ihr Dienst nicht immer erfolgreich verlaufen, aber ihre Errettung würde für immer feststehen. Jesus freute sich, weil der Wille des Vaters in ihrem Leben geschah. Was erfreut dein Herz?

Was lässt dich innehalten (25-37)? Wir können leicht darüber reden, was es bedeutet, ein gutes Verhältnis zu unserem Nächsten zu haben, aber ihm wirklich zu helfen, kostet uns etwas. Bleibst du stehen und hilfst, wenn du ungerecht behandelte und verletzte Menschen siehst oder versuchst du, dich wie der Priester und der Levit zu drücken? Du bist Jesus nie ähnlicher, als wenn du mit den Wunden eines anderen mitfühlst und ihm helfen möchtest.

Was bringt dich dazu zuzuhören (38-42)? Das ist die Grundlage für jeden Dienst: Sich zu den Füßen Jesu hinzusetzen und seinem Wort zuzuhören. Es ist wichtig, dem Herrn und anderen zu dienen, aber noch wichtiger ist es, deinem Herrn Freude zu machen, indem du Zeit mit ihm verbringst. Bist du so sehr damit beschäftigt, ihm zu dienen, dass du keine Zeit hast, ihn zu lieben und ihm zuzuhören?

Ihm dienen

Treu den Geboten meines Herrn,
würde ich das bessere Teil erwählen;
gewissenhaft mit Martas Händen dienen,
und mit Marias Herzen lieben.
Charles Wesley

> »Die Gerechtigkeit sucht nach den Verdiensten einer
> Sache, aber das Mitleid sieht nur die Not.«
> Bernhard von Clairvaux

Lukas 11

Seine Großzügigkeit (1-13). Wenn sogar Jesus, Johannes der Täufer und die zwölf Jünger schon beten mussten, wie viel mehr haben wir es dann nötig! Wir müssen Gottes Interessen an die erste Stelle setzen (V. 2-4), denn die Grundlage des Gebets ist *Sohnschaft* und nicht Freundschaft. Gott ist ein liebevoller Vater, nicht ein grantiger Nachbar. Er gibt uns, was wir brauchen. Er schlummert nicht, noch schläft er. Und er wird auch nicht ärgerlich, wenn wir ihn um Hilfe bitten (Jak 1,5).

Seine Autorität (14-36). Gefährlicher als offene Feindseligkeiten (V. 14-22) ist das Bemühen um Neutralität (V. 23-26), denn ein leeres Leben gibt dem Teufel die Möglichkeit, sich eines Menschen zu bemächtigen. Das einzige Zeichen, das wir brauchen, ist das »Zeichen Jonas« – die Auferstehung unseres Herrn aus den Toten (Apg 2,22-36). Jesus hat den Fürst der Finsternis besiegt. Gehorche dem Teufel und du lässt die Finsternis in dich hinein statt des Lichts, und bald schon wirst du zwischen beidem nicht mehr unterscheiden können (Mt 6,22-23).

Seine Ehrlichkeit (37-54). Als Jesus im Haus eines Pharisäers zu Gast war, schmeichelte er nicht dem Gastgeber oder den anderen Gästen, indem er die Wahrheit zurückhielt. Er deckte ihre Heuchelei auf und verurteilte sie für ihre Sünden (Mt 23). Sie verunreinigten andere Menschen (V. 44), luden ihnen Lasten auf (V. 46) und versperrten ihnen die Tür (V. 52), während sie sich selbst als heilige Männer Gottes darstellten. Statt die Gelegenheit zu ergreifen, Buße zu tun und Vergebung zu empfangen, widersetzten sie sich Jesus und griffen ihn an. Was für Narren!

> *»Das Gebet ist ein mächtiges Werkzeug, nicht um den Willen des Menschen im Himmel zu bewirken, sondern Gottes Willen auf der Erde.«*
> Robert Law

Lukas 12

Ein ängstliches Herz (1-12). Wenn du dich vor Menschen fürchtest, fängst du an, Dinge zu verbergen, und das führt zu Heuchelei. Du versäumst es, dich öffentlich zu Jesus zu bekennen und auf den Heiligen Geist zu vertrauen (V. 8-12), und schon wird dein Zeugnis zum Schweigen gebracht. Wenn du ausschließlich Gott fürchtest, musst du vor niemand anderem Angst haben und kannst Jesus mutig bekennen. Du bist wichtig für Gott und wertvoll in seinen Augen, deshalb solltest du dich nie vor dem fürchten, was Menschen sagen oder tun können.

Ein habgieriges Herz (13-21). Stell dir vor, du wärst so habgierig, dass du eine Predigt unterbrechen würdest, nur um jemanden um Hilfe zu bitten, an noch mehr Geld zu kommen! Im Herzen dieses Mannes wucherte zweifellos das Unkraut (Mt 13,22). Wir alle benötigen eine bestimmte Menge Geld, um zu leben; aber Geld garantiert keine Sicherheit. Wenn überhaupt, schafft es eine *falsche* Sicherheit, die uns zu Narren macht.

Ein geteiltes Herz (22-34). Das mit »*besorgt*« (V. 22) übersetzte Wort bedeutet »auseinandergerissen sein«. Genau das machen Sorgen mit dir. Wenn dein Herz auf Jesus ausgerichtet ist und völlig ihm vertraut (V. 31), wirst du ein ungeteiltes Herz haben, das nur Gott fürchtet (Ps 86,11). Wenn deine Schätze im Himmel sind, musst du dir keine Sorgen machen, denn kein Feind kann sie dir wegnehmen!

Ein kaltes Herz (35-59). Wir sind Gottes Diener, und er erwartet von uns, dass wir treu unsere Arbeit tun, wenn Christus wiederkommt. Aber wenn wir aufhören, uns auf sein Kommen zu freuen, es zu lieben (2Tim 4,8) und uns danach zu sehnen (Offb 22,20), wird unser Herz kalt, und wir werden weltlich. Bei seiner Wiederkunft wird der Herr sich um nachlässige Diener kümmern, daher ist es besser, bereit zu sein.

Lukas 13

Tragödie (1-9). Wie leicht ist es, sich nach den Tragödien anderer zu erkundigen und die enthaltenen Lektionen nicht zu lernen! Die entscheidende Frage ist nicht: »Warum sterben Menschen auf tragische und scheinbar sinnlose Weise?«, sondern »Warum erhält Gott mich am Leben?« Bin ich es wirklich wert? Bringe ich Frucht oder nehme ich nur Platz weg?

Heuchelei (10-17). Der Synagogenvorsteher war ein Heuchler, weil er Tiere besser behandelte als Menschen. Nehmen wir an, die Frau wäre an einem anderen Tag in die Synagoge gekommen. Hätte er sie heilen können? Natürlich nicht! Wir fragen uns, wie viele notleidende Menschen kommen zu den Gemeindestunden, weil sie nach Liebe und Hilfe suchen und gehen enttäuscht wieder nach Hause.

> *»Gestern ist ein stornierter Scheck. Morgen ist ein Schuldschein. Heute ist das einzige Bargeld, das du hast, also lege es gut an.«*

Gelegenheit (18-35). Gottes Reich wirkt in dieser Welt, aber viele Menschen nehmen ihre Möglichkeiten nicht wahr. Statt in sein Reich einzugehen, stellen manche Leute nur Fragen darüber. Die Errettung ist keine Theorie, die es zu erörtern gilt, sie ist ein Wunder, das man erfahren muss. So verwundert es nicht, dass Jesus weinte, als er sah, wie Sünder ihre Möglichkeiten zur Errettung an sich vorübergehen ließen! Warte nicht darauf, dass sich Möglichkeiten ergeben, sie sind bereits da.

Lukas 14

Nutze ich Menschen aus (1-14)? Wenn wir miteinander essen, sollte das eine Zeit der liebevollen Gemeinschaft und der freudigen Dankbarkeit gegenüber Gott sein. Aber die Pharisäer machten Tische zu Fallen und nutzten die Menschen aus. Sie benutzten einen Mann mit einem Leiden, um Jesus zu ködern. Sie gingen zu Festessen, nur um sich ehren zu lassen. Sie luden zu ihren Festmählern nur Leute ein, von denen auch sie eingeladen wurden. Gastfreundschaft ist nur dann ein Dienst, wenn wir damit anderen helfen und Gott verherrlichen wollen.

Lade ich Menschen ein (15-24)? Die Errettung ist ein Festmahl, keine Beerdigung (5,33-39), und Gott möchte, dass sein Haus voll ist. Als seine Diener haben wir das Privileg, der Welt zu sagen: »*Kommt! Denn schon ist alles bereit*« (V. 17). Auch wenn einige die Einladung ablehnen, lade weiter ein. Jene, die sich für am unwürdigsten halten, möchte er bei seinem Fest haben.

Folge ich Menschen nach (25-35)? Es ist leicht, sich unter die Menschenmenge zu mischen und einem beliebten Jesus nachzufolgen. Aber das ist nicht wahre Jüngerschaft. Er ruft dich weg von der Menge, damit du dein Kreuz aufnimmst und ihm folgst. Gott möchte sein Haus zwar mit verlorenen Sündern füllen, aber in Bezug auf die Jüngerschaft gilt, dass Jesus nur diejenigen will, die ihr Ich im Tod halten und für ihn leben.

Lukas 15

Mit diesen Gleichnissen verteidigt Jesus seinen Dienst und erklärt, warum er Gemeinschaft mit Sündern hatte und sogar mit ihnen aß.

Er sah, was sie waren. Sie waren Schafe, die in die Irre gegangen waren und einen Hirten brauchten, der sie wieder nach Hause führte. Sie waren verloren gegangene Münzen, auf denen das Bild Gottes eingeprägt war, und mussten wieder in Umlauf gebracht werden. Sie waren ungehorsame Söhne, die ihr Erbe vergeudeten und nach Hause zum Vater kommen mussten.

Er sah, wie sie dazu geworden waren. Schafe sind dumme Tiere, die sich von Natur aus verlaufen. Aber die geistlichen Hirten Israels dienten ihnen nicht treu (Jer 23; Hes 34). Die Frau verlor die Münze, weil sie unvorsichtig war, und der Sohn ging aufgrund seines Eigensinns verloren. Der Vater suchte nicht nach dem Jungen, sondern ließ ihn seine Lektion auf die harte Weise lernen und ihn herausfinden, wie gut er es Zuhause hatte (s. Röm 2,4).

Er sah, was sie sein könnten. Jesus sah immer das Potential in den Menschen. Das Schaf konnte zurück zur Herde gebracht werden und dem Hirten Freude machen; die Münze konnte gefunden werden; und der Sohn konnte nach Hause zurückkehren und seinem Vater liebevoll dienen. Weil Jesus alle annimmt, besteht für jeden Sünder Hoffnung.

Lukas 16

Das Thema ist Geld, und das Ziel besteht darin, dass wir in unserem Leben lernen, sinnvoll damit umzugehen.

Wir können Geld verschwenden (1). Verwalter sollten Vermögen zum Nutzen ihres Herrn gebrauchen und nicht für ihr eigenes Vergnügen (1Kor 4,2). Gott möchte, dass wir uns an seinen Gaben *erfreuen* (1Tim 6,17), aber er will auch, dass wir sie weise *einsetzen*.

Wir können Gott mit Geld dienen (2-9). Der Mann erlebte ein böses Erwachen: Er musste Rechenschaft ablegen über seine Verwaltung (Röm 14,10-12; 2Kor 5,10). Er lernte daraus, klug zu handeln und in Menschen und in die Zukunft zu investieren. Wir »erkaufen« uns keine Freunde, aber wir können Freunde für den Herrn gewinnen, indem wir unser Geld klug einsetzen. Werden dich Menschen im Himmel willkommen heißen, weil du so klug gewirtschaftet hast, dass sie das Evangelium hören und errettet werden konnten?

> *»Mache alles, was du kannst; rette alle, die du kannst;*
> *gib alles, was du kannst.«*
> John Wesley

> *»Geld ist ein großartiger Diener, ein schrecklicher Herr*
> *und ein abscheulicher Gott.«*

Wir können versuchen, Gott und dem Geld zu dienen (10-18).
Die Pharisäer versuchten es, aber es geht nicht. Wie kann man
sowohl der Gerechtigkeit als auch der Ungerechtigkeit dienen,
dem Größten und dem Geringsten, den Dingen, die Gott ehren
und denen, die er verabscheut? Die Welt beurteilt Menschen
danach, wie viel sie haben, aber Gott nach dem, wie viel sie geben.

Wir können Geld zu unserem Gott machen (19-31). Der reiche
Mann kam in den Hades, nicht weil er reich war, sondern weil er
den Reichtum als Gott verehrte. Abraham war ein wohlhabender
Mann, und trotzdem war er im Paradies. Der Umgang mit Geld
kann dazu beitragen, dass Menschen in den Himmel (V. 9) oder in
die Hölle kommen.

Lukas 17

Der Glaube ist wie ein Same. Er scheint klein und schwach, aber er
hat Leben in sich. Und wenn man ihn pflegt, wird er wachsen und
seine Kraft entfalten. In vielen Lebensbereichen brauchen wir
Glauben.

Glauben, um zu vergeben (1-4). Wenn Menschen wiederholt
sündigen, ist es leicht, sie aufzugeben. Aber wir müssen ihnen
vergeben und auf Gott vertrauen, dass er in ihrem Leben wirkt. Wir
sollten Sprungbretter sein und nicht Stolpersteine.

Glauben, um zu dienen (5-10). Wir brauchen Glauben, um unsere
Pflicht zu tun, ob wir uns nun um ein Feld kümmern, eine Herde
hüten oder ein Essen zubereiten. Glaube ist nötig, um so etwas
Außergewöhnliches zu vollbringen, wie einen Berg zu bewegen.

Glauben, um zu beten (11-19). Die zehn Männer glaubten, dass Jesus ihnen helfen konnte, was er auch tat. Den Samariter heilte Jesus nicht nur, sondern er wurde auch durch Jesus errettet. »*Dein Glaube hat dich gerettet.*« Wenn Gott deine Gebete erhört, dann danke ihm.

Glauben, um bereit zu sein, wenn er kommt (20-37). Es ist nicht wichtig, das Datum der Wiederkunft zu kennen, sondern bereit zu sein, wenn er kommt. Wahrer Glaube führt zu Treue. Wenn du dich *umschaust* und siehst, wie die Sünde zunimmt, wirst du entmutigt, und wenn du *zurückblickst* (so wie Lots Frau), kann dich das fertigmachen, also *sieh nach oben* und erwarte die Wiederkunft des Herrn heute!

Lukas 18

Vertrauensvolles Gebet (1-8). Wenn ein ungerechter Richter einer armen Witwe hilft, wie viel mehr wird sich dann ein liebender Vater um die Bedürfnisse seiner Kinder kümmern? Wir haben freien Zugang zu seiner Schatzkammer (Röm 5,2) und können seine wunderbaren Verheißungen für uns in Anspruch nehmen (Lk 11,9-10). Daher sollten wir im Glauben und Vertrauen beten. Kein Platz für Diskussionen – komme einfach!

Überhebliches Gebet (9-17). Wahres Gebet sollte uns demütig machen und uns dazu bringen, andere mehr zu lieben. Wir sollten wie Kinder sein, die zu ihrem Vater kommen, und nicht wie Anwälte, die Anklage erheben. Wenn das Gebet kein Segen für den Betenden ist, wird es sehr wahrscheinlich auch keinem anderen nützen.

Unwissendes Gebet (18-34). Obschon der junge Mann viele gute Eigenschaften besaß, gehörte geistliches Verständnis nicht dazu. Er erkannte weder sich selbst, noch Jesus oder die Gefahr, in der er aufgrund seiner Reichtümer stand. Der Zöllner ging gerechtfertigt weg (V. 14), während der junge Mann sehr betrübt wurde (V. 23). Was geschieht, wenn du deine Gebete gesprochen hast?

Anhaltendes Gebet (35-43). Der Blinde war nicht aufzuhalten!

Er hatte seine große Chance, und er würde sie nicht verpassen. Unser Herr blieb stehen, schaute ihn an, hörte zu – und heilte ihn! Jesus ist nicht zu beschäftigt, um dich zu hören. Sei dir sicher, dass du es ernst meinst, wenn du betest.

> »Durch das Gebet bitten wir Gott, uns unseren geistlichen Zustand deutlich zu machen. Manchmal ist das, was wir bitten, eine Beleidigung für Gott; wir bitten und richten unseren Blick auf das, was möglich ist, oder auf uns selbst, aber nicht auf Jesus Christus.«
>
> Oswald Chambers

Lukas 19

Der Tag des Heils (1-10). Zachäus' Erfahrung wird in Vers 10 auf den Punkt gebracht: Jesus *kam* zu ihm, *suchte* ihn und *rettete* ihn. Obwohl er von vielen Menschen umringt war, nahm Jesus sich Zeit für Einzelne und bemerkte sogar einen Mann in einem Baum! Er ist auch heute noch der suchende Erlöser, aber jetzt benutzt er *deine* Augen und *deinen* Mund.

Der Tag der Beurteilung (11-27). Es gibt drei Möglichkeiten, wie die Menschen zum König stehen können. Man kann seine Herrschaft ablehnen und sein Feind sein, aber das führt zum Gericht. Man kann seine Herrschaft akzeptieren und untreu sein, das jedoch bedeutet, dass man seinen Lohn verliert. Oder man kann seine Herrschaft akzeptieren und sich treu seinem Willen ergeben, dann empfängt man seinen Lohn. Du sollst nicht *aufbewahren*, was er dir gibt, sondern es zu seiner Ehre *investieren*.

Der Tag seines Besuchs (28-43). Es ist tragisch, dass die Juden ihren eigenen König nicht erkannten, als er zu ihnen kam! Doch wenn er wiederkommt, wird er dann »*Glauben finden auf der Erde*« (18,8)? Unser Herr weinte, da er das schreckliche Gericht sah, das auf die Stadt und die Menschen zukam.

Gott sucht ...
Wonach sucht Gott? Er sucht nach verlorenen Menschen (Lk 19,10), nach Anbetern (Joh 4,23), nach Frucht in unserem Leben (Lk 13,7) und nach treuen Dienern (Hes 22,30). Hat er dich schon gefunden?

Lukas 20

Trotz ihrer ausweichenden und heuchlerischen Antwort konnten die religiösen Führer *der Vergangenheit nicht entkommen* (V. 1-8). Sie hatten den Dienst von Johannes dem Täufer zurückgewiesen, was zu der Weigerung führte, auf Jesus Christus zu vertrauen. Du vergisst deine Entscheidungen vielleicht, aber sie werden dich nicht vergessen. Eventuell versuchst du sogar, sie tief zu vergraben, aber sie werden auferstehen, um dich anzuklagen.

> *»Die Wahrheit ist unwiderlegbar. Die Panik mag sie has-sen, die Unwissenheit sich über sie lustig machen, die Bosheit sie verdrehen, aber trotzdem bleibt sie bestehen.«*
> Sir Winston Churchill

Ebenso wenig konnten sie *dem zukünftigen Gericht entkommen* (V. 9-19). Sie würden den Sohn und den Stein verwerfen, was zu ihrem Ruin führen sollte. Entweder rettet oder richtet Jesus dich – einen Mittelweg gibt es nicht.

Den Führern gelang es auch nicht, sich ihrer *gegenwärtigen Verantwortung zu entziehen* (V. 20-47). Indem sie Jesus Fangfragen stellten, hofften sie, er würde etwas sagen, wofür sie ihn anklagen konnten. Aber seine Antworten machten nur ihre Torheit deutlich und vergrößerten ihre Schuld. Sie führten einen aussichtslosen Kampf und wollten sich nicht ergeben.

Lukas 21

Aufrechterhaltung des Tempels (1-4). Viele von den religiösen Führern waren moralisch verdorben, aber der Tempel war noch immer der Ort, an dem Gottes Name wohnte und wo aufrichtige Menschen ihn anbeten konnten. Jesus kritisierte sie nicht, weil sie den Dienst im Tempel unterstützten (Mt 23,1-3), aber er achtete darauf, *was* sie gaben. Die finanziellen Verhältnisse sind entscheidend, nicht die Höhe der einzelnen Gabe. Wer »das Scherflein der Witwe« gibt, gibt alles und nicht am wenigsten.

Zerstörung des Tempels (5-36). Das ist Lukas' Version von der Ölbergrede, die in Matthäus 24–25 und Markus 13 zu finden ist. Es ist das einzige Evangelium, in dem unser Herr den Fall Jerusalems voraussagt, der sich 70 n.Chr. ereignete (V. 20-24). Der Rest seines Berichts beschreibt Ereignisse aus den letzten Tagen, bevor Jesus Christus zur Erde wiederkommt. Es wird eine Zeit der Prüfung und des Zeugnisses sein, der Unterdrückung, der Vergeltung und des Sieges.

Dienst im Tempel (37-38). Als 12-jähriger Junge redete Jesus im Tempel über das Wort Gottes (2,41-50), und die letzte Woche vor seinem Tod verbrachte er damit, das Wort im Hause seines Vaters zu lehren. Die religiösen Führer hassten ihn, und der Tempel war eine Räuberhöhle. Aber dort waren Menschen, die ihn brauchten, und Jesus lehrte sie. Er ergriff die Gelegenheit, und die Menschen waren froh, ihn zu hören.

Lukas 22

Der Teufel im Tempel (1-6). Judas wurde vom Teufel geleitet, als er mit den religiösen Führern eine Vereinbarung traf. Der Teufel ist ein Lügner und Mörder (Joh 8,44), und er half Judas bei seinem Betrug. Aber Satan betrog auch Judas, und der ehemalige Jünger beging Selbstmord. Mit dem Teufel Geschäfte zu machen, ist gefährlich.

Der Teufel im Obersaal (7-38). Der Teufel hatte bereits Macht über Judas, aber er musste um Erlaubnis bitten, die Jünger zu

»*sichten*« und Petrus zu versuchen (Hi 1,12; 2,6). Satan ist nicht allmächtig und kann sich nur innerhalb der Grenzen bewegen, die ihm der Herr steckt (1Kor 10,13). Die Apostel hatten an diesem Abend einige große Segnungen erlebt, aber die Gefahr war sehr nahe. Sei vorsichtig, wenn du eine wertvolle geistliche Erfahrung gemacht hast, denn der Teufel will dich angreifen. Und sei vor allem auf der Hut, wenn du darüber nachdenkst, wer der Größte ist!

Der Teufel im Garten Gethsemane (39-53). Zu denen, die ihn gefangen nehmen wollten, sagte Jesus: »*Dies aber ist eure Stunde und die Macht der Finsternis*« (V. 53). Da er gebetet und sich dem Willen des Vaters übergeben hatte, war Jesus auf die Gefangennahme vorbereitet, aber die Jünger waren es nicht. Wenn es jemals so schien, als sei das Werk Jesu gescheitert, dann im Garten Gethsemane. *Aber auch da tat Jesus nur den Willen des Vaters.*

Der Teufel im Hof des Hohenpriesters und im Hohen Rat (54-71). Der Teufel war im Hof des Hohenpriesters, um Petrus zu sichten, und im Hohen Rat, um die religiösen Führer in die Irre zu führen. Sein Sieg über Petrus war nur vorübergehend, denn der Apostel weinte, tat Buße und wurde wiederhergestellt. Sein Sieg über die religiösen Führer war vollkommen. Er machte ihre Augen blind für die Wahrheit (2Kor 4,3-6), und sie verurteilten ihren eigenen Messias.

Lukas 23

Pilatus wollte Jesus loswerden, so schnell und einfach wie möglich. Aber man kann es nicht vermeiden, ernste Entscheidungen bezüglich seiner Person zu treffen. Pilatus verurteilte schließlich einen unschuldigen Mann, ließ einen Schuldigen frei und machte sich einen bösen Mann zum Freund. Was für ein Zeugnis über einen römischen Befehlshaber, dessen Verantwortung es war, das Gesetz zu wahren und den Menschen Gerechtigkeit widerfahren zu lassen!

Herodes wollte sehen, wie Jesus ein Wunder tat! Der böse König wollte aus dem Sohn Gottes einen Entertainer machen. Jesus vollbrachte kein Wunder. Er sagte kein Wort. Herodes hatte die Stimme Gottes zum Schweigen gebracht, und für ihn gab es nur noch das Gericht Gottes.

Barabbas verdiente den Tod. Aber er wurde freigelassen, weil Jesus seinen Platz einnahm. Ging Barabbas nach Golgatha und schaute sich den Mann an, der für ihn starb? Wahrscheinlich nicht. Er war froh, vom Todesurteil befreit zu sein, sodass er in sein altes Leben zurückkehren konnte. Obgleich er frei war, war er noch immer an die Sünde gekettet.

Und für diese Menschen – und viele mehr – betete Jesus: »Vater, vergib ihnen! Denn sie wissen nicht, was sie tun« (V. 34). Was für eine Gnade!

Der Verbrecher am Kreuz zeigte großen Glauben, als er Jesus bat, an ihn zu denken. Denn Jesus sah nicht so aus, als wäre er in der Lage, irgendjemanden zu retten.

Josef war sehr mutig, als er den Leib unseres Herrn öffentlich vom Kreuz nahm. Er verunreinigte sich in der Passahwoche, aber das war nicht schlimm, da er dem Lamm Gottes begegnet war. Das allein zählte.

Lukas 24

Sein Wort vergessen (1-12). Der Stein war weggerollt und der Leib Jesu nicht mehr da. Die Frauen waren verwirrt. Warum? Weil sie sein Wort vergessen hatten. Heute kommen keine Engel, um uns an sein Wort zu erinnern, diesen Dienst übernimmt der Heilige Geist (Joh 14,26). Unterstelle dich dem Heiligen Geist und lass dich von ihm an die Verheißungen erinnern, die deinem Herzen Mut machen.

Das Wort lernen (13-35). Diese beiden Männer hätten tagelang miteinander gehen und reden können und wären ihre Enttäuschung doch nicht losgeworden. Warum? Weil ihnen der Schlüssel fehlte, der das Alte Testament aufschloss: Der Messias musste leiden und sterben, bevor er in seine Herrlichkeit einging. Ihre Herzen brannten, als er ihnen die Schriften erklärte, und kurz darauf wurden Trauernde zu Missionaren und gaben die gute Nachricht weiter an andere. Lässt du dich vom Heiligen Geist belehren (Joh 16,13-15)?

Das Wort aufnehmen (36-45). Ihre Herzen waren besorgt, verängstigt und voller Zweifel, aber der Herr beruhigte sie durch sein Wort. Wir können ihn heute nicht körperlich sehen oder fühlen, aber wir haben den Heiligen Geist, der ihn uns in den Schriften lebendig macht. Wenn dein Herz besorgt oder verängstigt ist, dann blicke auf Jesus in seinem Wort (Joh 14,1-6). Wenn dein Glaube schwach ist, dann blicke auf Jesus in seinem Wort (Röm 10,17). Der erste Schritt zum Frieden ist, sein Wort in uns aufzunehmen.

Das Wort weitergeben (46-53). Gott öffnet unsere Augen (V. 31) und unser Verständnis (V. 45), sodass wir unseren Mund aufmachen und anderen von ihm erzählen (V. 48), nachdem er uns die Schriften geöffnet hat (V. 27.32). Jesus gibt uns den Auftrag, die Kraft und die Botschaft. Es gibt keinen Grund zu schweigen! Wenn wir ihn mit Freude anbeten (V. 52-53), wird es uns nicht schwerfallen, der Welt ein freudiges Zeugnis zu geben.

Johannes

Beim Schreiben seines Evangeliums verfolgte Johannes zwei Ziele: Er wollte beweisen, dass Jesus Christus der Sohn Gottes ist, und er wollte Menschen dafür gewinnen, an ihn zu glauben und errettet zu werden (20,30-31). Er lieferte einen dreifachen Beweis für die Gottheit Jesu Christi: 1) die Wunder, die er tat; 2) die Worte, die er redete; und 3) das Zeugnis derer, die ihn kannten.

Beim Lesen des Johannes-Evangeliums wirst du Jesus reden hören (7,46), ihn in Kraft handeln sehen und mitbekommen, wie Menschen auf das, was er sagt und tut, reagieren. Sieben Zeugen sagen, dass er der Sohn Gottes ist: Johannes der Täufer (1,34), Nathanael (1,49), Petrus (6,69; s. SCHLACHTER 2000), ein Mann, der blind gewesen war (9,35-38; s. UELB), Marta (11,27), Thomas (20,28) und der Apostel Johannes selbst (20,31). Auch Jesus erklärte seine Gottheit (5,25; 10,36).

Matthäus schrieb für die Juden, Markus für die Römer und Lukas für die Griechen. Doch Johannes hatte die ganze Welt im Sinn, als er sein Evangelium verfasste und mehrfach das Wort *Welt* benutzte. Er bezieht sich über hundert Mal auf das Alte Testament und zeigt dadurch, dass er auch seine jüdischen Leser berücksichtigte.

Die Aufforderung der synoptischen Evangelien (Matthäus, Markus und Lukas) lautet: »Kommt und hört!« Aber im Johannes-Evangelium besteht die Aufforderung zudem in einem »Kommt und seht!« Im ganzen Buch finden sich 67 Anspielungen auf das *Sehen* und 58 auf das *Hören*. Seine *Werke* und *Worte* beweisen, dass Jesus wirklich der Sohn Gottes ist.

Nach der Einleitung (1,1-18) beschreibt Johannes den Dienst Jesu an seinem Volk (1,19–12,50), seinen Jüngern (Kap. 13–17) und schließlich an der ganzen Welt (Kap. 18–21). Im ersten Teil ist er der Wunderheiler, im zweiten der Lehrer und im dritten der

Sieger. Natürlich wird Jesus im ganzen Buch als Herr und Retter gesehen.

Johannes 1

Der Schöpfer kam (1-14). Vergleiche diese Stelle mit 1. Mose 1 und achte auf die Betonung von *Licht* und *Leben*. Mose schrieb über die alte Schöpfung und Johannes über die neue (2Kor 5,17). Jesus ist das schöpferische und lebendige Wort, das uns den Vater offenbart. In seinen vielen Wundern zeigte Jesus seine Kraft als Schöpfer. Er ist ein treuer Schöpfer, und du kannst ihm dein Leben anvertrauen (1Petr 4,19).

Der Erlöser kam (15-34). Er kam mit Gnade und Wahrheit, nicht mit Gesetz und Gericht. Er offenbarte den Vater und gab denen, die ihm vertrauten, den Heiligen Geist. Er ist das Lamm Gottes, das allein Sünden wegnehmen kann. Das Blut von Lämmern *bedeckte* die Sünden der Juden, aber das Blut Jesu *nimmt die Sünden der ganzen Welt weg* (V. 29; 4-42).

Der Herr kam (35-51). Jesus berief ein paar Männer in seine Nachfolge, und er veränderte ihr Leben und gebrauchte sie, um das Leben von anderen Menschen zu verändern. Simons neuer Name (Petrus bedeutet »ein Stein«) symbolisierte einen Neu-anfang in seinem Leben. Er gehörte zur neuen Schöpfung und hatte teil an der Fülle der Gnade (V. 16). Jesus berief jeden persönlich und ging jedes Mal anders vor, und doch war es immer derselbe Herr. Bist du seinem Ruf gefolgt?

Bilder von Jesus

Johannes stellt den Tod unseres Herrn als das Schlachten des Lammes dar (1,29), als die Zerstörung eines Tempels (2,19), als das Erhöhen einer Schlange (3,14), als den freiwilligen Tod eines Hirten (10,11-18) und als das Aussäen eines Samenkorns (12,20-25).

Der König kam (49). Jesus kam in seine eigene Schöpfung und alles in der Schöpfung gehorchte ihm, nur sein eigenes Volk nahm ihn nicht auf (V. 11; 12,37-41). In seinem Prozess vor Pilatus war sein Königtum die wichtigste Frage (18,33–19,22), und das ist sie auch heute noch. Wer ist der König *deines* Lebens?

Johannes 2

Blicke auf Jesus!

Er ist voller Freude (1-12). Eine jüdische Hochzeit ist ein freudiges Ereignis, und Jesus fühlte sich dort wie zu Hause. Er war »*ein Mann der Schmerzen*« (Jes 53,3), aber er kannte auch große Freude (Lk 10,21). Er kann die Freuden und Leiden (Kap. 11) unseres Lebens teilen. Die Freude, die die Welt zu bieten hat, wird irgendwann vergehen, aber die Freude, die er gibt, hält für immer an. Nimm ihn in dein Leben auf und sei seinem Wort gehorsam.

Er ist gerecht (13-17). Die anderen Evangelien berichten, wie er gegen Ende seines Dienstes den Tempel reinigte, aber Johannes erzählt uns, dass er seinen Dienst damit begann. Das Gericht fängt beim Haus Gottes an (1Petr 4,17). Damals war der Tempel ein »*Kaufhaus*« (V. 16); drei Jahre später war er eine »*Räuberhöhle*« (Mt 21,13). Äußere Besserung ohne innere Erneuerung ist nur von kurzer Dauer.

Er ist siegreich (18-25). Die Juden baten ihn mehrfach um ein Zeichen (1Kor 1,22) und lehnten dann den Beweis ab, den er ihnen lieferte (12,37-41). Seine Auferstehung war der größte Beweis seiner Gottheit (Mt 12,38-40), aber die Juden verstanden nicht, worüber er sprach (8,42-45). Sie zerstörten den Tempel, indem sie ihn kreuzigten, aber er triumphierte über sie in seiner Auferstehung.

Göttliche Wahrheiten verstehen

In seinem Evangelium zeigt Johannes, dass unerrettete Menschen nicht verstanden, was Jesus lehrte. Wenn er eine symbolische Sprache gebrauchte, um geistliche Wahrheiten deutlich zu machen, nahmen sie es wörtlich. Das war der Fall, wenn er vom Tempel sprach (2,18-22), der neuen Geburt (3,1-9), dem lebendigen Wasser (4,7-15), dem Essen seines Fleisches und Trinken seines Blutes (6,51-52). Ohne den Heiligen Geist kannst du sein Wort nicht verstehen (1Kor 2,6-16).

Wunder

Aus den vielen Wundern, die Jesus tat, wählte Johannes sieben aus, um seine Herrlichkeit zu zeigen und seine Gottheit zu beweisen: Verwandlung von Wasser in Wein (2,1-11); Heilung des Sohnes eines königlichen Beamten (4,46-54); Heilung eines Mannes, der seit 38 Jahren krank war (Kap. 5); die Speisung der Fünftausend (6,1-14); das Wandeln auf dem Wasser (6,15-21); ein blind geborener Mann kann sehen (Kap. 9), und Lazarus' Auferweckung aus den Toten (Kap. 11). Der Fischfang (Kap. 21) fand nach seiner Auferstehung statt.

Johannes 3

Eine Geburt von oben (1-9). Bei unserer ersten Geburt werden wir »*aus dem Fleisch*« und »*aus Wasser geboren*«, aber bei unserer zweiten Geburt, werden wir »*von oben her*« (s. Anm. der RELB) und »*aus dem Geist geboren*«. Unsere erste Geburt führt zum Tod, die zweite aber bringt ewiges Leben. Die neue Geburt ist ein Neuanfang, der die »*Neuheit des Lebens*« zur Folge hat (Röm 6,4).

Ein Erlöser von oben (10-21). Jesus ist der Sohn Gottes, der vom Himmel herab kam. Er ist die Schlange, über die Mose schrieb (4Mo 21,4-9); er ist das Geschenk der Liebe des Vaters (V. 16); er ist das Licht in einer finsteren Welt (V. 19). Wie die Schlange wurde er erhöht, und er starb an einem Kreuz für die Sünden der Welt. Alle, die ihn im Glauben anschauen, empfangen ewiges Leben.

Ein Zeuge von oben (22-36). Johannes der Täufer empfing seinen Dienst vom Himmel (V. 27). Seine Aufgabe war es, von Jesus zu zeugen (1,6-8). Jesus ist das Wort, und Johannes war nur eine Stimme, die das Wort verkündete (1,23). Jesus ist der Bräutigam, und Johannes war nur der Trauzeuge. Johannes tat keine Wunder, aber sein Zeugnis diente dazu, Menschen für Jesus zu gewinnen, auch nach seinem Tod (10,40-42). Kannst du ehrlich sagen: »*Er muss wachsen, ich aber abnehmen*« (V. 30)?

Nikodemus
Zuerst suchte Nikodemus Jesus in der Nacht auf, aber später bekannte er sich auch am Tag zum Herrn Jesus (19,38-42). Nikodemus setzte sich für eine ehrliche Anhörung ein (7,45-52), prüfte das Wort und wurde schließlich gläubig.

Johannes 4

Durst (1-26). Da Jesus ein wirklicher Mensch war, kannte er Müdigkeit, Hunger und Durst, aber sein tiefster Wunsch war die Errettung dieser sündigen Frau. Er vergaß seine körperlichen Bedürfnisse und konzentrierte sich auf ihre geistliche Not. Geduldig offenbarte er sich ihr: »*ein Jude*« (V. 9), »*größer als ... Jakob*« (V. 12), »*ein Prophet*« (V. 19), »*der Messias*« (V. 25.29). Sie glaubte an ihn, und ihr Leben wurde so verändert, dass sie die gute Nachricht sofort anderen weitererzählte (20,30-31).

Hunger (27-42). Der Wille Gottes sollte die Nahrung sein, von der wir uns ernähren, und nicht eine bittere Medizin, die uns verstimmt. Die Jünger gaben sich mit der Nahrung für den Körper zufrieden, aber Jesus wollte die geistliche Nahrung von Gott. Der Wille Gottes gibt uns die Kraft, die wir brauchen, um unsere Arbeit auf den Erntefeldern um uns her zu erledigen.

Gesundheit (43-54). Die Errettung ist für den inneren Menschen das, was Gesundheit für den Körper ist. Der Junge wäre gestorben, hätte Jesus nicht eingegriffen und ihn wieder gesund gemacht. Der Vater *hörte* (V. 47), *glaubte* (V. 50) und *erkannte* (V. 53). Das ist eine normale Erfahrung eines Christen.

Jesus gewann die Frau; die Frau gewann viele Samariter; und der Vater gewann seinen ganzen Haushalt. Bist du mit der Erntearbeit beschäftigt?

Johannes 5

Werke (1-21). Der Vater »brach« seine Sabbatruhe, um zwei Sündern zu helfen (1Mo 3,8ff.), und Jesus folgte seinem Beispiel. Im alltäglichen Leben heilt der Vater menschliche Körper, vermehrt Lebensmittel, verwandelt Wasser in Wein usw., aber er braucht länger für diese Dinge – Wochen und Monate. Die Wunder unseres Herrn sind Werke des Vaters, die sofort getan werden. Ob sofort oder allmählich, sie sind wunderbare Werke Gottes.

Zorn (22.24-30). Heute ist Jesus der Erlöser, morgen wird er der Richter sein (Offb 20,11-15). Selbst der Tod kann verlorene Sünder nicht vor dem Gericht bewahren, da Jesus sie aus den Toten auferwecken wird. Es gibt kein Entkommen, außer durch den Glauben an Jesus Christus (5,24).

Anbetung (23). Wenn du Gott den Vater anbetest, musst du auch den Sohn anbeten; und wenn du den Sohn verunehrst, verunehrst du auch den Vater. Menschen, die behaupten, sie würden Gott anbeten, aber den Sohn ignorieren, beten nicht einmal Gott an! Sie betrügen sich nur selbst.

Zeugnis (31-47). Wie kann jemand leugnen, dass Jesus der Sohn Gottes ist, wenn doch so viele Zeugen bestätigen, dass er es ist: Johannes der Täufer (V. 31-35), die Wunder (V. 36), der Vater (V. 37; Mk 1,11) und die Schriften (V. 38-39)? Aber wenn die Menschen an ihn glauben, haben sie das Zeugnis in sich selbst (V. 39-47; 1Jo 5,9-13).

Johannes 6

Weil so viele Menschen Jesus folgten, standen die Jünger vor drei großen Prüfungen.

Der Menschenmenge Essen geben (1-14). Philippus dachte, Geld wäre die Antwort, doch Andreas erkannte, dass ein kleiner Junge, der Brote und Fische bei sich hatte, die Lösung des Problems sein könnte. Wenn du vor scheinbar unlösbaren Schwierigkeiten stehst, dann berufe dich auf die Verheißung in Vers 6. Gib Jesus, was du hast, und lass dir von ihm sagen, was du tun sollst.

Die Menschenmenge verlassen (15-21). Diese Begebenheit ereignete sich, als die Beliebtheit Jesu ihren Höhepunkt erreicht hatte. Den Jüngern (vor allem Judas) wäre ein Reich recht gewesen, deshalb sandte Jesus sie weg und ließ einen Sturm über sie kommen. Sie wechselten von der Beliebtheit zur Gefahr. Im Sturm waren sie jedoch sicherer als mitten in der Volksmenge. Jesus kam zu ihnen und rettete sie aus der Not (Jes 43,2). Kannst du seinem Willen gehorsam sein, auch wenn du nicht einer Meinung mit ihm bist?

Die Menschenmenge verlieren (22-71). Die Menschen wollten, dass Jesus ihre physischen Bedürfnisse stillte, nicht aber ihre geistlichen. Das Manna (2Mo 16) kam nur zu den Juden und *erhielt* sie am Leben; Jesus hingegen kam für die ganze Welt und *gibt* ewiges Leben. So wie du deinem Körper Nahrung zuführst, kannst du Jesus in deinem Leben aufnehmen, und er wird eins mit dir. Die Jünger hatten die Möglichkeit, der Menge zu folgen, aber sie blieben bei Jesus.

Johannes 7

Wie die Welt denkt (1-9). Da Jesus den Willen des Vaters tat, lebte er nach einem göttlichen Zeitplan (V. 30; 2,4; 8,20; 13,1), und wir sollten das auch (Ps 31,15-16). Die Welt versteht das nicht und wird dir einen Rat geben, der dem Willen Gottes entgegengesetzt ist. Lebe nach dem Plan Gottes, und Gott wird dir immer helfen.

Wie sich die Welt entscheidet (10-36). Diese Diskussion zeigt die Verwirrung und den Unglauben der Menschen. Einige waren für ihn wegen seiner Wunder, während andere gegen ihn waren, weil er die Sabbatvorschriften brach. Manche warteten darauf, was ihre Führer tun würden (V. 26), diese wollten ihn jedoch töten. Sie richteten nach dem Schein (V. 24) und gingen in die Irre.

Was die Welt braucht (37-53). Eine Zeremonie während des Laubhüttenfestes war es, Wasser im Tempel auszugießen. Es sollte daran erinnern, dass Gott Israel in der Wüste Wasser gab. Trinkwasser ist ein Bild für den Heiligen Geist, der denen gegeben wird, die auf Jesus vertrauen. Die Welt ist durstig und kann ihren Durst nur stillen, indem sie zu Jesus kommt.

Leben

Leben ist ein Kernthema im Johannes-Evangelium. Er benutzt das Wort fast fünfzig Mal. Jesus ist das Leben (14,6), das Licht des Lebens (1,4; 8,12) und das Brot des Lebens (6,48), und er gibt das Wasser des Lebens (7,37-39). Jesus gab sein Leben, damit wir Leben haben (10,14-18.27-30).

Johannes 8

Verurteilung (1-11). Die Frau war schuldig, aber wo war der Mann? Beide hatten es verdient zu sterben (3Mo 20,10). Es war eine Falle, und Jesus wusste das. Doch am Ende gingen die in die Falle, die sie ihm gestellt hatten. Schrieb er etwas auf den Boden, um sie daran zu erinnern, dass *er* das Gesetz geschrieben hatte (2Mo 31,18) *oder* um sie auf Jeremia 17,13 hinzuweisen (s. Lk 10,20)? Hier ist die wunderbare Zusicherung für uns: »*Also gibt es jetzt keine Verdammnis für die, die in Christus Jesus sind*« (Röm 8,1).

Licht (12-29). Da sie sich in geistlicher Finsternis befanden, wussten die religiösen Führer nicht, wo sie hingingen oder wo er hinging. Sie hatten das Licht des Gesetzes (V. 5; Spr 6,23) und des Gewissens (V. 9), aber das Licht des Lebens besaßen sie nicht. Folglich kannten sie den Vater nicht und verstanden ebenso wenig, was Jesus sie lehrte.

Befreiung (30-59). Das Volk war an Rom und das mosaische Gesetz versklavt, aber dennoch sagten die Menschen, sie wären frei! In Vers 35 bezog sich Jesus möglicherweise auf Isaak und Ismael (1Mo 21,8-21), da die Juden Abraham erwähnt hatten (V. 33). Der Sohn macht dich frei (V. 36), deshalb vertraue und folge ihm. Seine Wahrheit macht dich frei (V. 32), deshalb studiere sie, glaube ihr und gehorche ihr. Der Teufel bringt die Menschen in eine Sklaverei, die wie Freiheit aussieht (2Petr 2,19). Jesus gibt dir ein Joch, das dich wirklich frei macht (Mt 11,28-30).

Wessen Kind bist du?

Es wird nicht berichtet, dass Jesus die Zöllner und Sünder jemals »Kinder des Teufels« nannte. Diesen Titel reservierte er für die heuchlerischen Pharisäer. Von Natur aus sind wir alle »*Kinder des Zorns*«; und durch unsere Taten werden wir zu »*Söhnen des Ungehorsams*« (Eph 2,1-3). Wenn du Jesus Christus aufnimmst, wirst du ein Kind Gottes (Joh 1,12-13). Wenn du ihn aber ablehnst und eine falsche Gerechtigkeit hast (Röm 9,30-10,13), stehst du in der Gefahr, ein »Kind des Teufels« zu werden, da Satan ein Nachahmer ist (2Kor 11,13-15). Wenn der Teufel dein Vater wird, wird die Hölle dein Zuhause werden.

Johannes 9

Irritation (1-12). Indem Jesus dem Mann etwas Brei aus Erde auf die Augen strich, ermutigte er ihn, gehorsam zu sein und sich am Sabbat zu waschen. Manchmal irritiert uns der Herr, bevor er uns Klarheit schenkt. Seine Macht ist so groß, dass er ganz gewöhnliche Dinge wie Erde und Wasser benutzen kann, um ein Wunder zu tun. Der Mann konnte hören, aber nicht sehen, und das Wort bewirkte Glauben in ihm (Röm 10,17).

Verhör (13-34). Der Mann wurde von seinen Nachbarn (V. 10) und den Pharisäern befragt (V. 15.19.26). Statt die Wahrheit und die mit ihr verbundene Freiheit zu suchen (8,32), verweigerten sich die Pharisäer ihr und wurden dadurch noch mehr versklavt. Wenn wir aufrichtige Fragen stellen und zum Gehorsam bereit sind, wird der Herr uns zur Wahrheit führen (7,17). Sind wir jedoch nicht ehrlich zu Gott, wird er uns nie sein Licht zeigen.

Identifizierung (35-41). Die Pharisäer waren falsche Hirten und warfen den Mann hinaus; aber Jesus, der gute Hirte, nahm ihn auf! Der Mann wusste, er war »*der Mensch, der Jesus heißt*« (V. 11), »*ein Prophet*« (V. 17) und ein Mann Gottes (V. 33), aber er musste noch erfahren, dass er der »*Sohn Gottes*« ist (V. 35; UELB). Er glaubte und wurde errettet. Hüte dich vor einer geistlichen Erfahrung, die keine echte Errettung ist.

Johannes 10

Gottes Kinder sind seine Herde (Ps 100,3; Apg 20,28), und sie müssen sich vor Fremden (V. 5), Dieben (V. 1.10) und Mietlingen (V. 12) in Acht nehmen. Jesus ist der gute Hirte, der seine Schafe kennt (V. 14-15) und zu ihnen spricht (V. 27). Daher ist er kein Fremder für sie. Er beschützt die Schafe (V. 28-29) vor Dieben. Er gibt sein Leben für die Schafe, im Gegensatz zu den Mietlingen, die bei Gefahr weglaufen (V. 11-13).

Wenn du dem guten Hirten vertraust, bringt er dich aus dem falschen Pferch heraus zu der richtigen Herde (V. 3-4.16). Er geht vor dir her, führt dich durch sein Wort (V. 4); er lässt dich ein- und ausgehen und gibt dir geistliche Nahrung (V. 9).

Es gibt viele Gemeinden, aber nur eine Herde und einen Hirten (V. 16). Benutzt der Herr dich, um die »anderen Schafe« zu ihm zu bringen?

In der Herde des guten Hirten
Warum vergleicht der Herr seine Gläubigen mit Schafen? Sie neigen dazu umherzuirren (Jes 53,6) und brauchen einen Hirten, der sie leitet. Schafe sind reine Tiere (1Petr 2,25; 2Petr 2,20-22) und wurden als Opfer gebraucht (Röm 8,36; 12,1). Sie scharen sich zusammen (Apg 4,32) und sind nützlich, da sie Milch, Fleisch und Wolle abgeben. Der gute Hirte kennt seine Schafe gut und ruft sie bei ihrem Namen. Er beschützt und versorgt sie (Ps 23). Wie herrlich ist es, zu seinen Schafen zu gehören!

Johannes 11

Die Familie in Betanien machte eine schmerzhafte Erfahrung durch. Aber schau sie dir im Licht der Liebe Gottes genau an (V. 3.5.36).

Liebe hört (1-3). Die Schwestern ließen dem Herrn eine Nachricht zukommen, weil sie wussten, dass er um sie besorgt war. Gottes Liebe hat offene Ohren für unser Schreien (Ps 34,14-18).

Liebe wartet (4-6). Wir denken, die Liebe müsse sofort handeln, aber manchmal bringt eine Verzögerung einen größeren Segen. Wenn Gott zögert, heißt das nicht, dass er uns etwas verweigert. Jesus gab ihnen eine Verheißung, die ihnen Mut machen sollte, während sie warteten (V. 4). Die Verheißung schien sich nicht zu erfüllen, aber Jesus wusste, was er tat.

Liebe riskiert etwas (7-16). Für Jesus war es gefährlich, nach Judäa zurückzukehren, aber er ging trotzdem hin. Die Auferweckung des Lazarus trug zu dem Plan bei, ihn zu töten (V. 45-57).

Liebe tröstet (17-32). Jesus kam zu den Schwestern, hörte ihnen zu und beruhigte sie durch sein Wort. Er kann uns nicht wirklich helfen, solange wir unser »*Herr, wenn* ...« (V. 21.32) nicht aufgeben und sagen: »*Ja, Herr, ich glaube*« (V. 27).

Liebe weint (33-37). Jesus identifiziert sich mit unseren Nöten (Hebr 4,15-16). Er wusste, er würde Lazarus aus den Toten auferwecken, aber trotzdem weinte er mit den Schwestern und ihren Freunden.

Liebe dient (38-44). Wir sind heute nicht in der Lage, Tote aufzuerwecken, aber wir können anderen dienen, wenn sie durch ein dunkles Tal hindurchgehen müssen (Röm 12,15). Ein liebevolles Herz wird immer einen Weg finden, wie es die Lasten anderer tragen kann (Gal 6,2).

> *»Wenn Gott Woche für Woche am Werk ist und Menschen aus den Toten auferweckt, wird es immer Leute geben, die sehen, wie er das tut. Eine Gemeinde, die sich die Bekehrung von Menschen zum Hauptziel gesetzt hat, wird nicht leer bleiben. Wollt Ihr wissen, wie man leere Kirchen füllt? Hier ist die Antwort:*
> *Geht zu eurem Lazarus.«*
>
> Samuel Chadwick, methodistischer Evangelist und Lehrer (1860-1932)

Johannes 12

Duft (1-11). Was würdest du tun, wenn du wüsstest, dass du nur noch sechs Tage zu leben hättest? Jesus nahm sich Zeit, um liebe Freunde zu besuchen und Gemeinschaft mit ihnen zu haben. Marias Hingabe zeigte nicht nur ihre Liebe, sondern erfreute auch das Herz Jesu, offenbarte Judas' Sünde und gab der Gemeinde ein Beispiel, dem sie folgen kann. Sind die Orte, an denen du dich aufhältst, mit dem Wohlgeruch Jesu erfüllt, weil du da bist (2Kor 2,15-16)?

Fest (12-19). Jesus nutzte die Anwesenheit der großen Menschenansammlung zum Passahfest, um sich als König zu zeigen (Sach 9,9). Er zwang die jüdischen Führer zum Handeln, denn es war der Wille des Vaters, dass Jesus während des Passahs starb. Die Menschenmenge wandte sich von ihm ab. Es ist leichter auf einer Parade zu jubeln, als an einem Kreuz zu stehen.

Frucht bringen (20-36). Jesus betrachtete seinen Tod als Gelegenheit, Gott zu verherrlichen (V. 23.28). Hast du dieselbe Einstellung, wenn du geprüft wirst? Er sah sich als ein Samenkorn, das sterben und Frucht bringen sollte, und als Sieger, der über den Teufel triumphieren würde (V. 31; Kol 2,14-15). Das Kreuz sollte den Weg zur Errettung frei machen, sowohl für die Juden als auch die Nationen (V. 32).

Untreue (37-50). In seinen Worten und Werken zeigte Jesus Israel das Licht, aber die Juden entschieden sich für ein Leben in Finsternis. Das Lob der Menschen bedeutete ihnen mehr als Gottes Anerkennung (5,44). Sei vorsichtig, was du mit Jesu Worten machst, denn du wirst sie wieder hören, wenn du den Erlöser siehst (V. 48).

Johannes 13

Was Jesus wusste (1-11). Weil Jesus wusste, was auf ihn zukommen würde, wusch er die Füße der Apostel. Jesus wusste, wo er herkam und wo er hinging. Er wusste, dass der Vater ihm alle Dinge gegeben hatte (3,35). Wenn du alle Dinge in deiner Hand hättest, hättest du kein Problem, ein Handtuch zu nehmen (1Kor 3,21-23). Jesus gab ihnen eine Lektion in Sachen Gemeinschaft und darin, sich vor dem Herrn rein zu halten (1Jo 1,5–2,1).

Was die Jünger wussten (12-20). Jesus lehrte sie eine zweite Lektion: Echtes Glück entsteht aus demütigem Dienst. Jesus gab ihnen ein Beispiel, dem auch wir heute folgen müssen (Phil 2,1-11). Kurz nach dieser Lektion fingen die Jünger leider an, darüber zu streiten, wer von ihnen der Größte war (Lk 22,24-30).

Der Heilige Geist
Der Heilige Geist ist die Gabe des Vaters an dich, eine Gabe, die nie zurückgenommen wird (Joh 14,16). Der Heilige Geist ist eine Person wie der Vater und der Sohn, und er ist Gott. Er wohnt in den Gläubigen (14,17). Er gibt dir die Kraft, Jesus zu

bezeugen (15,26-27; Apg 1,8), und durch dieses Zeugnis überführt er die Welt von Sünde (16,7-11). Er lehrt dich das Wort (14,26) und benutzt es in deinem Leben, um Jesus zu verherrlichen (16,12-15).

Was Judas wusste (21-30). Jesus deckte Judas' Geheimnis nicht auf; er behandelte ihn so wie die anderen, und sie bemerkten nicht, dass etwas nicht stimmte. Was für eine Liebe, dass Jesus den Mann, der ihn verraten würde, nicht nur schützte, sondern auch seine Füße wusch! Jesus mit dem Handtuch ist das vollkommene Beispiel für Demut; Judas mit dem Brot ist ein perfektes Beispiel für Heuchelei und Verrat.

Was die Welt wissen muss (31-38). Das charakteristische Merkmal wahrer Jünger ist ihre Liebe zueinander (1Jo 2,7-11), und es ist die Art von Liebe, die die Welt sehen kann. Er gebietet uns, einander zu lieben, und er gibt uns die Kraft, gehorsam zu sein (Röm 5,5).

Johannes 14

Kein Wunder, dass die Jünger beunruhigt waren (V. 1.27): Jesus würde sie verlassen, einer von ihnen sollte ihn verraten und Petrus ihn verleugnen. Jesus machte ihnen Mut, indem er ihnen von sich selbst und dem Vater erzählte.

Jesus bringt uns zum Vater (1-6). Wir haben ein Zuhause im Himmel, wenn das Leben hier vorbei ist und wir Jesus und dem Vater begegnen. James M. Gray schrieb: »Wen kümmert schon die Reise, wenn die Straße nach Hause führt?« Wunderbare Sicherheit!

Jesus offenbart den Vater (7-11). In dem, was er während seines irdischen Dienstes sagte (7,16) und tat (5,19), offenbarte Jesus den Vater: »*Ich und der Vater sind eins*« (10,30). Wie könnten wir den Vater nicht lieben, wenn er so ist wie Jesus?

Jesus verherrlicht den Vater (12-18). Er tut es durch seine Kinder, wenn sie Gottes Werke tun und seine Gebote halten. Ohne die Kraft des Heiligen Geistes und das Gebet könnten wir den Herrn niemals verherrlichen.

Jesus und der Vater wohnen in uns (19-31). Es ist eine Sache, dass wir in den Himmel kommen, aber eine ganz andere, dass der Himmel zu uns kommt! Wer Jesus liebt, sucht und ihm gehorsam ist, hat eine tiefe Gemeinschaft mit dem Sohn und dem Vater. Wir erfahren seinen Frieden, wenn wir mit dem Vater und dem Sohn in Liebe reden.

Jesus ist der Weg zum Vater; er offenbart die Wahrheit über den Vater; und er gibt uns das Leben des Vaters. Warum also sollten unsere Herzen beunruhigt sein?

Johannes 15

Sein Leben (1-8). Eine Rebe ist nur für eine Sache gut: Frucht bringen. Sie mag an sich schwach sein, aber sie steht in einer lebendigen Verbindung mit dem Weinstock und kann Ertrag bringen. In Christus bleiben, bedeutet, Gemeinschaft mit ihm zu haben, so dass unser Leben ihm gefällt. Wir wissen, dass wir in ihm bleiben, wenn der Vater uns reinigt und das Gute wegschneidet, damit wir das Beste hervorbringen können. Wir verherrlichen Gott, wenn wir Frucht, mehr Frucht und viel Frucht bringen.

Seine Liebe (9-17). Das Bleiben in ihm hängt von unserem Gehorsam ab und der Gehorsam von unserer Liebe zu ihm. Liebe und Freude gehen Hand in Hand und machen es uns leicht, seinem Willen zu gehorchen. Wir sollten ihn, seinen Willen und einander lieben. Denke an »*die Frucht des Geistes*«: Liebe (V. 10), Freude (V. 11) und Frieden (Kap.14,27; Gal 5,22).

Sein Name (18-27). Wir genießen die Liebe Jesu und die der Brüder, aber wir müssen um seines Namens willen auch den Hass der Welt ertragen. Je ähnlicher wir Jesus sind, umso mehr wird das System dieser Welt gegen uns sein. Mache dich von der Kraft des Heiligen Geistes abhängig und du wirst ein treuer Christ werden, der Frucht bringt (V. 26-27).

Johannes 16

Der Widerstand der Welt (1-15). Der Herr warnte die Jünger vor dem Widerstand, der auf sie zukommen würde. Sei nicht überrascht, wenn dir religiöse Leute das Leben schwermachen (V. 2). Das ist schon immer der Fall gewesen, seit Kain seinen Bruder Abel getötet hat (1Mo 4; Lk 11,47-51). Der Heilige Geist hilft uns, Zeugnis vor der Welt zu geben und Jesus zu verherrlichen (Apg 4,8ff.). Mache dich von ihm abhängig.

Die Freude der Welt (16-24). Als Jesus gefangen genommen, gekreuzigt und ins Grab gelegt wurde, freute sich das System dieser Welt, weil sein Feind aus dem Weg geräumt war. Aber heute lebt er, und wir haben allen Grund, uns zu freuen! Der Herr *ersetzt* unsere Traurigkeit nicht durch Freude, er *verwandelt* sie in Freude. Dasselbe Baby, das der Mutter Schmerzen bereitet, erfreut sie auch. Die Freude der Welt hat keinen Bestand, aber die Freude des Gläubigen währt ewig (Ps 16,11).

Die Niederlage der Welt (25-33). In den nächsten Stunden sollten die Jünger erleben, wie ihre Welt auseinander fiel; und trotzdem versicherte Jesus ihnen, dass er der Sieger sein würde. »*Ich habe die Welt überwunden*«, ist eine Tatsache, keine Verheißung, und sie betrifft uns heute. Durch ihn sind wir Überwinder (1Jo 5,1-5).

Johannes 17

In seinem hohepriesterlichen Gebet bat Jesus für sich selbst (V. 1-5), seine Jünger (V. 6-19) und alle in seiner Gemeinde (V. 20-26).

Dieses Gebet macht die geistlichen Prioritäten unseres Herrn deutlich: die Verherrlichung des Vaters (V. 1), die Einheit der Gemeinde (V. 21-23), die Heiligung der Gemeinde (V. 17) und die Errettung einer verlorenen Welt (V. 18-19). Sind das auch die Prioritäten deines Lebens?

Es enthält auch die Dinge, die er seinen Gläubigen gegeben hat: ewiges Leben (V. 2-3), sein Wort (V. 8.14) und seine Herrlichkeit (V. 22). Beachte jedoch, dass die Gläubigen die Gabe des Vaters an ihn sind (V. 2.6.9.11-12), so wie Jesus des Vaters Liebesgabe an uns ist (V. 3,16). Alles ist aus Gnade!

Das Wort *Welt* kommt neunzehn Mal in diesem Gebet vor und sagt uns, wie wir die Welt überwinden (16,33). Als Erstes müssen wir die Herrlichkeit Gottes suchen (V. 1-5), seine Freude erleben (V. 13), durch das Wort geheiligt werden (V. 17), zu den Verlorenen gehen (V. 18-19) und die Einheit des Volkes Gottes fördern (V. 20-23).

Judas der Verlorene

Judas war nicht errettet, auch wenn er zu den Zwölfen gehörte. Er glaubte nie an Jesus (6,66-71) und war somit auch nicht von seinen Sünden rein gewaschen (13,11). Er war nicht von Jesus auserwählt (13,18) und wurde daher auch nicht bewahrt (17,12). Judas ist ein beängstigendes Beispiel dafür, wie nahe man dem Reich Gottes kommen und doch verloren gehen kann.

Herrlichkeit ist ein weiteres Schlüsselwort. Jesus legte seine Herrlichkeit beiseite, um auf diese Erde zu kommen (V. 5b). Er verherrlichte Gott auf Erden (V. 4) und wurde verherrlicht, als er in den Himmel zurückkehrte (V. 5a). Jesus ist in seiner Gemeinde verherrlicht (V. 10) und hat der Gemeinde seine Herrlichkeit gegeben (V. 22.24). Wir besitzen bereits seine Herrlichkeit; wir warten nur darauf, dass sie vollständig geoffenbart wird (Röm 8,18-21.30).

Im Endstadium seiner Krankheit ließ der schottische Reformator John Knox sich dieses Gebet täglich vorlesen. Auch dir würde es helfen, wenn du heute anfängst, es zu lesen und darüber nachzudenken. Es enthält einen reichen Schatz an Wahrheit!

Johannes 18

Judas verließ sich auf die Kraft der Zahlen, Petrus auf die Kraft seines Armes, Hannas und Kaiphas auf die Kraft ihrer Stellung, aber

Jesus auf die Kraft der Liebe und Hingabe gegenüber dem Vater. Jesus hatte einen Kelch in seiner Hand, nicht ein Schwert, aber dieser Kelch war sein Zepter. Er hatte vollkommene Macht.

Petrus hingegen kämpfte, als er sich hätte ergeben sollen, und folgte, als er hätte fliehen müssen. Ergeben und Fliehen sahen wie eine Niederlage aus, aber es war der Wille des Vaters, und Petrus wäre ihm besser gehorsam gewesen. Während Jesus dem Hohenpriester Zeugnis ablegte, verleugnete Petrus seinen Herrn. Wer gab ein besseres Zeugnis ab, Petrus oder Jesus?

Als römischer Statthalter war Pilatus besorgt über die Androhung eines anderen Reiches. Vers 36 ist sicherlich ein Tadel an die Gläubigen, die dem Beispiel von Petrus folgen. Zu Pfingsten schwang Petrus das Schwert des Geistes und trug den Sieg davon.

Johannes 19

Die Krone (1-16). Jesus und Pilatus hatten über ein Reich gesprochen, daher war es nur richtig, dass der König eine Krone bekam. Obwohl sie als Hohn gemeint war, predigte sie doch eine Botschaft, da Jesus die Folgen der Sünde Adams trug (1Mo 3,17-19). Aber eine Krone ist ein Zeichen des Sieges. Er hat überwunden!

Das Kreuz (17-27). Anfangs trug Jesus sein Kreuz selbst, aber dann wurde Simon gezwungen, es für ihn zu übernehmen (Mk 15,21). Der Grund wird uns nicht genannt, doch die Überlieferung sagt, dass Jesus hinfiel und es nicht länger tragen konnte. Wenn man berücksichtigt, was er alles durchgemacht hatte, ist das nicht schwer zu glauben. Verbrecher trugen das Kreuz als ein Zeichen ihrer Schuld, aber *Jesus war unschuldig!*

Der Sieg (28-42). »*Es ist vollbracht!*« war der Ausruf eines Siegers. Jesus bewirkte, was alle Opfer des alten Bundes nicht konnten (Hebr 10,1-18). Die Prophezeiungen und Vorbilder waren erfüllt und das Opfer für Sünde ein für alle Mal dargebracht. Es war kein Märtyrer, den Josef und Nikodemus ins Grab legten, es war ein Sieger.

Unsere letzte Zahlung

Das griechische Wort, das mit »*es ist vollbracht*« übersetzt wurde, war in jener Zeit recht gebräuchlich. Kaufleute benutzten es, wenn eine Schuld mit der letzten Rate vollkommen abbezahlt war. Jesus bezahlte unsere ganze Schuld, und sie wird uns nie wieder vorgehalten werden. Gott sei Dank, was für ein Erlöser!

Johannes 20

Verwirrung (1-10). Maria zog voreilige Schlüsse und kurz darauf liefen Petrus und Johannes zum Grab. Sie unternahmen einiges, hatten aber nichts zu erzählen und erreichten wenig. Sie sahen den Beweis der Auferstehung, aber es veränderte nicht ihr Leben. Sie brauchten eine Begegnung mit dem lebendigen Christus.

Liebe (11-18). Unglaube macht uns blind für die Gegenwart des Herrn. Wenn er sein Wort zu uns spricht, weckt das Glaube und Liebe in uns. Als sie dem lebendigen Herrn begegnete, wurde aus der trauernden Maria eine Missionarin.

Frieden (19-23). Verschlossene Türen werden dir keinen Frieden geben, ebenso wenig halten sie deinen liebenden Erlöser davon ab hineinzukommen. Er kommt mit der Friedensbotschaft, die sich auf sein Opfer am Kreuz stützt (V. 20; Röm 5,1).

Glaube (24-31). Liebevoll kümmert sich der Herr um unsere Zweifel und unseren Unglauben. Wir können ihn heute nicht sehen oder seine Wunden anfassen, aber wir haben das Wort Gottes, das uns Sicherheit gibt (V. 9.30-31). Wenn dein Glaube nachlässt, dann bitte nicht um Zeichen. Öffne sein Wort und lass ihn zu dir sprechen.

Johannes 21

Jesus der Fremde (1-4). Als Petrus zu seinem alten Leben zurückkehrte, nahm er sechs weitere Männer mit sich. Ihre Arbeit war vergeblich (15,5), da der Herr nicht bei ihnen war. Wie freundlich er doch ist, dass er zu uns kommt, wenn wir ihm ungehorsam waren und bei unserer Arbeit keinen Erfolg hatten!

Jesus der Meister (5-8). Wenn Jesus die Führung übernimmt, verwandelt sich Scheitern in Erfolg; und der Unterschied war ein großer Fischfang. Du weißt nie, wie nahe der Sieg ist, also gib dein Versagen zu und gehorche seinem Auftrag. Er versagt nie.

Jesus der Gastgeber (9-14). Das Netz musste von sechs Männern gezogen werden (V. 8), aber Petrus tat es allein, als Jesus Anweisungen gab (V. 11). Wir sollten immer daran denken, dass Gott uns auch die Fähigkeit gibt, wenn er uns einen Auftrag erteilt. Erinnerte das Kohlenfeuer Petrus wohl an seine Verleugnung (18,18ff.)? Musste er bei dem wundersamen Fischfang daran denken, wie er zum Dienst berufen wurde (Lk 5,1-11)? Wie freundlich war es doch von Jesus, Petrus erst etwas zu Essen zu geben, bevor er sich mit seinen Sünden befasste!

Jesus der Hirte (15-17). Die wichtigste Sache im Dienst ist die Liebe zu Jesus, denn darin hat jeder Dienst seinen Ursprung. Der Fischer Petrus sollte auch ein Hirte werden und für die Lämmer und Schafe sorgen.

Jesus der Herr (18-25). Indem er sagte: »*Folge mir nach*«, setzte Jesus Petrus wieder als Apostel ein. Aber Petrus drehte sich um und wandte seinen Blick vom Herrn ab (Mt 14,30). Dafür musste Jesus ihn tadeln. Wenn du das nächste Mal versucht bist, dich in den Dienst eines anderen einzumischen, denke an die Worte Jesu: »*Was geht es dich an? Folge du mir nach!*« (V. 22).

Petrus folgte dem Herrn direkt in die aufregenden Ereignisse in der Apostelgeschichte!

Apostelgeschichte

Ein möglicherweise besserer Titel ist: »Die Taten des Heiligen Geistes durch die Gemeinde.« Hier wir berichtet, wie die Gläubigen dem Missionsauftrag des Herrn gehorsam waren und das Evangelium in die ganze Welt trugen. Lukas verfasste die Apostelgeschichte als Begleitband zu seinem Evangelium (1,1-3; Lk 1,1-4). Sie beschreibt, was Jesus *weiter tat und lehrte*, nachdem er in den Himmel zurückgekehrt war.

Petrus' Dienst dominiert den ersten Teil des Buches (Kap. 1–12), anschließend konzentriert sich Lukas auf den Dienst von Paulus (Kap. 13–28). Diese beiden Männer machten ähnliche Erfahrungen sowohl mit Prüfungen als auch mit ihrem Dienst. Petrus gebrauchte die »Schlüssel« (Mt 16,19), um den Juden (Kap. 2), den Samaritern (Kap. 8) und den Nationen (Kap. 10) die Tür des Glaubens zu öffnen. Paulus brachte die gute Nachricht zu den Nationen im Römischen Reich.

Apostelgeschichte 1,8 fasst das Buch in einem Satz zusammen, da sich das Evangelium von Jerusalem (Kap. 1–7) nach Judäa und Samaria ausbreitete (Kap. 8–9) und anschließend bis an die Enden der Erde (Kap. 10–28). Die Apostelgeschichte beschreibt einen Wechsel vom Dienst an den Juden hin zum Dienst an den Nationen und erklärt, wie das Evangelium von Jerusalem nach Rom kam.

Dieses Buch ist für jeden Christen, der die Kraft des Heiligen Geistes erleben und ein Zeuge für Jesus Christus sein möchte »*bis an das Ende der Erde*« (1,8). Bitte Gott, dir zu zeigen, welche Rolle du bei der Verbreitung des Evangeliums in die ganze Welt übernehmen sollst, beginnend dort, wo du bist. »*Herr, was willst du, dass ich tun soll?*« (9,6; SCHLACHTER 2000).

Apostelgeschichte 1

120 normale Menschen bilden wohl kaum eine imposante Armee, aber wenige Tage später sollten sie einen Einfluss haben, der auch heute noch zu spüren ist. Dieselben Mittel, die Gott ihnen gab, stehen auch uns heute noch zur Verfügung.

Ein lebendiger Herr (1-3). Christus ist das Haupt der Gemeinde (Eph 1,22; 4,15) und gibt seinem Leib Leben und Kraft sowie Führung seinen Gläubigen. Was er anfing, zu tun und zu lehren, setzt die Gemeinde unter seiner Leitung und in der Kraft seines Geistes fort.

Die Kraft des Heiligen Geistes (4-8). Gottes Kraft steht seinen Kindern, die seinen Willen tun und seine Zeugen sein wollen, zur Verfügung. Du musst kein Apostel sein, um die Kraft des Heiligen Geistes in deinem Leben zu erfahren (Eph 5,18).

Die Verheißung seiner Rückkehr (9-11). Er ist der Herr der Geschichte, der seine Absichten in dieser Welt verwirklicht. Die Gemeinde mag den einen oder anderen Kampf verlieren, aber den Krieg werden wir gewinnen!

Vertraue der Führung Gottes

Wenn wir das Wort Gottes treu lesen, studieren, darüber nachdenken und ihm gehorsam sind, wird Gott uns bei unseren Entscheidungen leiten. Der Heilige Geist lehrt (Joh 14,26; 16,13-14) und führt uns, wenn wir beten und den Willen des Herrn suchen. Der Geist Gottes benutzt Wahrheit, nicht Unwissenheit; je mehr Fakten wir haben, umso besser. Wir sollten unseren gesunden Menschenverstand gebrauchen, uns aber nicht auf ihn verlassen (Spr 3,5-6), da wir im Glauben leben und nicht durch Schauen. Wenn wir uns trotz aufrichtiger Absichten in die falsche Richtung bewegen, wird der Herr es uns zeigen (Apg 16,6-10; Phil 3,15). Daher brauchen wir keine Angst zu haben. Es ist gut, dass Gläubige das Wort zusammen lesen und miteinander beten, wenn sie den Willen des Herrn erkennen wollen.

Die Macht des Gebets (12-14.24-26). Gott gibt uns seine Kraft, wenn wir beten und ihn um Hilfe bitten. In der ganzen Apostelgeschichte betont Lukas immer wieder die Bedeutung des Gebets. Die erste Gemeinde war eine betende Gemeinde.

Die Führung durch die Schriften (15-23). Sein Wort ist noch immer unsere Leuchte und unser Licht (Ps 119,105), und wir müssen dem gehorsam sein, was es sagt. Gott leitet seine Kinder, wenn sie ihm nachfolgen wollen.

Apostelgeschichte 2

Der Heilige Geist kam nicht, weil die Gläubigen beteten, sondern weil es Pfingsten war, der Tag, der für die Geburt der Gemeinde vorgesehen war (3Mo 23,15-21). Er taufte die Gläubigen zu einem Leib (1Kor 12,13), sodass sie eine lebendige Verbindung zu ihrem erhöhten Haupt im Himmel hatten. Lukas 2 beschreibt die Geburt des *physischen* Leibes des Herrn und Apostelgeschichte 2 die Geburt seines *geistlichen* Leibes.

Außerdem erfüllte der Heilige Geist die Gläubigen und gab ihnen Kraft zum Zeugnis. Petrus schenkte er Einsicht in das Wort Gottes und die Fähigkeit, den Menschen Christus im Wort zu zeigen. Der Geist Gottes benutzte das Zeugnis der Gemeinde, um die Verlorenen zu überführen, so wie Jesus es vorausgesagt hatte (16,7-10).

Die Gabe des Sprachenredens

Die Gläubigen priesen Gott in »*anderen Sprachen*«, d.h., in bekannten Sprachen, die die anwesenden Menschen verstanden (Apg 2,4-11). Die Apostel beteten Gott an und lobten ihn in Sprachen (V. 11), aber das Evangelium predigten sie in Aramäisch, einer Sprache, die die Juden verstehen konnten. Während der Dienst von den Juden zu den Nationen wechselte und Petrus stets die »Schlüssel« des Reiches der Himmel gebrauchte, wurde die Gabe des Sprachenredens deutlich

---

sichtbar unter den Juden (2,1-4), den Samaritern (8,14ff.) und den Nationen (10,44-48). Nicht alle Gläubigen redeten in Sprachen (1Kor 12,30), und sie wird nicht als eine der wichtigsten Gaben herausgestellt (1Kor 12,7-11).

Aber derselbe Heilige Geist leitete auch die Gemeinschaft der Gläubigen in der Gemeinde (V. 40-47). Die neuen Gläubigen waren der ursprünglichen Gruppe zahlenmäßig überlegen, aber trotzdem herrschte Harmonie in der Gemeindefamilie. Täglich lobten sie Gott und gaben Zeugnis, und »*der Herr aber tat täglich hinzu*« (V. 47). Machst du *jeden Tag* Erfahrungen mit dem Herrn?

Apostelgeschichte 3

Prioritäten. Petrus und Johannes waren mit den großen Menschenmengen nicht so beschäftigt, dass sie keine Zeit für einzelne Personen hatten. Ihr Dienst nahm sie auch nicht so in Anspruch, dass sie nicht mehr beten konnten. Sie hatten ihre Lektionen vom Herrn Jesus gelernt (Mk 1,35; Lk 8,40ff.).

Kraft. In den Kapiteln 3–4 liegt der Schwerpunkt auf dem Namen Jesu (3,6.13.16.20.26; 4,2.7.10.12.17-18), der Name, der über jedem anderen Namen steht (Phil 2,9-11). Der Glaube an den Namen Jesu setzt Kraft frei, und Leben werden verändert. In seinem Namen zu beten oder zu dienen, bedeutet, in seiner Vollmacht zu bitten oder zu handeln (Mt 28,18-20), sodass er allein die Ehre bekommt.

Verkündigung. Zu Pfingsten brachte das Geräusch eines brausenden Windes die Menge zusammen (2,2.6), aber hier war es das Zeugnis eines veränderten Lebens. Petrus ergriff die Gelegenheit und predigte, und zweitausend Menschen bekehrten sich. Kümmere dich um einzelne Menschen (V. 7) und Gott wird dich zu einer größeren Ernte führen (Joh 4,28ff.).

■ Apostelgeschichte ■

> »Es ist die Begegnung mit dem Einzelnen, die zählt. Er
> [Jesus] schenkt seine Liebe nicht den Menschenmengen,
> sondern einzelnen Personen.«
>
> Amy Carmichael

Apostelgeschichte 4

In seiner Pfingstpredigt machte Petrus aus den Schriften deutlich,
dass Jesus lebte; jetzt aber bewies er es durch die wundersame
Veränderung im Leben des Bettlers. Der Mann war geheilt worden
durch die Kraft des Namens Jesu. Die Sadduzäer glaubten nicht an
die Auferstehung (23,6-8), deshalb wollten sie den Dienst der
Apostel beenden. Damit begann offiziell die Christenverfolgung.

Was machst du, wenn man dir sagt, dass du nicht mehr vom
Evangelium erzählen sollst? Was taten die Apostel? Sie erinnerten
sich sicherlich an die Worte Jesu (Mt 10,16-26) und machten sich
von der Hilfe des Heiligen Geistes abhängig. Außerdem waren sie
von ihrer Botschaft und der Liebe Jesu so erfüllt, dass sie nicht
aufhören konnten, den Menschen von ihm zu erzählen!

Sie verließen sich auf das Gebet (V. 23-31) und richteten es an
einen souveränen Gott, der alles gemacht hat und alles tun kann.
Sie stützten ihre Bitten auf Psalm 2, einen Psalm, den du lesen
solltest, wenn du angegriffen wirst.

Wohin gehst du, wenn man dich gehen lässt (V. 23)? An wen
wendest du dich, wenn du Schwierigkeiten hast?

Apostelgeschichte 5

Vortäuschen (1-11). Barnabas' Gabe (4,36-37) deckte die Sünde
von Hananias und Saphira auf, so wie Marias Gabe Judas' Sünde
zeigte (Joh 12). Das Ehepaar belog den Heiligen Geist, die Gemeinde und Petrus, und das kostete die beiden das Leben. Es war
keine Sünde, Gott Geld vorzuenthalten, sondern Sünde war es, so
zu tun, als wäre dieses Geld alles gewesen, was sie für ihr Feld
bekommen hatten.

Gehorchen (12-16). Wenn die Gemeinde Sünde richtet, bekommt sie oft neue Kraft. Kannst du dir eine Gemeinde vorstellen, die so geistlich ist, dass Menschen sich fürchten, sich ihr anzuschließen? Sogar der Schatten von Petrus hatte Kraft!

> *»Wir treffen unsere Entscheidungen, und dann kehren sich unsere Entscheidungen um und treffen uns.«*
> F. W. Boreham

Widerstehen (17-32). Da die Sadduzäer Beweise der Auferstehungsmacht nicht dulden konnten, nahmen sie die Apostel wieder gefangen und befahlen ihnen zu schweigen. *»Man muss Gott mehr gehorchen als Menschen«* (V. 29) ist die einzige Position, die du einnehmen solltest, wenn du das Wort Gottes auf deiner Seite hast. Sei dir sicher, dass es auch wirklich deine Überzeugung und nicht bloß deine Meinung ist.

Zögern (33-42). Gamaliel riet zu Neutralität, was bedeutet, der Wahrheit aus dem Weg zu gehen und dem Teufel Raum zu geben (Mt 12,30.43-45). Aufgrund all der Beweise, die sie gesehen hatten, war die neutrale Haltung des Hohen Rats nichts anderes als Unehrlichkeit. Würde man Gamaliels Rat in jedem Lebensbereich befolgen – Wissenschaft, Finanzen, usw. –, würde das zu Lähmung und schließlich zum Tod führen.

> *»Es gibt keinen elenderen Menschen als den, der keine andere Gewohnheit hat als Unentschlossenheit.«*
> William James

Apostelgeschichte 6
Wenn du dich dem Willen Gottes übergibst, wirst du nie vor unmöglichen Aufgaben stehen.

Die Tische bedienen (1-7). Kein Dienst ist unwichtig für einen Diener, der Christus ähnlich ist, denn Jesus sagte: »*Ich aber bin in eurer Mitte wie der Dienende*« (Lk 22,27). Indem die Männer die Tische bedienten, hielten sie den Aposteln den Rücken frei zum Gebet und dem Dienst am Wort, und als Folge nahm die Zahl der Bekehrten zu (V. 7). Menschen, die mit dem Geist Gottes erfüllt sind, kennen keine kleinen oder großen Aufgaben. Sie sehen nur ihren Herrn und die Gelegenheit, ihn zu verherrlichen.

Wunder wirken (8). Vom Bedienen der Tische zum Wirken von Wundern! Stephanus ging zu den Verlorenen und versuchte, sie für Christus zu gewinnen. Wenn du über wenige Dinge treu bist, vertraut der Herr dir vielleicht mehr an (Mt 25,21).

Feinden gegenüberstehen (9-15). Die Ungläubigen behandelten Stephanus so, wie der Sanhedrin Jesus behandelt hatte: Sie nahmen ihn aufgrund von erfundenen Anschuldigungen gefangen und zogen falsche Zeugen heran, die gegen ihn aussagten. Stephanus erlebte »*die Gemeinschaft seiner Leiden*« (Phil 3,10), und dir wird es nicht anders ergehen, wenn du Zeugnis gibst (Mt 5,11-12). Sie sagten, er würde gegen Mose reden, aber sein Gesicht strahlte so wie das von Mose (2Mo 34).

Tradition oder Wahrheit?

Sie beschuldigten Stephanus ungewöhnlicher Glaubensüberzeugungen (Apg 6,13), aber das, was gestern noch richtig war, war heute eine Irrlehre, und der Hohe Rat hinkte der Zeit hinterher! Das Gesetz war ans Kreuz genagelt worden (Kol 2,14) und der Vorhang des Tempels in zwei Teile gerissen. In wenigen Jahren würden sowohl die Stadt Jerusalem als auch der Tempel verschwunden sein und Hosea 3,4 sich erfüllt haben. Folgst du den Traditionen der Menschen oder der Wahrheit Gottes?

> »Viele unter uns wollen Großes für den Herrn tun, aber
> nur wenige sind zu kleinen Dingen bereit.«
> D. L. Moody

Apostelgeschichte 7

Die Hauptaussage von Stephanus' Botschaft ist: Israel hat der Wahrheit immer widerstanden und die abgelehnt, die Gott zu ihnen sandte, um sie zu befreien. Sie widersetzten sich Joseph, und er wurde später zu ihrem Retter! Sie widersetzten sich Mose und wollten mehrfach nach Ägypten zurückkehren. Sie wiesen die vielen Propheten ab, die Gott ihnen sandte, um sie zu warnen und sie auf seinen Weg zurückzurufen. Schließlich lehnten sie ihren eigenen Messias ab und kreuzigten ihn.

Israels Geschichte offenbart Gottes Geduld und die Härte des menschlichen Herzens. Aber sie lässt auch einen Hoffnungsschimmer erkennen: Am Anfang lehnte Israel seine Befreier stets ab, *aber beim zweiten Anlauf nahmen sie sie auf.* Das traf auf Joseph und Mose zu, und es gilt auch für Jesus, wenn er wiederkommt (Sach 12,10).

Stephanus' Tod war der dritte Mord in Israels Geschichte und ein Wendepunkt im Handeln Gottes mit dem Volk. Sie hatten den Vater zurückgewiesen, als sie die Ermordung Johannes des Täufers zuließen. Sie hatten den Sohn abgelehnt, als sie die Kreuzigung Jesu wollten. Und jetzt lehnten sie den Heiligen Geist ab. Ihnen konnte nicht mehr vergeben werden (Mt 12,31-32). Sie hatten die Grenze überschritten, und das Evangelium zog weiter nach Judäa und Samaria.

Stephanus
Der Name Stephanus bedeutet »eine Krone«, und er gewann die Krone des Lebens, weil er treu bis zum Tod war (Offb 2,10).

Apostelgeschichte 8

Der Tod des Stephanus schien eine Niederlage für die Gemeinde gewesen zu sein, aber er führte zu einigen großen Siegen für den Herrn. Wo immer die Gläubigen hingingen, verbreiteten sie das Evangelium, und viele Menschen glaubten an den Erlöser (V. 1-7; 11,19). Stephanus' Zeugnis machte enormen Eindruck auf Saulus und war entscheidend für seine Bekehrung (22,20). Gib nicht auf, wenn es so aussieht, als würde der Feind gewinnen. Es könnte die Stunde deines größten Sieges sein.

> *»Ich lebe für Seelen und für die Ewigkeit. Ich möchte ein paar Seelen für Christus gewinnen. Wenn du das willst und dafür arbeitest, kann nur die Ewigkeit berichten, was dabei rauskommt.«*
>
> D. L. Moody

Wie Stephanus war Philippus ein Diener der Gemeinde und Evangelist, und Gott führte ihn nach Samaria, um einem Volk das Evangelium zu bringen, das den Juden feindlich gesonnen war (Joh 4,9). Das Kommen von Petrus und Johannes und die Ausgießung des Heiligen Geistes verbanden die samaritischen Gläubigen mit den Christen in Jerusalem und die uralte Trennung war aufgehoben. Damit aus Feinden Freunde werden, müssen sie zu Brüdern und Schwestern in Christus gemacht werden.

In Segenszeiten, wenn Gott den wahren Samen ausstreut, kommt der Teufel daher und versucht, es zu verfälschen (Mt 13,24-30.36-43). Wie Petrus müssen wir wachsam sein und die Lage geistlich beurteilen.

Philippus hinterließ eine große Ernte, weil er mit einem Mann redete, und genau das ist das Merkmal eines wahren Dieners des Herrn. Wir müssen dort hingehen, wo Gott uns hin sendet, tun, was Gott uns sagt, und das Ergebnis ihm überlassen.

Apostelgeschichte 9

Die Bekehrung von Saulus von Tarsus war ein Wendepunkt in der Geschichte der Gemeinde, und Gott gebrauchte mehrere Menschen, um sein Leben zu verändern. Wir denken an Paulus und neigen dazu, die Personen zu vergessen, die ihm am Anfang halfen.

Das Zeugnis von Stephanus war ebenso wichtig (22,20) wie die Zeugnisse und Gebete der Menschen, die Saulus verfolgt hatte (Mt 5,44). Hananias taufte und ermutigte ihn, und die Jünger in Damaskus retteten sein Leben. Als die Gemeinde in Jerusalem zögerte, Saulus in die Gemeinschaft aufzunehmen, baute Barnabas (»*Sohn des Trostes*«) eine Brücke. Später gewann Barnabas Saulus für den Dienst in der Gemeinde in Antiochia (11,25-26) und reiste mit ihm zu den Nationen, um ihnen das Evangelium zu bringen (13,1-3).

Vielleicht wirst du nicht zu einem so außergewöhnlichen Dienst berufen wie Saulus, aber du kannst die Arbeit tun, zu der Gott dich bestimmt hat, und anderen Mut machen. Wir kennen nicht die Namen der tapferen Männer, die Saulus aus Damaskus herausschmuggelten (V. 25), aber die Korbseile festzuhalten, war eine wichtige Aufgabe!

Apostelgeschichte 10

Zum dritten und letzten Mal benutzt Petrus die »Schlüssel«, als er den Nationen die Glaubenstür öffnet. Wie wunderbar ist Gottes Vorsehung! Paulus, der Apostel der Nationen, wurde auf sein Lebenswerk vorbereitet, und Petrus stand kurz davor, die alte Schranke zwischen Juden und Nationen niederzureißen. »*Gott sind alle seine Werke von Ewigkeit her bekannt*« (15,18; SCHLACHTER 2000).

Aber Gott musste sowohl Petrus als auch Kornelius darauf vorbereiten. Er redete zu Kornelius und Petrus, als sie gerade beteten. Achte auf Gottes Stimme; du weißt nicht, wann er ein Wort für dich hat.

»Keineswegs, Herr! Denn niemals habe ich ...« (V. 14) ist die Reaktion, die zur Niederlage führt. Gott stand im Begriff, etwas Neues zu tun, und Petrus wollte am Alten festhalten. Er nennt ihn Herr, weigert sich aber, ihm gehorsam zu sein! Doch Gott gab ihm weitere Anweisungen und der Apostel beugte sich seinem Willen.

Petrus brachte seine Predigt nicht zu Ende. Als er sagte: *»Jeder, der an ihn glaubt, empfängt Vergebung der Sünden«* (V. 43), glaubten sie und wurden errettet. Was für eine wunderbare Methode, eine Predigt zu unterbrechen!

> *»Du kannst ›Herr‹ und du kannst ›keineswegs‹ sagen,*
> *aber du kannst nicht ›keineswegs, Herr‹ sagen.«*
> W. Graham Scroggie

Apostelgeschichte 11

Manche Leute können etwas bewirken. Petrus stellte sich dem Herrn zur Verfügung und Gott gebrauchte ihn, um Gläubige aus den Nationen in die Gemeinde zu führen. Die Mauer zwischen Juden und Nationen war niedergerissen (Eph 2,11ff.)! Die Nachricht erstaunte die jüdischen Gläubigen, da sie dachten, die Nationen müssten zuerst jüdische Proselyten werden, bevor sie Christen werden konnten. Gott sei Dank, dass Petrus zu der Art von Leuten gehörte, die etwas bewirken können!

Manche Leute hören, dass etwas passiert. Zu dieser Kategorie gehören wahrscheinlich die meisten von uns. Aber wie reagierst du, wenn du hörst, dass Gott etwas Neues getan hat? Bist du aufrichtig bemüht, die Fakten zu erfahren oder verlässt du dich auf Gerüchte? Für uns gilt: *»Prüft aber alles, das Gute haltet fest!«* (1Thes 5,21).

Manche Leute sind dagegen, wenn etwas passiert. Die gesetzlichen Gläubigen der Jerusalemer Gemeinde griffen Petrus an, weil er mit Menschen aus den Nationen aß. Deshalb berichtete er, wie Gott ihn geführt hatte. Er bewies anhand der Schriften

(V. 16; 1,5), dass das, was geschehen war, dem Willen Gottes entsprach, und seine Erklärungen brachten die Kritiker vorerst zum Schweigen. Doch das gesetzliche Element innerhalb der Gemeinde sollte erneut aufkeimen (Kap. 15) und versuchen, die Freiheit des Evangeliums einzuschränken.

Manche Leute helfen anderen, um etwas zu bewirken. Barnabas gewann Saulus (V. 25-26) für den Dienst in der Gemeinde in Antiochia. Dies führte dazu, dass sie mit der Heilsbotschaft zusammen zu den Nationen gingen. Barnabas wurde seinem Namen »*Sohn des Trostes*« gerecht.

Er arbeitete für den großen Arzt

Der Arzt von Johannes Calvin sagte ihm, er solle mit dem Arbeiten aufhören, ansonsten würde er sterben. Daraufhin erwiderte Calvin: »Wollen Sie, dass mein Herr kommt und mich untätig findet?«

Apostelgeschichte 12

Der Wille des Herrn ist stets weise und gut, aber nicht immer vorhersehbar. Gott verschonte Petrus, ließ es aber zu, dass Jakobus getötet wurde. Erst in der letzten Minute befreite er Petrus aus dem Gefängnis. Er gestattete es Herodes, Jakobus zu töten, aber er erlaubte dem König nicht, sich wie ein Gott zu benehmen. Hättest du es so gemacht?

Manche Christen sind wie Hiobs Freunde: Sie meinen, immer ganz genau zu wissen, was Gott tut, tun wird und getan haben will. Aber sie könnten sich irren. Wenn du versucht bist, im Leben eines anderen Menschen »Gott zu spielen«, dann denke an Jesaja 55,8-9.

Beten ist immer richtig, auch wenn dein Glaube so schwach ist, dass es dich überrascht, wenn du erhört wirst! Höre nicht auf zu klopfen – Gott öffnet Türen.

Apostelgeschichte 13

Gelegenheiten bekommen die Menschen, die dem Herrn fleißig dienen. Gott beruft Menschen, die sich die Zeit nehmen, den Herrn anzubeten und ihm zu dienen. Wenn du Gottes Führung willst, dann arbeite für ihn, wo du gerade bist, und er wird dir den nächsten Schritt zeigen.

Gelegenheiten erzeugen normalerweise Widerstand (1Kor 16,9). Hier finden wir ein weiteres Beispiel für das Gleichnis vom Unkraut (Mt 13,24-30.36-43). Gott säte den guten Samen (Paulus und Barnabas) und der Teufel stellte ihnen einen falschen Propheten in den Weg.

Gelegenheiten offenbaren den Charakter. Paulus und Barnabas gingen weiter, aber Johannes Markus kehrte nach Hause zurück. Wir kennen den Grund nicht und sollten uns deshalb auch kein Urteil erlauben (1Kor 10,12). Barnabas gab Johannes Markus eine zweite Chance (15,36-41), und Paulus akzeptierte ihn später im Dienst (2Tim 4,11).

Gelegenheiten bringen Führungsqualitäten zum Vorschein. Am Anfang der Reise waren es »*Barnabas und Saulus*« (V. 2), aber später heißt es »*Paulus und seine Begleiter*« (V. 13). Barnabas freute sich, dass Paulus so sehr von Gott gebraucht wurde (Röm 12,9-11). Es war Teamarbeit, und das Wichtigste war die Ehre Gottes.

Sein Wort besteht ewig
Beachte, dass das Wort Gottes in Apostelgeschichte 13 besonders betont wird (V. 5.7.15.26.44.46.48-49). In seinen Predigten zitierte Paulus aus 1. Samuel, Jesaja, Habakuk und den Psalmen. Er predigte die Errettung durch den Glauben an Jesus Christus, den Gott aus den Toten auferweckt hatte (V. 38-39). Unsere Worte haben keinen Bestand, aber das Wort des Herrn bleibt ewig.

Apostelgeschichte 14

Paulus war ein Mann, der immer in Bewegung war, aber durch Schwierigkeiten ließ er sich nicht so leicht erschüttern. »*Ich achte mein Leben nicht der Rede wert*« lautete sein Glaubenbekenntnis (20,24), und er lebte danach.

Als er und Barnabas aus Antiochia in Pisidien vertrieben wurden, schüttelten sie den Staub von ihren Füßen und gingen nach Ikonion (13,50-52; Lk 10,11). Als die Leute sie dort steinigen wollten, gingen sie weiter nach Lystra, wo sie wie Götter behandelt wurden! (Das war eine größere Gefahr als Verfolgung.) Menschenmassen sind unbeständig: Sie änderten ihre Meinung und steinigten Paulus, der einfach aufstand und nach Derbe ging.

Das war aber noch nicht alles. Paulus und Barnabas hatten den Mut, denselben Weg zurückzugehen, so dass sie den neuen Christen helfen und sie ermutigen konnten! Und als sie wieder nach Hause kamen, berichteten sie der Gemeinde, was der Herr getan hatte, nicht, was sie erlitten hatten.

Paulus und Barnabas stellten Christus an die erste Stelle, andere Menschen an die zweite und sich selbst hinten an. Sie hatten eine Aufgabe, und sie waren entschlossen, sie durch Gottes Gnade zu erfüllen. Was muss geschehen, um dich vom Willen Gottes abzubringen?

> »*Der Wille zum Durchhalten macht häufig den Unterschied zwischen Scheitern und Erfolg.*«
> David Sarnoff

Apostelgeschichte 15

Wenn Gott eine Tür öffnet (14,27), hat der Feind jemanden zur Hand, der versucht, sie zu schließen. In diesem Fall besuchten die gesetzlichen Gläubigen aus Judäa die Gemeinde in Antiochia und lehrten, dass die Menschen aus den Nationen zuerst Juden werden müssen, bevor sie Christen sein können. Mit ihrer Lehre leugneten sie die Errettung aus Gnade durch den Glauben (10,43; Eph 2,8-9).

Die orthodoxen Juden konnten nur schwerlich erkennen, dass ihr von Gott eingesetztes religiöses System in Christus erfüllt wurde und nun überholt war. (Aus diesem Grund wurde der Hebräerbrief geschrieben.) Statt es aufzugeben, versuchten sie, die alte Religion mit der neuen zu vermischen (Mt 9,14-17).

Wenn aufrichtige Christen nicht einer Meinung sind, müssen sie sich zusammensetzen und sehen, was Gott in seiner Gemeinde tut, und herausfinden, was das Wort darüber sagt. Petrus, Paulus und Barnabas erzählten, was Gott unter den Nationen tat, und Jakobus überprüfte das anhand des Wortes (Am 9,11-12).

Die Entscheidung enthielt keinen lehrmäßigen Kompromiss, aber in praktischer Hinsicht wurde Rücksicht genommen. Der Beschluss der Gemeinde bat die Gläubigen aus den Nationen, den Juden nicht absichtlich Grund zum Anstoß zu geben. In Römer 14–15 und 1. Korinther 8–10 wird dieser Grundsatz, der wesentliche Grundsatz der Liebe, weiter ausgeführt.

Apostelgeschichte 16

Paulus schrieb: »*In allem empfehlen wir uns als Gottes Diener, in vielem Ausharren*« (2Kor 6,4). Sieh dir Paulus' Geduld an,

Als er auf einen Gehilfen wartete (1-5). Timotheus ersetzte Johannes Markus und wurde für Paulus zu einem echten Sohn im Glauben. Gott hat die richtige Person zur richtigen Zeit vorbereitet; du musst nur Geduld haben.

Als er Gottes Willen herausfinden wollte (6-10). Er war ein Apostel, aber er kannte nicht immer den Weg, den Gott ihn führen wollte. Er unternahm einen Schritt, und Gott schloss Türen, also wartete er; und dann zeigte Gott ihm den Weg.

Als er mit dem Wort diente (11-15). Sie warteten »*einige Tage*«, bevor sie sich für einen Ort entschieden, an dem sie Zeugnis geben wollten, und Gott hatte die Herzen der Menschen vorbereitet.

Als er einen Wahrsagergeist ertrug (16-18). Paulus duldete die Störung durch den Dämon so lange, wie er konnte, und trieb ihn dann aus. Er wusste, sein Handeln würde ihm Probleme einbringen - was dann auch der Fall war.

Als er Leiden ertrug (19-25). Paulus berief sich nicht auf sein Recht als römischer Staatsbürger, um sich vor Leiden zu schützen (22,22-29). Aber später nutzte er es zum Schutz der neuen Gemeinde (V. 35-40). Bitte Gott, dir Lieder in der Nacht zu schenken, wenn du verletzt wurdest (Ps 42,9).

Als er eine verlorene Seele gewann (26-34). Paulus hatte sein Auge auf den Kerkermeister gerichtet und gewann ihn mit Freundlichkeit für Christus. Wie viel sind wir zu leiden bereit, um einen Menschen für den Herrn zu gewinnen, insbesondere jemanden, der uns verletzt hat?

> »Geduld ist Macht. Mit Zeit und Geduld wird aus den Blättern des Maulbeerbaums Seide.«
> Chinesisches Sprichwort

Apostelgeschichte 17

Das Neue ablehnen (1-9). Die Juden in Thessalonich waren an dem neuen Glauben oder dem »neuen König« nicht interessiert, von dem Paulus predigte. Aber diejenigen aus den Nationen, die »Gott suchten«, nahmen das Evangelium an und wurden errettet. In 1. Thessalonicher kannst du nachlesen, wie sich ihr Leben veränderte.

Das Neue überprüfen (10-15). In der nächsten Stadt war es genau anders herum! Die Juden in Beröa nahmen sich die Zeit, die Beweise zu überprüfen und die Schriften zu studieren. In jedem Volk gibt es unvoreingenommene Menschen, und Gott weiß, wo sie zu finden sind.

Das Neue suchen (16-34). Die Menschen in Athen »brachten ihre Zeit mit nichts anderem zu, als etwas Neues zu sagen und zu hören« (V. 21). So wie unsere Welt heute! Die Suche nach Neuem überschattet die Suche nach Realität. Paulus' Predigt war ein taktvolles und lehrmäßiges Meisterwerk, und ein paar Menschen bekehrten sich. Er bot ihnen die »*Neuheit des Lebens*« durch die Auferstehung an (Röm 6,4), und die meisten Zuhörer lehnten sie ab.

Apostelgeschichte 18

Der Zeltmacher (1-3). Alle jüdischen Rabbis hatten ein Handwerk, da sie von ihren Schülern kein Geld nahmen. Paulus arbeitete hart für seinen Lebensunterhalt und den seiner Mitarbeiter im Dienst. Außerdem arbeitete er, damit die Unerretteten ihm nicht vorwerfen konnten, er würde das Evangelium des Geldes wegen predigen (1Kor 9). Zu welchen Opfern sind wir heute bereit, um das Evangelium voranzubringen?

Der Wächter (4-6). Das Bild stammt aus Hesekiel 3,16-21. Als treuer Wächter warnte Paulus Sünder vor dem kommenden Zorn, so dass ihr Blut nicht an seinen Händen klebte.

Er ist mit uns

»*Ich bin mit dir*« ist eine Verheißung Gottes an Isaak (1Mo 26,24), Jakob (1Mo 28,15), den jüdischen Überrest nach der Rückkehr aus Babylon (Jes 41,10; 43,5), Jeremia (Jer 1,8.19; 15,20) und die Juden, die den Tempel wieder aufbauten (Hag 1,13; 2,4); und Jesus gab sie uns (Mt 28,20). Er sagte: »*Ich will dich nicht aufgeben und dich nicht verlassen*« (Hebr 13,5).

Der Evangelist (7-10). Paulus wohnte neben der Synagoge und gab weiter Zeugnis! Er gehörte nicht zu denen, die vor dem Schlacht- oder dem Erntefeld wegliefen. Der Herr sagte zu ihm: »*Ich bin mit dir*« (V. 10), eine Verheißung, die er vielen Leuten gab und die er auch uns heute gibt (Jes 41,10; Mt 28,20).

Ein gottesfürchtiges Ehepaar

Das Ehepaar Aquila und Priszilla taucht in den apostolischen Berichten mehrmals auf. Sie waren wichtige Mitarbeiter in der frühen Gemeinde. Da sie ein Team bildeten, werden sie immer zusammen genannt. Nachdem sie als Juden aus Rom vertrieben worden waren, begegneten sie Paulus in Korinth und nahmen ihn in ihrem Haus auf. Paulus ließ sie in Ephesus zurück, wo sie Apollos das Evangelium genauer erklärten (Apg 18,18-28). Sie kehrten nach Rom zurück, wo die Gemeinde in ihrem Haus zusammenkam (Röm 16,3-5). Wir wissen nicht, auf welche Weise sie ihr Leben für Paulus riskierten, aber ihr Handeln zeigt, wie sehr sie ihn liebten. Sie waren zusammen mit Paulus in Ephesus, als er den ersten Korintherbrief schrieb (1Kor 16,8.19). Daher könnte es sein, dass es irgendwie mit dem in Apostelgeschichte 19 beschriebenen Aufstand zusammen hing. In seinem letzten Brief sandte er liebe Grüße an sie (2Tim 4,19). Jeder Gemeindeleiter ist Gott dankbar für Ehepaare wie Priszilla und Aquila, die ihre Herzen, Hände und Häuser ganz und gar dem Herrn gegeben haben.

Der Baumeister (11-28) Paulus gewann nicht nur Seelen, er gründete auch eine Ortsgemeinde, indem er den Bekehrten das Wort Gottes predigte (1Kor 3,9-23). Er hielt sich an den Missionsbefehl aus Matthäus 28,18-20. Nachdem er seiner Heimatgemeinde in Antiochia Bericht erstattet hatte, besuchte Paulus nochmals einige Gemeinden, um sie im Glauben zu stärken.

Apostelgeschichte 19

In diesem Kapitel lesen wir: »*Das Wort des Herrn wuchs mit Macht und erwies sich kräftig*« (V. 20). Wann passiert das?

Wenn wir unseren Glauben bestätigen (1-10). Wenn du an Jesus Christus gläubig wirst, empfängst du den Heiligen Geist (Apg

10,43-48; Röm 8,9). Viele Menschen meinen, sie wären bekehrt, aber besitzen in sich nicht das Zeugnis des Geistes Gottes (1Jo 5,9-13). Paulus konnte keine Gemeinde auf Menschen aufbauen, die diese geistliche Erfahrung nicht gemacht hatten, und wir können es heute ebenso wenig. Wir müssen ehrlich sein vor Gott.

Wenn wir unsere Sünden bekennen (11-20). Der Teufel ist ein großer Imitator, aber in diesem Fall war sein Versuch ein demütigender Fehlschlag. Der Herr benutzte es zum Guten, da die Gläubigen von ihren verborgenen Sünden überführt wurden und sie bekannten. Anschließend konnte der Heilige Geist mit Macht wirken, und das Wort wurde stärker!

Wenn wir uns dem Feind stellen (21-40). Paulus griff den Götzendienst in Ephesus nicht offen an, indem er den Tempel der Artemis anprangerte oder die Stadtverwaltung um Hilfe bat. Er predigte einfach das Wort, und das Leben von Menschen wurde verändert. Natürlich ging es um Geld, nicht um Religion. Paulus war so klug, das Theater nicht zu betreten, obschon wir ihn für seinen Mut bewundern. Aber der Aufstand lenkte die Aufmerksamkeit nur auf das Evangelium und gab den Gläubigen zusätzliche Möglichkeiten zum Zeugnis.

Umstände, die wie Hindernisse aussehen, sind im Grunde Gelegenheiten, wenn du Gott wirken lässt.

Apostelgeschichte 20

Tumulte hören auch wieder auf, sei also geduldig und bereite dich auf den nächsten Kampf vor.

Paulus war auf dem Weg nach Jerusalem. Unterwegs traf er gute Freunde, diente mit dem Wort und erfreute sich sogar an einer ruhigen Reise und einem willkommenen Fußmarsch (V. 13). Gottes Diener müssen sich Zeit abseits der Menge nehmen, um nachzudenken und zu beten. Paulus wusste, dass es in Jerusalem gefährlich für ihn werden würde (V. 22-23), und er wollte geistlich darauf vorbereitet sein.

In seinen Abschiedsworten an die Ältesten erinnerte Paulus sie an seinen zurückliegenden Dienst (V. 18-21), teilte ihnen seine aktuellen Befürchtungen mit (V. 22-24) und wies auf zukünftige Gefahren hin (V. 28-31). Wenn du das Herz von Paulus verstehen willst, dann denke über seine Worte nach: »*Dem Herrn diente ... ich habe nichts zurückgehalten ... damit ich meinen Lauf vollende ... Geben ist seliger als Nehmen.*«

Eines Tages wird das Leben zu Ende sein, und wir müssen unsere Abschiedsworte sprechen. Können wir dann ohne Bedauern zurückblicken und ohne Furcht nach vorne schauen? Werden wir unseren Lauf mit Freude beenden, auch wenn andere weinen?

Die verschiedenen Rollen von Paulus
Als Paulus in Apostelgeschichte 20,24-26 auf seinen Dienst zurückblickte, betrachtete er sich als Beurteiler (»*ich achte mein Leben nicht der Rede wert*«), Läufer (»*damit ich meinen Lauf vollende*«), Verwalter (»*den Dienst, den ich ... empfangen habe*«), Zeuge (»*das Evangelium ... zu bezeugen*«), Bote (»*das Reich gepredigt habe*«) und Wächter (»*ich rein bin vom Blut aller*«). Es ist eine große Verantwortung, ein Diener Gottes zu sein!

Apostelgeschichte 21

Der Reisende (1-14). Diese Abschiedsreise brachte Paulus sowohl Freude als auch Leid, aber so ist das Leben. Er wusste, was auf ihn zukommen würde, aber er ging weiter (Lk 9,51). Jahre zuvor hatte der Herr ihm gesagt, dass er Jerusalem verlassen sollte (22,18). War es falsch nun zurückzukehren?

Der Friedensstifter (15-25). Paulus wechselte von »*der Wille des Herrn geschehe*« (V. 14) zu »*tu nun dies, was wir dir sagen*« (V. 23). Er war so sehr um die Einheit zwischen den Gläubigen aus den Juden und den Nationen in der Gemeinde besorgt, dass er ihrem Plan zustimmte. Hörte er auf die »*Weisheit von oben*« oder auf

»irdische« Weisheit (Jak 3,13-18)? Nicht jede unserer Entscheidungen stellt sich als friedensstiftend heraus.

Der Gefangene (26-40). Der Plan ging beinahe auf; doch am letzten Tag fingen die Schwierigkeiten an (V. 27). Natürlich waren ihre Anschuldigungen absurd, aber die Menschenmenge lebt von Vermutungen und nicht von Fakten. Paulus legte wert darauf, keine Unruhen in der Stadt hervorzurufen (24,10-13), aber seine Bemühungen waren vergebens. Die nächsten fünf Jahre sollte er als Gefangener in Rom verbringen.

Manchmal scheinen unsere Pläne und guten Absichten nichts als Schwierigkeiten zu bringen. Aber Gott hat noch immer alles unter Kontrolle! Er nutzte die Prüfungen von Paulus, um seine Absichten auszuführen, sodass sein Diener nach Rom kam (23,11). Dasselbe kann er für die Gläubigen heute tun. Lebe im Glauben!

Apostelgeschichte 22

Paulus begann seine Verteidigung damit, dass er sich mit den Juden identifizierte (V. 1-16; 1Kor 9,19-23). Seine Geburt, Ausbildung und sein früher Dienst als Rabbi waren streng orthodox. Er verband seine Bekehrung mit Hananias, »*einem frommen Mann nach dem Gesetz*« (V. 12). Er war sehr taktvoll, und man braucht Takt, um Kontakt herzustellen.

Den Wendepunkt seiner Verteidigung läutete Paulus mit dem Wort *Nationen* ein (V. 21). Hätte er dieses Wort nicht benutzt, wäre Paulus möglicherweise freigelassen worden. *Aber die ganze Last seines Lebens war es, die Nationen mit dem Evangelium zu erreichen* (Eph 3,1-13). Paulus wurde aufgrund seines religiösen Eifers inhaftiert; seine Landsleute erkannten nicht, dass Gott etwas Neues in der Welt schuf.

Am Ende stand die drohende Auspeitschung, die Paulus umging, indem er sich auf seine römische Staatsbürgerschaft berief (V. 22-29). Von da an gab es eine Anhörung nach der anderen und einen zweijährigen Aufschub in Cäsarea. Aber Gott wirkte seinen Willen zu seiner Zeit, und Paulus war bereit zu warten.

> »Gott ist Herr der Lage. Wir suchen uns nicht aus, welche
> Rolle wir spielen, wir sollen nur bemüht sein, es gut zu
> machen, indem wir stets sagen: 'Wenn es Gott gefällt,
> soll es so sein, wie es ist'.«
>
> Jeremy Taylor

Apostelgeschichte 23

Paulus war in Gefahr. Wenn die Römer ihn nicht ins Gefängnis steckten, würden die Juden ihn töten (22,22). Welche Mittel nutzte Gott, um Paulus zu helfen?

Integrität (1-5). Paulus hatte ein reines Gewissen und nichts zu verbergen. Der Hohepriester Hananias war im Unrecht, als er den Befehl gab, ihn zu schlagen, aber Paulus erwies dem Amt seinen Respekt, nicht dem Mann.

Strategie (6-10). Das brachte Paulus nicht die Freiheit, aber es spaltete das feindliche Lager und führte dazu, dass die Römer ihren Gefangenen besser bewachten.

Von Gott gestärkt (11). Paulus hatte den besten Anwalt, den es gibt! Christus hatte ihn in Korinth gestärkt (18,9-11), und er würde es wieder tun (27,21-25; 2Tim 4,16-18). Paulus wusste: »*Wenn Gott für uns ist, wer gegen uns?*« (Röm 8,31).

Gelegenheit (12-22). Paulus' Neffe lebte in der Stadt, und durch Gottes Vorsehung entdeckte er die Verschwörung der Juden. Nur der Herr konnte das geplant haben. Wir wissen nicht, welchen Freund oder Verwandten Gott benutzen wird, um uns zu helfen.

Autorität (23-25). 472 römische Soldaten wurden zu Paulus' Schutz abgeordnet, und die ganze Autorität der Regierung stand hinter ihm. Die Römer gaben Paulus keine faire Anhörung, aber Gott gebrauchte sie dennoch, um ihn zu schützen und nach Rom zu bringen.

Apostelgeschichte 24

Mit welchen Mitteln gehen die Unerretteten gegen die Diener des Herrn und ihr Werk vor?

Tertullus versuchte es mit *Schmeicheleien* (V. 2-4), weil er wusste, dass viele Leute in hohen Positionen empfänglich dafür sind (12,20-24). Schmeicheleien sprechen unseren Stolz an. Wenn wir uns selbst nicht schmeicheln, haben andere auch keinen Erfolg bei uns. Wir *wollen* glauben, was sie sagen!

Danach benutzte Tertullus *Verleumdung* (V. 5-8). Napoleon sagte einmal: »Wer zu schmeicheln weiß, weiß auch zu verleumden.« Als letzte Waffe rief der Anwalt *falsche Zeugen* auf (V. 9), die seine Lügen über Paulus stützten.

Paulus griff zu einer dreifachen Verteidigung: sein Leben, sein Glaube und sein Dienst für sein Volk. Obgleich seine Feinde ihre Anklagen nicht beweisen konnten, wurde Paulus nicht freigelassen. *Der sicherste Ort für Paulus war dieses Gefängnis*, denn Gott hatte noch einen Auftrag für ihn in Rom.

Vielleicht verstehst du es nicht, warum Gott zulässt, dass Lügen triumphieren, aber überlass es ruhig seinen Händen. Er hat alles unter Kontrolle, und das endgültige Urteil liegt bei ihm.

Schiebe es nicht auf

Im Grunde war Felix der Gefangene und Paulus der Ankläger. Felix wusste, dass er schuldig war, aber statt Christus anzunehmen, schob er es auf. Die gelegene Zeit, errettet zu werden, ist jetzt (2Kor 6,1-2; s. auch Jes 55,6-7).

Apostelgeschichte 25

Festus versuchte, Paulus als politische Schachfigur zu benutzen, um die Gunst der Juden zu gewinnen (V. 3.9). Hätte er Erfolg damit gehabt und Paulus nach Jerusalem gesandt, wäre der Apostel getötet worden. Paulus tat etwas sehr Kluges: Er setzte seine

Rechte als römischer Staatsbürger ein und berief sich auf den Kaiser. Es gibt Situationen, in denen Gläubige sich auf das Gesetz berufen müssen, um sich und ihren Dienst zu schützen.

Doch jetzt hatte Festus ein Problem. Wie konnte er Paulus vor den Kaiser bringen, wenn er keine nachweisbaren Anklagen gegen ihn hatte? Gottes Kinder werden manchmal wie Schuldige behandelt, obwohl sie unschuldig sind. Denke an Joseph, David, Daniel und Jeremia, und nicht zuletzt an unseren Herrn Jesus Christus.

In all diesen Dingen erfüllte Gott seine Verheißung an Paulus, dass er ihn vor Herrschern bezeugen (9,15) und schließlich nach Rom gebracht würde (23,11). Es war nicht leicht für Paulus, ein Gefangener zu sein und diese Verhöre zu ertragen, aber er nutzte klug die Gelegenheiten, die sich ihm boten. Er glaubte an die Worte Jesu: »*Es wird euch aber zu einem Zeugnis ausschlagen*« (Lk 21,13).

Apostelgeschichte 26

Paulus sah das Licht. Statt sich zu verteidigen, nutzte Paulus die Gelegenheit, dem König Agrippa und anderen Anwesenden das Evangelium vorzustellen (1Petr 3,13-17). Als Paulus Jesus auf der Straße nach Damaskus begegnete, stellte er einige wichtige Dinge fest, die sein Leben veränderten: seine Religion war überholt; sein Eifer für Gott schadete der Sache Gottes; und Jesus lebte und hatte einen Auftrag für Paulus. Was für ein böses Erwachen!

Die Nationen brauchen das Licht. Paulus setzte seine große Gelehrsamkeit und seinen Eifer ein, um das Evangelium unter den Nationen zu verbreiten (V. 17-18). Verlorene Sünder befinden sich in geistlicher Finsternis und nur Christus kann ihnen das Licht geben.

Agrippa lehnte das Licht ab. Er versuchte, die Botschaft in Verruf zu bringen, indem er Paulus beschuldigte, verrückt zu sein, und er wollte seine Überzeugung durch eine lässige Reaktion herunterspielen (V. 28). Er wandte dem Licht den Rücken zu; er wurde beinahe ein Christ, wo er doch ein echter Christ hätte werden können.

> »Beinahe ein Christ zu werden, ist so wie der Mann, dem beinahe vergeben, aber der doch gehängt wurde; so wie der Mann, der beinahe gerettet wurde, aber doch in dem Haus verbrannte. Ein Mensch, der beinahe errettet ist, ist verdammt.«
>
> Charles H. Spurgeon

Apostelgeschichte 27

Den Rat von Paulus abweisen (1-13). Was verstand ein jüdischer Zeltmacher schon davon, wie man ein Schiff steuert? Der Rat der Experten (V. 11) und die Stimme der Mehrheit (V. 12) setzten sich durch. Wenn du ungeduldig bist (V. 7) und dich unwohl fühlst (V. 12), dann sei vorsichtig, wenn sich dir die lang ersehnte Gelegenheit zu bieten scheint (V. 13). Ein Sturm könnte heraufziehen!

Die Ermutigung von Paulus hören (14-26). Paulus sagte mit Recht: »Ich habe es euch gesagt!« Aber dem schloss er eine Verheißung des Herrn und ermutigende Worte aus seinem gläubigen Herzen an. In solchen Situationen brauchen die Menschen Verheißungen, keine Predigten.

Dem Beispiel von Paulus folgen (27-38). Paulus dankte öffentlich Gott und lenkte die Herzen der Anwesenden auf ihn, was allen Mut gab. Die erschöpften Reisenden benötigten Kraft für das, was vor ihnen lag, und das bedeutete, sich Zeit zum Essen zu nehmen. Paulus war ebenso praktisch wie einfühlsam.

Obgleich Paulus die Reise als Gefangener und Passagier begann, beendete er sie als Kapitän des Schiffes. Das Schiff ging verloren, aber durch Gottes Gnade rettete Paulus alle Reisenden. Kann sich der Herr auf dich verlassen, dass du im Glauben segelst, wenn du in einen Sturm kommst? Können andere sich auf dich verlassen?

Apostelgeschichte 28

Überrascht dich etwas in diesem Kapitel?

Dass die Eingeborenen freundlich waren (1-2.7-10)? Die Eingeborenen mögen abergläubisch gewesen sein, aber sogar unerrettete Menschen können um Notleidende besorgt sein. Die ungläubigen Seeleute arbeiteten hart, um Jona zu retten, bevor sie ihn ins Meer warfen (Jon 1,11-16).

Dass Paulus Reisig zusammensammelte (3)? Wenn du 276 Menschen vor dem Ertrinken gerettet hättest, würdest du es dann noch für nötig erachten, solch niedrige Arbeiten zu verrichten? Die dankbaren Passagiere hätten Paulus diese Tätigkeit sicherlich abgenommen! Aber Paulus war ein Diener, und er tat, was getan werden musste (Phil 2,1-11).

Dass Paulus gebissen wurde (3-6)? Hatte er nicht schon genug Leid durchgemacht? Wenn der Teufel nicht als Löwe gewinnen kann (1Petr 5,8), kommt er als Schlange (2Kor 11,3). Wir müssen stets wachsam sein und darauf vertrauen, dass der Herr für uns sorgt (Mk 16,18).

Paulus' letzte Jahre
Von 61 bis 63 n.Chr. war Paulus in Rom gefangen, und während dieser Zeit schrieb er die Briefe an die Epheser, Philipper, Kolosser und an Philemon. Von 63 bis 65 n.Chr. wurde er freigelassen; in dieser Zeit diente er und schrieb den ersten Timotheusbrief und den Titusbrief. 66 n.Chr. kam Paulus wieder ins Gefängnis, wo er den zweiten Timotheusbrief verfasste. Später im selben Jahr oder Anfang 67 n.Chr. starb er in Rom den Märtyrertod.

Dass Paulus Ermutigungen willkommen waren (11-16)? Selbst ein Apostel muss manchmal ermutigt werden, und die Gläubigen, die Paulus trafen, taten genau das. Die Gruppe, die nach Forum-Appii reiste, legte einen ca. 16 Kilometer längeren Weg zurück als die andere Gruppe. Wie weit würdest du gehen, um einem Mitchristen Mut zu machen?

Dass die jüdischen Führer das Wort ablehnten (17-31)? Gottes auserwähltes Volk hätte die Schriften kennen sollen, doch als die Juden sich entscheiden mussten, war die Gruppe uneins. Paulus legte weiterhin Zeugnis ab und überließ es Gott, dass Wort zu segnen, wie es ihm gefiel.

Römer

Paulus befand sich auf seiner dritten Missionsreise, als er den Brief, wahrscheinlich in Korinth, an die Römer schrieb. Er hatte es schon lange vorgehabt, die Gläubigen in Rom zu besuchen, von denen er viele kannte (Kap. 16), und dieser Brief bereitete den Weg dazu. In ihm reagiert er auf die falschen Anschuldigungen gegen ihn (3,8; 6,1) und erklärt, weshalb er nicht schon früher nach Rom gekommen ist (15,23-29). Außerdem finden wir nirgendwo eine so großartige Darstellung der christlichen Lehre wie hier.

Der Römerbrief ist eines von drei biblischen Büchern, die geschrieben wurden, um Habakuk 2,4 zu erklären: »*Der Gerechte aber wird durch seinen Glauben leben*« (Röm 1,17; Gal 3,11; Hebr 10,38). Das Hauptthema ist »der Gerechte« - was es bedeutet, gerechtfertigt zu sein (von Gott als gerecht erklärt zu werden) und ein gerechtes Leben zu führen. Das Wort *Gerechtigkeit* wird über 40 Mal in der einen oder anderen Form gebraucht.

Das Buch ist leicht in drei Abschnitte zu teilen: Gottes Gerechtigkeit und Errettung (Kap. 1–8), Gottes Gerechtigkeit und Israel (Kap. 9–11) und Gottes Gerechtigkeit und das praktische Leben als Christ (Kap. 12–16). In Römer 1,16-17 finden wir eine Kernaussage.

Der Römerbrief ist eine intensive Darstellung, die die Gerechtigkeit Gottes verteidigt. Man kann sie mit den Versen zusammenfassen, in denen die Wörter »darum«, »denn« oder »da« auftauchen (3,20.28; 5,1; 8,1; 12,1).

Rechtfertigung ist Gottes Gnadentat, durch die er den gläubig gewordenen Sünder in Jesus Christus aufgrund seines Werkes am Kreuz für gerecht *erklärt*. Wenn du glaubst, wird dir die Gerechtigkeit Jesu *zugeschrieben*, d.h., »dir gutgeschrieben«. Heiligung ist Gottes Werk in den Gläubigen, wobei er ihnen seine Gerechtigkeit *verleiht* und einen heiligen Charakter und ein heiliges Benehmen in ihnen entwickelt. Eine gerechte Stellung vor Gott führt zu einem heiligen Leben vor den Menschen. Wir sind nicht durch Werke errettet oder durch Glauben plus Werke; wir sind durch einen Glauben errettet, der sich auswirkt (Jak 2,14-26).

Römer 1

Das Evangelium Gottes (1-17). Gott hat gute Nachrichten! Sie werden im Alten Testament *verheißen* und haben Jesus Christus als Zentrum. Er kam als Jude auf die Erde, starb und erstand wieder auf; und er erlöst alle, die an ihn glauben. Er allein hat die Errettung *erkauft*, und diese Botschaft muss der ganzen Welt *gepredigt* werden. Warum? Weil nur das Evangelium »Gottes **Kraft** zum Heil« ist (V. 16; Hervorhebung durch den Autor).

Paulus war von dem Evangelium ergriffen; sein ganzes Leben wurde davon beherrscht. Als berufener Apostel (V. 1) fühlte er sich als Schuldner der ganzen Welt (V. 14). Durch seine Gemeinde ruft Gott Menschen zu Jesus Christus (V. 5-7). Hat das Evangelium auch dich schon ergriffen?

> »Religionen sind die Suche des Menschen nach Gott; das Evangelium ist Gottes Suche nach den Menschen. Es gibt viele Religionen, aber nur ein Evangelium.«
>
> E. Stanley Jones

Geistliche Schulden

Gottes Kinder sind frei von der Schuld der Sünde, aber sie sind schuldig, einer verlorenen Welt Zeugnis zu geben (Röm 1,14), dem Heiligen Geist gehorsam zu sein (8,13), alle Menschen zu lieben (13,8), ihre schwächeren Brüder und Schwestern zu ermutigen (15,1) und dem Volk Israel zu helfen (15,25-27). Bezahlst du deine geistlichen Schulden?

Der Zorn Gottes (18-32). Paulus' Hauptthema ist die Gerechtigkeit Gottes. Dieses Thema stellt er vor dem dunklen Hintergrund des Gerichtes Gottes dar, *das heute schon in der Welt stattfindet*. Die Menschen kennen Gott aufgrund der Schöpfung und ihres Gewissens (V. 19-20), aber sie weigern sich, ihn als Gott zu verehren. Sie leben für das Geschöpf, nicht für den Schöpfer, und machen sich selbst zu Göttern (V. 25; 1Mo 3,4-5). Deshalb hat Gott sie dahingegeben (V. 24.26.28) und lässt sie unter den Konsequenzen leiden. *Das größte Gericht, das uns Gott auferlegen kann, ist, uns unseren eigenen Weg gehen zu lassen.*

Doch derselbe Gott, der Sünder dem Gericht hingibt, *hat seinen eigenen Sohn für verlorene Sünder hingegeben* (8,32)! Das ist das Evangelium. Glaubst du es? Erzählst du anderen davon?

Römer 2

Wenn du Jesus Christus als deinen Erlöser kennst, sind deine Sünden bereits am Kreuz gerichtet worden (Joh 5,24; Röm 8,1). Doch bist du bereit für den Richterstuhl Christi, wo deine Werke beurteilt werden (Röm 14,10-12; 2Kor 5,10)? Stelle dir die folgenden Fragen:

Richte ich mich selbst oder andere (1-3)? Es ist leicht, mein eigenes Versagen zu vertuschen, indem ich andere kritisiere (Mt 7,1-5)!

Bin ich dankbar für Gottes Güte (4)? Es ist nicht die Schlechtigkeit des Menschen, sondern die Güte Gottes, die uns zur Buße bringt (Lk 15,17-19). Halte ich Gottes zahlreiche Segnungen für selbstverständlich?

Drückt sich mein Glaube in Taten aus (5-11)? Paulus lehrte nicht Errettung durch Werke, sondern dass Werke der Beweis für die Errettung sind. Bin ich der Wahrheit Gottes gehorsam und führe ein heiliges Leben? Habe ich ein hartes oder ein empfindsames Herz?

Verstecke ich mich hinter einer Religion (12-16.25-29)? Die Juden rühmten sich ihres Gesetzes, das sie aber nicht erretten konnte. Äußere Rituale sind keine Garantie für innere Veränderungen. Gott erforscht das Herz. Was sieht er in deinem Herzen?

> »Wie selten messen wir unseren Nächsten mit demselben
> Maß, mit dem wir uns messen.«
> Thomas von Kempen

Lebe ich nach dem, was ich bekenne (17-24)? Sage ich anderen, was richtig ist, tue dann aber das, was falsch ist? Erwarte ich mehr von anderen als von mir selbst?

Gott richtet nach der Wahrheit (V. 2) und ohne Ansehen der Person (V. 11). Vor ihm ist nichts verborgen (V. 16). Bist du darauf vorbereitet?

Römer 3

Paulus, der Anwalt, fasst seinen Fall zusammen.

Alle sind schuldig (1-19). Sowohl Juden als auch Nationen (religiös und ungläubig) sind schuldig vor Gott, und niemand ist besser als der andere (V. 9). Paulus zitiert aus den Psalmen und Jesaja, um zu zeigen, dass wir alle von Kopf bis Fuß verlorene Sünder sind. Willst du darüber streiten? Dann ist dein Mund noch nicht verschlossen worden! Gott kann dich nicht erretten, bis du sagst: »Schuldig!«, und schweigst.

Wir können uns nicht selbst erretten (20). Das Gesetz ist ein Spiegel, der unsere Sünde aufdeckt; nur das Blut Christi kann uns von unserer Sünde reinigen. Gute Werke sind etwas Gutes, aber nicht gut genug, um uns zu erretten (Eph 2,8-9).

Gottes Errettung ist nicht gegen das Gesetz (21-31). Aber wie kann ein heiliger Gott *schuldigen* Menschen vergeben? Ist das mit dem Gesetz vereinbar? Würden unsere Richter so etwas tun, fiele unsere Gesellschaft auseinander. Doch Gott, der Gesetzgeber und Richter, hielt sich an sein eigenes Gesetz, starb für uns und bezahlte die Strafe für unsere Sünden. Der Richter ist jetzt der Erlöser!

Hast du deinen Mund verschlossen, Jesus Christus vertraut und Gott sagen gehört: »Nicht schuldig«?

Römer 4

Wie wurde Abraham errettet (1-4.9-12)? Nicht durch Werke, sondern durch Glauben (1Mo 15,6). Die Errettung ist nicht wie Lohn, den man sich verdient, oder wie Werke, mit denen man angeben kann. Abraham wurde nicht errettet, weil er das Gesetz hielt, denn das Gesetz war noch gar nicht gegeben worden. Ebenso wenig wurde er durch das Befolgen eines religiösen Rituals errettet. Es war allein die Gnade Gottes!

Wie wurde David errettet (5-8)? Nach seiner großen Sünde mit Batseba (2Sam 11) schrieb David Psalm 32. Kann Gott einem Mann vergeben, der sich des Ehebruchs, Betrugs und Mordes schuldig macht? Ja! Als David Buße tat und sich an Gott wandte, wurde ihm vergeben, auch wenn der Herr David die bitteren Konsequenzen seiner Sünden spüren ließ (2Sam 12). Gott rechtfertigt *den Ungerechten*, nicht den Gerechten (V. 5; Mt 9,9-13).

Wie kannst du errettet werden (13-25)? Indem du wie Abraham an Gottes Verheißung glaubst. *Glaube* und *Verheißung* gehören ebenso zusammen wie *Gesetz* und *Werke*. Abraham ist der biologische Vater des jüdischen Volkes, so wie er in geistlicher Hinsicht der »*Vater*« aller Gläubigen ist (V. 16; Mt 3,7-9). Auf Golgatha wurden unsere Sünden Jesus Christus angerechnet; wenn du an ihn glaubst, rechnet dir Gott die Gerechtigkeit Jesu an (2Kor 5,21). Was kann ein größerer Segen sein, als zu wissen, dass deine Sünden vergeben sind?

Unsere Sünden sind zugedeckt

Da Paulus Errettung allein aus Gnade predigte, wurde ihm vorgeworfen, er würde die Sünde fördern (Röm 3,5-8). Doch dieser Vorwurf war falsch. Menschen, die die Gnade Gottes in seiner Vergebung erfahren, wollen nicht sündigen; und wenn sie es tun, bekennen sie es dem Herrn (1Jo 1,5–2,1). Sie werden versucht (1Kor 10,13), und manchmal fallen sie, aber sie bleiben nicht am Boden liegen (Ps 37,23-24). Lies Psalm 32; dort siehst du, was Gott für seine Kinder tut.

Römer 5

In Kapitel 4 ging Paulus zurück zu Abraham und David. Er zeigte auf, wie Gott gläubig gewordene Sünder für gerecht erklärt. Jetzt geht er sogar bis Adam zurück. Adams Sünde gab die Sünde und den Tod an die ganze Menschheit weiter, doch der Gehorsam Jesu schenkt allen, die an ihn glauben, Gerechtigkeit und Leben. Durch unsere erste Geburt wurden wir zu verurteilten Kindern Adams, aber durch unsere zweite Geburt sind wir Kinder Gottes, denen vergeben wurde. Bedenke, welche Segnungen die Rechtfertigung bringt.

Reichtümer (1-5). Frieden, Zugang zu Gottes Gnade, Freude, Hoffnung, Liebe, der Heilige Geist – welch große Schätze wir doch in Christus haben! Und Prüfungen arbeiten *für* uns, nicht *gegen* uns, und bringen in uns einen christlichen Charakter zum Vorschein. Wie reich sind wir doch!

Versöhnung (6-11). Wir haben Frieden mit Gott und müssen uns nicht fürchten. Wenn er so viel für uns getan hat, als wir noch Feinde waren, dann denke einmal darüber nach, wie viel er jetzt für uns tun wird, da wir seine Kinder sind!

Herrschen (12-21). Als wir unter Adam zur alten Schöpfung gehörten, herrschte Tod und Sünde; jetzt aber, da wir in Christus eine neue Schöpfung sind (2Kor 5,17), herrscht Gnade, *und wir herrschen im Leben* (V. 17). Durch Gottes Gnade kannst du wie ein König leben!

Römer 6

Ein Christ zu sein, ist *eine Frage von Leben oder Tod* (V. 1-11). Menschen, die die Gnade Gottes nicht verstehen, sagen: »Wenn Gott gnädig ist, dann sollten wir mehr sündigen, damit wir mehr

Gnade empfangen.« Jene, die an Christus glauben, identifizieren sich durch den Heiligen Geist mit ihm in seinem Tod, seiner Grablegung und Auferstehung. Das wird in der Taufe bildhaft dargestellt. Das alte Leben ist begraben! Wir können es als tot betrachten (V. 11) und in der Neuheit des Auferstehungslebens wandeln.

Ein Christ zu sein, ist *eine Frage von Sklaverei oder Freiheit* (V. 12-22). Wer ist dein Herr, Jesus Christus oder das alte Leben? Du unterstehst nicht der Autorität des Gesetzes (V. 15), aber das bedeutet nicht, dass du die Freiheit hast, Gottes moralisches Gesetz zu brechen (8,1-5). Übergib dich dem Herrn; er ist der wundervollste Meister, und der Lohn, den er austeilt, hat ewig Bestand.

»Lebend für Gott«

Das anschaulichste Bild für Römer 6 ist Lazarus (Joh 11). Jesus weckte ihn aus den Toten auf und sagte dann: »*Macht ihn frei und lasst ihn gehen!*« (Joh 11,44). Lazarus verließ das Grab, legte seine Grabkleider ab und begann ein neues Leben (Kol 3,1ff.). Gottes Kinder sind sowohl »*tot*« als auch »*lebend*« (V. 11) und müssen entsprechend im Glauben leben.

Ein Christ zu sein, ist *eine Frage von Gnadengabe oder Lohn* (V. 23). Wir zitieren diesen Vers, wenn wir verlorenen Menschen Zeugnis geben, und das zu Recht. Aber Paulus richtete ihn ursprünglich an Gläubige. Obschon Gott die Sünden seiner Kinder vergibt, kann es sein, dass er die schmerzlichen Folgen ihrer Sünde nicht aufhebt. Die Freuden der Sünde können den Lohn der Sünde niemals ausgleichen. Es ist es nicht wert zu sündigen!

Römer 7

Gläubige stehen nicht unter dem Gesetz, was ihnen aber nicht das Recht gibt, Gesetzlose zu werden. Sie haben ein neues Leben (6,1-11) und einen neuen Herrn (6,12-23), und sie haben auch eine neue Liebe: Sie sind *mit Christus verheiratet* (V. 1-6). Wenn eine Ehe auf Gesetzen statt auf Liebe gegründet werden muss, wird das zu einem unglücklichen Zuhause führen.

Wofür ist das Gesetz gut, wenn es uns nicht ändern oder kontrollieren kann? Sein Zweck ist es, Sünde aufzudecken, und es erfüllt seine Aufgabe gut (V. 7). Paulus machte die Erfahrung, dass das Gesetz sogar böse Begierden in ihm weckte (V. 8). Was für böse Sünder müssen wir sein, wenn so etwas Heiliges wie das Gesetz Gottes (V. 12) sündige Begierden in uns wecken kann!

Das Gesetz bringt das Schlimmste in uns zum Vorschein, aber die Liebe das Beste. Der in uns wohnende Heilige Geist hilft uns, das zu tun, was Gott von uns will (Röm 8,1-5), und das zu sein, was wir in Gottes Augen sein sollen (Gal 5,22-23). Halte eine lebendige und aufregende Liebesbeziehung zum Herrn aufrecht, und du wirst ein gerechtes und kein elendes Leben führen.

Ein hingegebenes Leben

Römer 7,21-25 deutet nicht an, dass du ein geteiltes Leben führst, denn das ist unmöglich. Du musst dich für einen Herrn entscheiden (6,15-23) und deinem Ehemann, Jesus Christus, treu sein (7,1-6). Der »*Sinn*« bezieht sich auf die neue, von Gott stammende Natur und der »*Leib des Todes*« auf die alte Natur, die wir von Adam haben. Wir können Gott nicht mit der alten Natur dienen, das ist Sünde (7,18), aber der Heilige Geist befähigt uns, seinen Willen zu tun, wenn wir uns ihm übergeben. Der menschliche Körper an sich ist nicht sündig, die menschliche Natur sehr wohl.

Römer 8

Paulus fragte: »*Wer wird mich retten von diesem Leibe des Todes?*«
(Röm 7,24). Dieses Kapitel gibt die Antwort: Gottes Heiliger Geist.
Die Segnungen, die er bringt, machen aus uns »*mehr als Über-
winder*« (V. 37).

Leben (1-11). Als Gott dich errettet hat, gab er dir ein neues
Leben, nicht ein neues Gesetz. Wenn du dich diesem Leben
verpflichtest, bist du seinem Gesetz gehorsam. Richte deine
Gedanken auf die Dinge des Herrn aus (Kol 3,1-4) und versuche
Gott in allen Dingen zu gefallen. Lass das Leben des Heiligen
Geistes in dir wirken.

Freiheit (12-17). Wir werden in die Familie Gottes durch die
neue Geburt aufgenommen, nicht durch Adoption (Joh 3). Aber
die Adoption versetzt uns in die Stellung eines mündigen Mit-
glieds der Familie. Er behandelt uns wie erwachsene Söhne und
Töchter und nicht wie »kleine Kinder«. Schon jetzt können wir so
reden (»*Abba, Vater*« [V. 15]), leben und unser Erbe genießen. Wir
sind frei, aber dennoch Schuldner des Herrn (V. 12).

Hoffnung (18-25). Das Leid, das wir erleben oder in der Welt
sehen, hält uns nicht auf, weil wir Hoffnung haben. Wenn Jesus
wiederkommt, werden wir eine herrliche Freiheit erfahren! Der
Heilige Geist ist der Anfang der Ernte, und er versichert uns, dass
das Beste noch vor uns liegt.

> »*Der Heilige Geist sehnt sich danach, dir die tieferen
> Dinge Gottes zu offenbaren. Er möchte durch dich lieben.
> Er will durch dich wirken.
> Durch den Heiligen Geist kannst du besitzen: Kraft für
> jede Aufgabe, Weisheit für jedes Problem, Trost in allem
> Leid, Freude in seinem überströmenden Dienst.*«
>
> T. J. Bach

Führung (26-30). Es ist Gottes Absicht, seine Kindern seinem Sohn gleichzugestalten, und das wird ihm auch gelingen. Der Heilige Geist setzt sich für uns ein und leitet uns beim Beten. Die Lebensumstände wirken sich zum Guten für uns aus, ganz gleich wie schmerzlich sie auch sein mögen.

Liebe (31-39) Der Heilige Geist macht uns Gottes Liebe erfahrbar (5,5; Joh 14,23-27). Der Vater ist für uns (V. 31-32), der Sohn ist für uns (V. 34) und der Heilige Geist ist für uns (V. 26-27). Nichts kann uns von seiner Liebe trennen. Gibt es irgendeinen Grund, weshalb wir nicht »*mehr als Überwinder*« sein sollten?

Gottes Kinder

Römer 9–11, der Abschnitt über Israel, ist keine Unterbrechung des Briefes, sondern eine Illustration. Paulus erklärt Israels zurückliegende Erwählung (Kap. 9), seine gegenwärtige Verwerfung (Kap. 10) und seine zukünftige Annahme (Kap. 11). Er beweist, dass Gottes Handeln mit Israel immer gerecht war. Gott ist mit seinen Absichten für die Juden nicht gescheitert, ebenso wenig wie die für seine Gemeinde fehlschlagen werden.

Römer 9

In diesem Kapitel des Briefes wird Gottes Souveränität betont. Wir sehen Paulus trauern (9,1-3), beten (10,1) und anbeten (11,33-36). Er war nicht der Meinung, dass Gottes Souveränität die Verantwortung des Menschen in irgendeiner Weise aufhob. Der Gott, der das Ziel festlegt (die Errettung der Verlorenen), bestimmt auch die Mittel, wie er dieses Ziel erreicht: die Gebete und das Zeugnis seiner Kinder. Diese Dinge gehören zusammen.

Gott ist nicht verpflichtet, irgendjemanden zu erretten, da alle Menschen die Verdammnis verdient haben. Selbst Israel wurde aufgrund von Gottes Gnade und Liebe erwählt (5Mo 7,6-8).

Deshalb kann niemand Gott kritisieren oder ihn für ungerecht erklären. Dass er Sündern gnädig ist, sollte uns jubeln lassen!

Dass Israel Jesus Christus ablehnte, zerstörte nicht Gottes Plan, da er sich an die Nationen wandte (Apg 10,1ff.; 15,14), die die gute Nachricht mit Freude aufnahmen. Aber Gott hat noch einen Überrest unter den Juden (V. 27-29), und gläubige Juden und Nichtjuden sind eins in der Gemeinde (Eph 2,11-22).

Seine Gnade währt ewig!

Gottes Teil und unser Teil

Charles Spurgeon wurde einmal gefragt, wie er die Souveränität Gottes und die Verantwortung des Menschen miteinander in Einklang bringe. Seine Antwort war: »Ich versuche erst gar nicht, Freunde miteinander zu vereinen.« Augustinus sagte, wir müssten so beten, als hinge alles von Gott ab, und arbeiten, als wäre es ganz allein unsere Sache. Dieses biblische Gleichgewicht bringt Segen.

Römer 10

Warum nahm Israel an Jesus Christus Anstoß und lehnte ihn ab? Weil sie die Art von Gerechtigkeit nicht verstanden, die Gott wollte, oder den Weg, wie sie sie bekommen konnten. Wie die Pharisäer (und viele Menschen heute) dachten sie nur an gute Werke und konnten eine Gerechtigkeit, die aus dem Glauben kommt, nicht verstehen (V. 13; Joe 3,5; Apg 2,21).

Das missionarische Herz von Paulus wird in den Versen 14-17 sichtbar. Die Errettung ist durch Glauben, und der Glaube ist »*aus der Verkündigung ... durch das Wort Christi*« (V. 17). Aber ungläubige Sünder (Israel eingeschlossen) können es nicht hören, solange wir es ihnen nicht sagen. Gott braucht Menschen mit lieblichen Füßen (Jes 52,7), die den Verlorenen das Evangelium bringen.

Trotz Paulus' gebrochenem Herzen (V. 1) und Gottes ausgestreckten Händen (V. 21; Jes 65,2) glaubte Israel nicht. Aber die Nationen glaubten und Gott errettete sie! Wenn du beim Zeugnisgeben mutlos wirst, dann denke an Paulus. Kümmere dich weiter um die Menschen, bete für sie, und erzähle ihnen von der guten Botschaft. Bewahre dir liebliche Füße!

Römer 11

Die Theologie von Römer 9–11 erhebt Gottes Gnade und rühmt seine Souveränität. Höre nie auf, über deine Errettung oder Gottes Größe zu staunen. Ganz gleich wie tief das Tal oder wie schwer der Kampf ist, der Blick auf Gottes Größe erfüllt dein Herz mit Freude und stärkt deine Seele. Gott weiß, was er tut, auch wenn du es nicht gänzlich verstehen kannst.

Es gibt eine Zukunft für Israel. Paulus ist ebenso ein Beweis dafür (V. 1; 1Tim 1,16) wie die Geschichte Israels (V. 2-10). Gott hat sich immer einen gläubigen Überrest in Israel aufbewahrt, ganz gleich wie dunkel die Zeiten auch waren. Wenn dich die Zukunft der Gemeinde mutlos macht und du den Eindruck hast, dass du der einzige treue Christ bist, dann lies 1. Könige 19 und konzentriere dich auf Gottes Größe.

Wir können nicht alle Absichten und Pläne Gottes erklären, aber wir können ihn für das, was er ist (V. 33-36), preisen und anbeten. Das Endergebnis allen Bibelstudiums ist Anbetung; und das Endergebnis aller Anbetung ist Dienst für den Gott, den wir lieben.

> »Das Schicksal sagt: Die Sache ist, wie sie ist und muss so
> sein, so ist es festgelegt. Doch die wahre Lehre ist:
> Gott hat dieses und jenes beschlossen, nicht weil es sein
> muss, sondern weil es so am Besten ist.
> Das Schicksal ist blind,
> aber die Vorsehung der Heiligen Schrift ist voller Augen.
> Das Schicksal ist hart und unnachgiebig

> *und hat keine Tränen übrig für das Leid des Menschen.*
> *Die Pläne der Vorsehung hingegen*
> *sind freundlich und gut.«*
>
> Charles H. Spurgeon

Römer 12

Das biblische Muster ist, Lehre und Leben miteinander in Einklang zu bringen, denn was du glaubst, muss bestimmen, wie du dich verhältst. In diesen abschließenden Kapiteln spricht Paulus über deine Beziehung zum Herrn (12,1-2), zu dir selbst (12,3), zur Gemeinde (12,4-16), zu deinen Feinden (12,17-21), zur Regierung (Kap. 13) und zu Gläubigen, die anderer Meinung sind (Kap. 14–15).

Veränderung (1-2). Der Geist Gottes verändert dein Leben durch die Erneuerung deines Sinnes (2Kor 3,18). Allerdings kann er das nicht tun, solange du ihm nicht deinen Körper gibst. Wenn du dich der Anbetung Gottes hingibst, wirst du ein lebendiges Opfer zur Ehre Gottes.

Beurteilung (3). Höher oder *geringer* von sich zu denken, ist Sünde; daher solltest du richtig beurteilen, wer du bist und was Gott dir gegeben hat (Gal 6,3-5).

Zusammenarbeit (4-16). Du bist Teil des Leibes Christi und seines Dienstes, erfülle deine Aufgabe mit Liebe und Freude.

Rehabilitierung (17-21). Wenn du ein gottesfürchtiges Leben führst, wirst du zwangsläufig Feinde haben (Mt 5,10-12; 2Tim 3,12). Überlasse es dem Herrn zu richten. Wenn du den Herrn wirken lässt, wird er deine Feinde dazu benutzen, dich aufzuerbauen und dich Christus ähnlicher zu machen.

Römer 13

Gläubige sind Bürger des Himmels, aber wir dürfen unsere irdische Verantwortung nicht herabsetzen. Wir müssen vorbildliche Bürger sein, damit der Herr verherrlicht wird (1Petr 2,11-17).

Gesetz (1-7). Gott hat menschliche Regierungen eingesetzt, weil wir Sünder sind und Kontrolle brauchen. Die Autorität der Regierung kommt von Gott, deshalb musst du dieses Amt achten, auch wenn du den Amtsinhaber nicht respektieren kannst. Die Angst vor Bestrafung ist nicht die beste Motivation für Gehorsam, aber besser als das Chaos.

Liebe (8-10). Die Liebe zu Gott und zu deinem Nächsten ist die größte Motivation für Gehorsam. Die Liebe macht das, was richtig und gerecht ist, und sie sucht das Beste für andere. Von Natur aus besitzen wir diese Art von Liebe nicht (Tit 3,3); der Herr schenkt sie uns (Röm 5,5).

Licht (11-14). Als Christen leben wir in der Erwartung der Wiederkunft des Herrn. Paulus ermahnt uns: »Aufwachen, anziehen, reinigen, nach oben schauen!« Tust du das?

> *»Alles, was aus Menschen gute Christen macht, macht sie*
> *auch zu guten Bürgern.«*
> Daniel Webster

Römer 14

Deine Liebe wird von Christen, die anderer Meinung sind, vielleicht mehr geprüft als von Ungläubigen, die dir das Leben erschweren. Man braucht einen Diamanten, um einen Diamanten zu schleifen. Was sollst du tun, wenn dein Bruder oder deine Schwester eine andere Meinung darüber hat, wie Kinder Gottes leben sollten?

Annahme (1-9). Es gibt nicht nur reife Gläubige, und die Liebe verlangt von uns, dass sich die reifen Familienmitglieder der unreifen annehmen. Die Liebe beschützt Menschen und gibt ihnen die Chance, erwachsen zu werden. Menschen können schwierig sein, aber wir müssen sie um des Herrn willen in Liebe annehmen.

Rechenschaft (10-12). Wir haben kein Recht, einander zu richten und zu verurteilen, da der Richter der Herr ist. Jeder Christ hat genug mit seiner eigenen Verantwortung zu tun, ohne sich in die der anderen einzumischen!

Ambition (13-23). Wir sollten nicht versuchen, mit allen übereinzustimmen, vielmehr muss es unser Bestreben sein, dem Frieden nachzujagen, andere nicht zu Fall zu bringen und ihnen zur Reife in Christus zu verhelfen. Anfangs *betrüben* (V. 15) wir andere vielleicht nur, aber daraus kann ein *Anstoß* für sie werden (V. 21), und schließlich werden sie *schwach* (V. 21; UELB) oder *ärgern* sich (V. 13.21; UELB). Als Folge könnte der Glaube des Bruders oder der Schwester *zerstört* werden (V. 15.20). Ist der eigene Weg es wert, einen anderen zu zerstören?

Kraft gewinnen

Der schwache Christ hat die Freiheit in Jesus Christus noch nicht verstanden und in seinem Leben umgesetzt. Jüdische Gläubige, die unter dem mosaischen Gesetz aufgewachsen waren, hatten es schwer, sich an ihr neues Leben zu gewöhnen. Das Gewissen wird stark, wenn wir annehmen, was Gott in seinem Wort über uns sagt und entsprechend im Glauben handeln. Allerdings braucht das Gewissen Zeit, bis es sich so ausgebildet hat, und wir müssen Geduld miteinander haben.

Römer 15

Eine Verpflichtung gegenüber den Schwachen (1-6). Die Starken müssen die Schwachen tragen und ihnen im Wachstum helfen, und dazu braucht es Liebe und Geduld. Wenn wir nur uns selbst gefallen wollen, folgen wir nicht dem Beispiel Jesu, der dem Vater gefallen und anderen helfen wollte.

Eine Verpflichtung gegenüber den Verlorenen (7-21). Gott errettete die Juden, damit sie zu den Nationen gehen und sie zur Anbetung des Herrn führen sollten. Gott hat uns errettet, damit wir andere für ihn gewinnen. Wir haben eine Schuld zu begleichen (1,14).

Eine Verpflichtung gegenüber Israel (22-33). Die Nationen sind den Juden zu Dank verpflichtet (Joh 4,22). Und diese Schuld bezahlen wir, wenn wir für sie beten (Ps 122,6), ihnen in Liebe Zeugnis geben und unsere materiellen Güter mit ihnen teilen.

> »Wenn wir Menschen, Ereignisse und Situationen nur nach der Wirkung, die sie auf uns haben, beurteilen, leben wir an der Schwelle zur Hölle.«
> Thomas Merton

Römer 16

Wir neigen dazu, Paulus die Ehre zu geben, und vergessen die vielen normalen Menschen, die ihm in seinem Dienst geholfen haben. Paulus war der menschliche Verfasser des Römerbriefes, aber Tertius hat ihn aufgeschrieben (V. 22). Gajus stellte Paulus einen Ort zur Verfügung, an dem er leben und arbeiten konnte (V. 23), und Phöbe überbrachte den fertigen Brief nach Rom. Niemand in der Familie Gottes ist unwichtig und kein Dienst unbedeutend. Finde heraus, welche Arbeit du für Gott tun sollst, und halte treu an ihr fest.

Es gibt eine »verborgene Geschichte«, die nicht in der Bibel aufgezeichnet ist. Wann und wie haben Priszilla und Aquila ihr Leben für Paulus riskiert (V. 3-4)? Wann waren Andronikus und Junias mit Paulus im Gefängnis (V. 7)? In welcher Hinsicht war die Mutter von Rufus auch für Paulus eine Mutter (V. 13)? Wer waren die Unruhestifter, vor denen Paulus die römischen Gläubigen warnte (V. 17-18)? Vielleicht werden wir eines Tages im Himmel die Antworten bekommen!

> »Der Dienst, den wir an anderen tun, ist in Wirklichkeit die Miete, die wir für unser Zimmer auf Erden bezahlen.«
> Wilfred Grenfell

Bis dahin ist es wichtig, dass wir dem Herrn gehorsam sind (V. 19) und andere »*zum Glaubensgehorsam*« führen (V. 26). Der Gott des Ausharrens und der Ermunterung (15,5), der Gott der Hoffnung (15,13) und der Gott des Friedens (16,20) wird dich stärken und befähigen (16,25).

1. Korinther

Korinth, die Hauptstadt von Achaja, war möglicherweise die reichste und wichtigste Stadt in ganz Griechenland. Und es war auch die verdorbenste. Als Handelszentrum wurde Korinth von allen möglichen Religionen und Philosophien überschwemmt. Auf seiner zweiten Missionsreise gründete Paulus die Gemeinde in Korinth (Apg 18) und diente dort anderthalb Jahre.

Nach seinem Abschied traten schwerwiegende Probleme in der Gemeinde auf, und Paulus schrieb den Gläubigen einen ernsten Brief, der aber ohne Erfolg blieb (1Kor 5,9). Er hatte davon gehört, dass die Gemeinde gespalten war (1,11), und später kam eine Delegation von ihr mit einem Brief nach Ephesus, in dem sie um Paulus' Hilfe bezüglich bestimmter Fragen bat. Der erste Korintherbrief war seine Antwort.

Erst befasste sich Paulus mit der Sünde innerhalb der Gemeinde (Kap. 1–6), und dann beantwortete er ihre Fragen (Kap. 7–16; auffallend ist die wiederkehrende Formulierung »was aber betrifft«). Er spricht über Ehe (Kap. 7), Götzendienst (Kap. 8–10), öffentliche Anbetung (Kap. 11), geistliche Gaben (Kap. 12–14), die Auferstehung (Kap. 15) und die spezielle Sammlung für die Gemeinde in Jerusalem (Kap. 16).

Paulus hatte eine Gemeinde in dieser Stadt gegründet, aber das Stadtleben war in die Gemeinde eingedrungen. Das erklärt, weshalb es dort so viele Probleme gab. Die Gläubigen in Korinth hatten es nötig, Römer 12,2 zu beherzigen – ebenso wie wir heute.

1. Korinther 1

Obwohl die Gläubigen »alle einer in Christus Jesus« sind (Gal 3,28), leidet die örtliche Gemeinde oft unter Spaltungen. Warum?

Zum einen liegt es daran, dass wir unsere Berufung in Christus vergessen (V. 2.9.24-29). Nur durch Gottes Gnade wurden wir berufen, und diese Tatsache sollte uns demütig machen und uns darin bestärken, einander zu lieben (Joh 15,17).

Ein weiterer Faktor ist unsere Neigung, menschlichen Führungspersonen zu folgen und eine gewisse Fan-Club-Mentalität zu entwickeln. Christus starb für uns und er lebt, um uns zu segnen, deshalb muss er den ersten Platz erhalten.

Ein dritter Grund ist, dass wir uns oft auf menschliche Weisheit und Philosophien verlassen. Diese Haltung war in der Gemeinde in Korinth sehr ausgeprägt. Die Weisheit der Welt hatte sich in die Gemeinde geschlichen, und sie ließ sich nicht mit der Weisheit Gottes vermischen (Jes 8,20). Verschiedene theologische Standpunkte sind der Versuch von Bibelgelehrten, das Wort Gottes auszulegen, aber sie sind nicht das Wort. Hüte dich davor, zu einem Grund für Spaltungen zu werden.

1. Korinther 2

Kraft (1-5). Paulus kopierte nicht die umherziehenden Lehrer in Korinth, die sich auf ihre Redegewandtheit und ihren intellektuellen Scharfsinn verließen. Er glaubte an Gott, nicht an sich selbst (Sach 4,6); er wollte, dass Sünder der Kraft Jesu vertrauten. Vielleicht glaubst du, du wärst nicht fähig, Gott zu dienen; aber Gott kann deine Schwachheit in Stärke verwandeln. Das Evangelium ist auch heute noch wirksam (Röm 1,16)!

Weisheit (6-16). Die Juden wollten die Kraft sehen und die Griechen waren auf Weisheit aus, beides ist in Jesus Christus zu finden (1,24). Reifen Gläubigen steht eine tiefere Weisheit Gottes zur Verfügung (Hebr 5,12-14). Lass dich vom Heiligen Geist aus dem Wort Gottes über den Sohn Gottes belehren, und du wirst in ihm wachsen.

1. Korinther 3

Reifen (1-4). Wir werden der nahrhaften Milch des Wortes nie entwachsen (1Petr 2,2), aber wir können nicht stark werden, solange wir nicht auch »*feste Speise*« zu uns nehmen (Hebr 5,12-14; Mt 4,4).

Du wächst, indem du isst und deinen Glauben lebst (1Tim 4,6-8), beides gehört zusammen. Alter ist keine Garantie für geistliche Reife.

Ernten (5-9). Jeder hat seinen Platz in der Ernte des Herrn, und alle tun sein Werk (Joh 4,34-38). Untereinander darf es kein Kräftemessen oder Vergleichen geben, denn der Herr allein beurteilt die Arbeit und gibt den Lohn. Der Diener ist unerheblich, solange Jesus Christus der Herr der Ernte ist.

Bauen (10-17). Paulus schreibt über die örtliche Gemeinde und die Materialien, die wir beim Dienst an ihr verwenden (Spr 2,1-5; 3,13-15). Wenn wir Gottes Wort durch menschliche Weisheit ersetzen, bauen wir mit vergänglichen Materialien, die vor dem Richterstuhl Christi verbrennen werden.

Gott verherrlichen (18-23). Da sich die Gläubigen menschlicher Lehrer (1,12) und menschlicher Weisheit rühmten, beraubten sie Gott der Ehre, die zu Recht ihm gehört. »*So rühme sich denn niemand im Blick auf Menschen*« (V. 21) ist ein Gebot und kein Vorschlag.

> »*Wenn es dir an Wissen mangelt, geh zur Schule. Fehlt es dir an Weisheit, geh auf deine Knie!*
> *Wissen ist nicht gleich Weisheit. Weisheit ist der richtige Einsatz von Wissen.*«
> Vance Havner

1. Korinther 4

Das Leben ist eine *Verwalterschaft*, darum sei treu (V. 1-5). Wir beurteilen uns selbst und andere beurteilen uns, aber der letztendliche Richter ist der Herr. Lebe so, dass du ihm allein gefällst.

Das Leben ist ein *Geschenk*, darum sei demütig (V. 6-9). Deine Fähigkeiten und Segnungen kommen von Gott; sie sind nicht dein Verdienst. Sie sind Gottes Gaben an dich, und wie du sie einsetzt, ist dein Geschenk an Gott. Es ist Sünde, verschiedene christliche

Mitarbeiter untereinander zu vergleichen (1,12), denn nur Gott kennt ihre Herzen.

Das Leben ist ein *Kampf*, darum sei mutig (V. 9-13). Wenn die Apostel die größten Christen waren, die jemals lebten, und doch nur Abschaum der Welt waren, was blieb dann noch von den großspurigen Korinthern übrig?

Das Leben ist eine *Schule*, darum lass dich belehren (V. 14-21). Paulus betrachtete sich als einen Vater im Herrn, der seine Kinder unterweisen und züchtigen musste. Unser Vater im Himmel gebraucht viele Hände und Stimmen, um uns zu belehren, und wir müssen willige Schüler sein, während wir durchs Leben gehen.

1. Korinther 5

Trennung (1-7). Den Hintergrund des Kapitels bildet das Passahfest (2Mo 12). Die Anwesenheit des unmoralischen Mannes hätte aus dem Fest eigentlich ein Begräbnis machen müssen (V. 2), aber die Gemeinde rühmte sich des Sünders, statt über ihn zu weinen. Bewusste Sünde in der Gemeinde zu dulden, ist so, als würde man Sauerteig zum Passahfest verwenden. Es gehört da nicht hin.

Feier (8). Paulus sah das christliche Leben als eine »Festfeier« an, d.h., wir sollen uns von Christus ernähren, beweglich bleiben und uns nicht mit Sünde (Sauerteig) verunreinigen. Das Lamm hat uns frei gemacht, und wir sind auf dem Weg zu unserem verheißenen Erbe!

Trennung (9-13). Sünde im Leben eines Gläubigen ist weitaus schlimmer als im Leben eines Ungläubigen. Wir können uns nicht von der Welt isolieren, aber wir können uns von ungehorsamen Gläubigen trennen, damit Gott sie züchtigen kann.

Gemeinschaft

Der Ausdruck »*einen solchen ... dem Satan zu überliefern*« (1Kor 5,5), deutet an, dass es innerhalb der Gemeinschaft der örtlichen Gemeinde eine geistliche Sicherheit gibt. Gezüchtigt und aus der Gemeinschaft ausgeschlossen zu werden, macht uns verwundbar für die Angriffe des Teufels. Viel besser ist es, unsere Sünden zu bekennen, Vergebung zu empfangen und wieder in die Gemeinschaft aufgenommen zu werden.

1. Korinther 6

Die Gläubigen in Korinth gingen nicht nur Kompromisse mit der Welt ein, sie verloren auch ihr Zeugnis vor der Welt, indem sie sich gegenseitig vor Gericht brachten. Paulus fragte sie mehrfach: »*Wisst ihr nicht?*« (V. 2.3.15.16.19). Ihnen waren einige Grundwahrheiten des christlichen Lebens nicht bekannt.

Wir werden Engel richten (1-8). Wenn Gott seinen Kindern diese große Verantwortung anvertraut, kann er uns dann nicht auch heute bei unseren geringfügigen Entscheidungen helfen?

Wir sind verändert worden (9-12). Wir sind nicht mehr, was wir einmal waren; weshalb sollten wir also so leben, wie wir es vorher getan haben? Die Frage ist nicht: »Was ist erlaubt?«, sondern: »Was ist hilfreich?«

Wir gehören dem Herrn (13-20). Er hat den menschlichen Körper erschaffen, er wohnt in den Gläubigen durch seinen Geist, und er hat uns am Kreuz erkauft. Der Körper des Gläubigen gehört Gott und muss zu seiner Verherrlichung gebraucht werden.

Fliehe vor diesen Versuchungen

»*Flieht die Unzucht!*« (1Kor 6,18) erinnert uns an Joseph, als er vor Potifars Frau floh (1Mo 39). »*Die jugendlichen Begierden aber fliehe*« (2Tim 2,22) ist eine ähnliche Warnung. Dem Teufel hingegen solltest du widerstehen und er wird von dir fliehen (Jak 4,7). Aber vor Versuchungen des Fleisches musst du fliehen!

1. Korinther 7

Die Ehe ist ein *Geschenk* (V. 1-9), und nicht jeder empfängt dieselbe Gabe. Manche Menschen haben mehr Selbstbeherrschung als andere. Die Menschen bleiben aus unterschiedlichen Gründen unverheiratet (Mt 19,11-12), und sie alle müssen den Willen Gottes kennen.

Die Ehe ist ein *Dienst* (V. 10-16). Paulus spricht hier von Menschen, die sich nach der Heirat bekehrt haben und sich fragen, ob sie bei ihren unerretteten Ehepartnern bleiben sollen. »Ja«, sagt Paulus, »denn du könntest sie für Christus gewinnen.« Aber auch christliche Ehepaare können einander auf wunderbare Weise dienen, wenn sie im Herrn wachsen und einander lieben (Eph 5,22ff.).

Die Ehe ist eine *Berufung* (V. 17-24). Durch deine Bekehrung wird nicht aufgehoben, was du warst, bevor du an Christus gläubig wurdest. Juden bleiben Juden, Sklaven sind weiterhin Sklaven und verheiratete Menschen noch immer verheiratet. Aber mit der Hilfe des Herrn kannst du diese Berufung jetzt viel besser ausfüllen.

Die Ehe ist eine *Herausforderung* (V. 25-40). Paulus leugnet nicht die Segnungen der Ehe, aber er erinnert uns auch an die Belastungen, insbesondere in schweren Zeiten. Ein christliches Zuhause aufzubauen, ist ein großer Dienst, aber niemand sollte sich leichtfertig oder unüberlegt in eine solche Aufgabe stürzen.

> *»Eine erfolgreiche Ehe beinhaltet viel mehr,*
> *als nur den richtigen Partner zu finden.*
> *Es verlangt auch, selbst der Richtige zu sein.«*

1. Korinther 8

Das Leben wird vom Gewissen kontrolliert. Das Gewissen ist die beurteilende Instanz in uns, die uns lobt, wenn wir das Richtige tun, und uns verurteilt, wenn wir das Falsche tun (Röm 2,14-15). Wenn wir gegen unser Gewissen sündigen, fügen wir unserem inneren Menschen erheblichen Schaden zu.

Das Gewissen wird durch Erkenntnis gestärkt. Wenn wir in der geistlichen Erkenntnis wachsen, wird ein schwaches Gewissen stärker, und wir wissen unsere Freiheit in Christus mehr und mehr zu schätzen. Der schwache Gläubige sollte seinem Gewissen nicht vorweg greifen, und der starke Gläubige darf ihn niemals dazu drängen.

Zwischen Erkenntnis und Liebe muss ein Gleichgewicht herrschen. Deine geistliche Erkenntnis kann entweder eine Waffe sein, die Menschen verletzt, oder ein Werkzeug, mit dem du sie aufbaust. Wenn deine Erkenntnis dich aufbläht, wird sie andere nach unten ziehen. Die Liebe weiß, wann und wie man anderen gegenüber nachgibt, ohne Kompromisse bei der Wahrheit einzugehen. Lies noch einmal Römer 14–15.

> »Die Erkenntnis ist stolz, dass sie so viel gelernt hat; die Weisheit ist demütig, weil sie nicht mehr weiß.«
>
> William Cowper

1. Korinther 9

Wir haben nicht das Recht, unsere Freiheit aufzugeben, da Christus sie uns erkauft hat (Gal 5,1). *Aber wir haben die Freiheit, unsere Rechte aufzugeben*, um die Verlorenen zu gewinnen (V. 12). Paulus gab das Recht auf finanzielle Unterstützung auf, und er bat die Korinther, ihre Rechte um der Erlösten willen aufzugeben.

Der christliche Dienst ist wie ein Kriegsgefecht, wie die Pflege eines Weinbergs, wie das Hüten einer Herde und das Bestellen eines Feldes (V. 7-11). Denke über diese Bilder nach und versuche herauszufinden, was sie dir über den Dienst für den Herrn sagen.

Dienst ist Verwalterschaft (V. 17), und der Diener muss treu sein (4,2). Diener Jesu gleichen auch Läufern, die sich an die Regeln halten müssen, sonst werden sie disqualifiziert (V. 24-27).

Die Verse 19-23 verlangen nach Höflichkeit und Weisheit, nicht nach Kompromissen: »*Ich bin allen alles geworden*«, bedeutet nicht, dass Paulus keine persönlichen Überzeugungen hatte. Es bedeutet vielmehr, dass er seine Überzeugungen nutzte, um Brücken zu bauen, nicht Mauern. Wenn er inkonsequent schien, lag das nur daran, dass die Leute nicht tief genug blickten. *Sein großer Wunsch war es, die Verlorenen zu gewinnen*, und das bestimmte alle seine Entscheidungen.

> »Takt ist die Kunst, deutlich einen Standpunkt zu
> vertreten, ohne sich Feinde zu machen.«
> Howard W. Newton

1. Korinther 10

Wenn du auf deinen Rechten bestehst, bringst du womöglich einen schwächeren Gläubigen zu Fall, *und du könntest dir auch selbst Schwierigkeiten einhandeln*. Wenn du vor schweren Entscheidungen stehst, dann beziehe folgende Faktoren in deine Überlegungen ein:

Gottes Segen (1-5). Die Parallele zu Gottes Kindern heute liegt auf der Hand. Wir wurden aus der Welt errettet, mit Jesus Christus eins gemacht und mit geistlicher Nahrung genährt. Aber diese Segnungen sind keine Garantie dafür, dass wir erfolgreich sind.

Gottes Gericht (6-12). Als Israel sündigte, züchtigte Gott es; und dasselbe wird er mit seinen Kindern heute machen. Tust oder tolerierst du in deinem Leben eine von den hier genannten Sünden? Gott gibt seinen Kindern Freiheit, aber die Freiheit zu sündigen, gehört nicht dazu.

Gottes Verheißung (13-22). Gott weiß, wie viel wir ertragen können und gibt uns immer einen Ausweg. Manchmal ist es das Klügste, wenn wir fliehen (V. 14; 6,18). Suche immer nach einer offenen Tür und dem Segen auf der anderen Seite.

Gottes Ehre (23-33). Zwei Extreme müssen wir vermeiden: unsere christliche Freiheit ausnutzen und so wählerisch zu sein, dass wir nicht in der Realität leben und vernünftige Entscheidungen treffen können. Wenn du andere auferbauen und den Herrn verherrlichen willst, wirst du wissen, was du zu tun hast.

> »Wenn du vor der Versuchung fliehst, dann gehe sicher, dass du keine Nachsendeadresse hinterlässt.«

1. Korinther 11

Die geistlichen Prinzipien, die in diesem Kapitel angesprochen werden, gelten auch für uns heute. Über die Teilnahme an öffentlicher Anbetung müssen wir uns einige ernste Fragen stellen.

Missachte ich Autorität (1-16)? Wir müssen vorsichtig sein, dass wir den Herrn nicht verunehren, ungeachtet der kulturellen Vorstellungen. Gott hat in der Schöpfung und in der Gemeinde Autorität eingesetzt, und wir müssen sie respektieren.

Verachte ich die Gemeinde (17-22)? Wir sind eins in Christus und müssen einander in Liebe ehren. Sie nahmen ihr Liebesmahl so ein, dass die Reichen die Armen in Verlegenheit brachten und der Gemeinde Schande bereiteten.

Erkenne ich den Leib des Herrn (23-34)? Wenn wir zum Gedächtnismahl zusammenkommen, müssen wir uns selbst prüfen und nicht die anderen. Und wir müssen ehrlich zum Herrn sein, wenn wir unsere Sünden bekennen. Wir erkennen den Leib in dem Brot und in den Gläubigen der Gemeinde, die mit uns das Mahl zu sich nehmen. Das Mahl des Herrn ist ein Mahl der ganzen Familie Gottes. Obgleich es eine persönliche Angelegenheit ist, dürfen wir nicht nur uns im Blick haben, sonst werden wir egoistisch. Es sollte ein Mittel sein, um die Einheit der Gemeinde zu fördern.

1. Korinther 12

Die Gläubigen in Korinth hatten von Gott besondere Gaben bekommen (1,4-7), doch ein paar von ihnen machten Schwierigkeiten, indem sie ihre geistlichen Gaben auf ungeistliche Weise ausübten. Paulus erinnerte diese Leute an drei grundlegende Wahrheiten:

Es gibt einen Herrn (1-11). Der Heilige Geist verherrlicht Christus (Joh 16,14), nicht sich selbst. Er gibt uns Gaben, mit denen wir Christus und der Gemeinde »*zum Nutzen aller*« (V. 7; LUT) und nicht zu unserem egoistischen Vergnügen dienen können. Hast du schon entdeckt, was der Geist Gottes dir gegeben hat? Hast du Gott dafür gedankt, und gebrauchst du deine Gabe(n) unter der Leitung Jesu?

Es gibt einen Leib (12-31). Als Glieder desselben Leibes gehören wir zusammen und brauchen einander. Die Gläubigen, von denen du meinst, du würdest ganz gut ohne sie auskommen, sind vielleicht diejenigen, die du am dringendsten brauchst! Als ein Leib müssen wir einander dienen und füreinander sorgen.

Es gibt eine Gefahr (25). Würde sich ein Teil deines Körpers von den anderen isolieren, würde er allmählich absterben und du müsstest den Arzt aufsuchen. Trennungen in der örtlichen Gemeinde führen zu Schwachheit und Schmerzen (1,10-17), denn kein Gläubiger schafft es allein, ein erfolgreiches christliches Leben zu führen. Dankst du Gott für deine Mitchristen und kümmerst dich um sie?

> »*Niemand versteht das Wesen echten Unterschieds besser als diejenigen, die eine Einheit sind.*«
> Johannes Tauler

1. Korinther 13

Dieses sogenannte Hohelied der Liebe war Paulus' Rezept gegen die Krankheit in der Gemeinde in Korinth. Die Gläubigen hatten geistliche Gaben, aber ihnen fehlte es an geistlichem Verhalten. Sie mussten an die Bedeutung der Liebe im christlichen Leben erinnert werden.

Die Liebe *gibt unserem Dienst Qualität* (V. 1-3). Wenn du Liebe hast, sind deine Worte und dein Verhalten von Wert und helfen anderen Menschen.

Die Liebe *führt zu einem reifen Charakter* (V. 4-7). Die Korinther waren ungeduldig miteinander, verklagten einander vor Gericht, duldeten Sünde in der Gemeinde und verursachten Probleme, weil sie keine Liebe hatten. Ganz gleich welche Qualitäten du hast, ohne Liebe sind sie nichts.

Die Liebe *bringt die Ewigkeit in unser Leben* (V. 8-13). Die Liebe vergeht nicht, und was sie tut, hat dauerhaften Wert. Die Liebe ist die größte und tut das größte, »*denn Gott ist Liebe*« (1Jo 4,8).

> »*Gott hasst große Dinge, bei denen die Liebe nicht die Triebfeder ist, aber er freut sich an kleinen Dingen, die durch Liebe veranlasst sind.*«
>
> D. L. Moody

1. Korinther 14

Warum gehen wir zur Gemeinde? Gottes Volk versammelt sich zu einem Zweck: zur Anbetung Gottes. Es verehrt Gott durch Gebet und Gesang (V. 15), Lehre und Predigt (V. 3). Anbetung sollte zur Verherrlichung Gottes führen, zum Segen für das Volk Gottes (V. 3) und zur Furcht und Überführung von Sündern (V. 23-25).

Doch damit diese Dinge geschehen, muss Jesus Christus der Herr unseres Lebens sein, und wir müssen uns dem Heiligen Geist unterstellen. Wenn wir in die Gemeinde kommen, um zu zeigen, wie geistlich wir sind, werden wir nicht nur selbst keinen Segen empfangen, sondern auch andere daran hindern. Wir kommen zusammen, um ihn zu ehren.

Ein Schlüsselwort in diesem Kapitel ist *Erbauung* (V. 3-5.12. 17.26), was »aufbauen« bedeutet. Eine Anbetungsstunde sollte den Herrn erheben und die Gläubigen aufbauen, nicht aufblähen.

1. Korinther 15

Wir besitzen ein lebendiges Wort (1-19). Jesus lebt und die Botschaft des Evangeliums ist wahr! Zeugen, die ihn gesehen haben, haben ihr Zeugnis an uns weitergereicht. Wenn du an ihn glaubst, empfängst du das Auferstehungsleben, ewiges Leben (Joh 5,24); der Tod kann dich nicht länger festhalten.

Wir besitzen eine lebendige Hoffnung (20-49). Jesus Christus wird zurückkommen, und die Toten in Christus werden auferweckt. Wir werden verherrlichte Körper haben so wie Christus (1Jo 3,1-3). Denke daran, dass die Auferstehung keine Rekonstruktion ist. Gott wird den ursprünglichen Körper, der zu Staub geworden ist, nicht wieder zusammensetzen. Wie Blumen und Früchte dem gesäten Samen ähnlich sind, wird der verherrlichte Körper Ähnlichkeit mit dem »gesäten« Körper haben und sich doch von ihm unterscheiden.

Wir besitzen eine lebendige Kraft (50-58). Für uns besteht kein Grund aufzugeben, denn Jesus hat die Sünde und den Tod besiegt! Wenn du wirklich an die Auferstehung und die Wiederkunft Jesu glaubst, wird Vers 58 dein Leben bestimmen. Das Beste liegt noch vor uns, daher sollten wir unser Bestes jetzt geben.

> »Für die, die es ernst meinen, gibt es in Gottes Welt keinen Misserfolg. Keine ehrlich getane Arbeit, kein ernsthaft gesprochenes Wort, kein freiwillig gebrachtes Opfer wird jemals umsonst gewesen sein.«
>
> F. W. Robertson

1. Korinther 16

Liebe zu den Bedürftigen (1-4). Diese Belehrungen beziehen sich auf die Sammlung, die Paulus unter den Gemeinden durchführte, um den bedürftigen Gläubigen in Judäa zu helfen (Röm 15,25-27). Die enthaltenen Grundsätze können Christen ganz allgemein auf das Geben anwenden: Es sollte freiwillig sein, in einem angemessenen Verhältnis zu unseren finanziellen Möglichkeiten stehen, regelmäßig durchgeführt werden und von Ehrlichkeit geprägt sein.

Liebe zu führenden Personen in der Gemeinde (5-12). Wir haben das Privileg, Gottes Werk zu fördern und für seine Diener zu beten. Sogar Männer wie Paulus, Timotheus und Apollos brauchten die Hilfe und Ermutigung des Volkes Gottes. Betest du für führende Personen?

Liebe zur Gemeinde (13-18). Liebe, Standhaftigkeit und Unterordnung machen eine starke Gemeinde aus. Wenn die Gemeinde aus Menschen besteht, die sich dem Werk des Herrn verpflichtet haben, Menschen, die dich im Herrn ermutigen, dann wird Gott seinen Segen geben. Was für eine Freude ist es, zu einer Gemeindefamilie zu gehören, die in Liebe dient!

Liebe zu Christus (19-24). »*Herr, komm!*« ist ein Gebet, das offenbart, dass Paulus täglich mit der Wiederkunft des Herrn rechnete. Als er seine Pläne machte (V. 5-8), schloss er diese Hoffnung mit ein. Liebst du den Herrn und sein Erscheinen (2Tim 4,8)?

Wie betest du?
»*Herr, komm!*« (1Kor 16,22) heißt auf Aramäisch *marana tha* und wird in deutschen Bibelversionen oft mit *Maranatha* wiedergegeben. Im Gebet des Herrn beten wir »*dein Reich komme*« (Mt 6,10); und der Apostel Johannes betete: »*Komm, Herr Jesus!*« (Offb 22,20). Wir sollten uns nach seinem Kommen sehnen, nicht nur um den Prüfungen des Lebens zu entkommen, sondern weil wir ihn lieben und ihn von Angesicht zu Angesicht sehen wollen.

2. Korinther

Die Schwierigkeiten in der Korinther Gemeinde wurden noch schlimmer, und Paulus musste ihnen einen traurigen Besuch abstatten, um die Leute zur Rede zu stellen, die die Probleme verursachten (2Kor 2,1ff.). Dann schrieb er einen ernsten Brief und ließ ihn durch Titus überbringen (2Kor 2,4-9; 7,8-12). Nach einigen Verzögerungen trafen sich Paulus und Titus endlich, und als Reaktion auf die guten Nachrichten, die Titus aus Korinth mitbrachte, schrieb Paulus diesen Brief.

Zuerst beschrieb Paulus seinen Dienst und erklärte, weshalb er seine Pläne geändert hatte (Kap. 1–7). Es war ein Appell zur *Versöhnung*. Anschließend folgt sein Plan zum Sammeln der Liebesgabe für die Gemeinde in Judäa (Kap. 8–9). Dies war eine Bitte um *Zusammenarbeit*. Da eine Gruppe in der Gemeinde seine Autorität in Frage stellte, schloss Paulus den Brief mit einer Verteidigung seiner Apostelschaft (Kap. 10–13). Das war ein Aufruf zur *Anerkennung* und zum Gehorsam gegenüber dem Wort.

Ein Schlüsselwort in 2. Korinther ist *Trost* (Ermutigung), das in der einen oder anderen Form 29 Mal auftaucht. Allerdings spricht Paulus auch immer wieder von Leiden. In diesem sehr persönlichen Brief öffnet er sein Herz und teilt seine größten Freuden und seinen tiefsten Kummer mit. Letzten Endes sind Christen Menschen und müssen ihre Gefühle ehrlich zum Ausdruck bringen.

2. Korinther 1

Christen brauchen Trost. Während Paulus versuchte, der Gemeinde zu helfen, machte er so starke Leiden durch, dass er beinahe bereit war aufzugeben (V. 8-9). Gott beschützt seine Kinder nicht vor Prüfungen, nicht einmal begabte Apostel, die seinen Willen tun. »Sei freundlich«, sagte John Watson, »denn jeder, dem du begegnest, hat seine Kämpfe auszutragen.«

Christen empfangen Trost. Dein Gott ist der »*Gott allen Trostes*« (V. 3), und er wird dir zur rechten Zeit die Gnade geben, die du brauchst. Leiden kommen nicht zufällig. Gott hat sie festgelegt, und dein Vater hat völlige Kontrolle über sie. Du findest Trost, wenn du betest, dich auf die Verheißungen seines Wortes stützt (V. 18-20) und engere Gemeinschaft mit dem Herrn suchst.

Christen trösten andere. Gott *leiht* dir seinen Trost, damit du ihn an andere weitergeben kannst. Der Schmerz, den du jetzt empfindest, wird dir helfen, anderen in ihren Prüfungen Mut zu geben. Wenn du leidest, dann hüte dich vor Selbstmitleid, denn das macht dich zu einem Speicher statt einem Kanal. Wenn du Gottes Trost nicht an andere weiterleitest, werden deine schmerzhaften Erfahrungen vergeblich sein; und das ist wirklich tragisch.

Gepriesen sei der Herr

Was haben 2. Korinther 1,3, Epheser 1,3 und 1. Petrus 1,3 gemeinsam? Alle drei Verse sind ein Lobpreis Gottes, der den Herrn für das preist, was er mit seinem Volk tut. Sie handeln von vergangenen, gegenwärtigen und zukünftigen Segnungen im Leben eines Christen. Nimm dir Zeit in deinem Leid, den Herrn zu loben. Das ist eine gute Medizin für ein verwundetes Herz.

> »*Gott tröstet uns nicht, um es uns bequem zu machen, sondern um aus uns Tröster zu machen.*«
>
> John Henry Jowett

2. Korinther 2

Gefühle (1-5). Aus einem liebevollen Herz schrieb Paulus unter Schmerzen einen ernsten Brief an die Gemeinde, in der Hoffnung, die Probleme zu lösen. Diese machten seinen lieben Freunden das

Leben schwer, was wiederum Paulus sehr betrübte. Aber sie stellten den Mann, der die Schwierigkeiten verursacht hatte, unter Gemeindezucht. Paulus fürchtete sich nicht, anderen seine Gefühle mitzuteilen. Wenn du keinen Zugang zu deinen Gefühlen hast, hast du auch keinen Zugang zur Realität.

Vergebung (6-11). Wenn Sünder echte Buße tun, sollten wir ihnen vergeben und ihnen unsere Liebe zeigen. Andernfalls könnten sie mutlos werden und dem Teufel die Gelegenheit geben, sie anzuklagen und anzugreifen (Offb 12,10). Die Liebe duldet Sünde nicht stillschweigend, aber sie deckt die Sünde zu, wenn Gott sie abgewaschen hat (Jak 5,20).

Wohlgeruch (12-17). Paulus beschreibt hier einen römischen Triumphzug, die offizielle Parade, die einem siegreichen General zuteil wurde, wenn er nach Rom zurückkam. Der von den Priestern getragene Weihrauch bedeutete für die römischen Soldaten Leben, aber Tod für die Gefangenen, die zusammen mit wilden Tieren in die Arena mussten. Christus hat gesiegt, und wir sind privilegiert, uns seinem Siegeszug anzuschließen!

2. Korinther 3

Die gesetzlichen Menschen, die in Antiochia und Jerusalem für Probleme gesorgt hatten (Apg 15), waren nach Korinth gekommen und verleiteten einige Gläubige zu einem Leben nach dem mosaischen Gesetz. Paulus widerlegte ihren Standpunkt, indem er die Wunder des neuen Bundes aufzeigte. Der Hintergrund findet sich in 2. Mose 34,29-35.

Er verändert die Herzen (1-3). Das Gesetz deckt nur Sünde auf; es kann den inneren Menschen nicht erneuern. Der Heilige Geist möchte eine neue Version des Wortes auf dein Herz schreiben. Lässt du ihn gewähren?

Er gibt Leben (4-6). Das Gesetz tötet, aber die Gnade schenkt Leben und hält es aufrecht. Durch den Geist des Lebens haben Kinder Gottes eine lebendige Beziehung zu ihm (Röm 8,2).

Er wird zunehmend herrlicher (7-16). Die Herrlichkeit des

Gesetzes ist verschwunden: der Tempel, das Priestertum, die Zeremonien und die eindrucksvollen Offenbarungen der Macht Gottes. Aber die Herrlichkeit der Gnade Gottes bleibt und nimmt zu (V. 18; Spr 4,18).

Er bringt Freiheit (17-18). Das Gesetz bringt Knechtschaft (Apg 15,10), aber die Gnade schenkt eine herrliche Freiheit, die uns mehr und mehr wie Christus macht. Jeden Tag kannst du dich verändern lassen, wenn du den Herrn anbetest und seinem Geist gehorsam bist.

2. Korinther 4

Die Herrlichkeit der Errettung (1-6). Im Gegensatz zu den gesetzlichen Menschen, die in die Gemeinde gekommen waren, hatte Paulus nichts zu verbergen. Das religiöse jüdische System verhüllte das Evangelium, aber Paulus wollte es offen legen. Das Bild stammt aus 1. Mose 1,1-3 und wurde von der alten auf die neue Schöpfung übertragen (2Kor 5,17).

Die Herrlichkeit des Dienstes (7-12). Paulus bezahlte einen Preis für seinen Dienst, aber die gesetzlichen Menschen suchten nach Ehre (3,1). Wir sind Gefäße, in denen das Leben, das das Evangelium gibt, wichtig ist. Als Gefäße müssen wir rein sein und ihm zur Verfügung stehen (2Tim 2,20-21).

Die Herrlichkeit der Leiden (13-18). Jesus litt und verwandelte diese Leiden in Herrlichkeit. Im Glauben können wir dasselbe tun. Es ist nicht falsch, für den äußeren Menschen zu sorgen, solange dir bewusst ist, dass er vergehen wird. Konzentriere dich auf den inneren Menschen. Das Unsichtbare vergeht nicht. Das Beste liegt noch vor uns!

> »Herr, du weißt besser als ich, dass ich älter werde.
> Bewahre mich davor, zu redselig zu werden und zu
> meinen, ich müsste zu allem und zu jeder Gelegenheit
> etwas sagen. Befreie mich von dem Bestreben, die
> Angelegenheiten anderer in Ordnung bringen zu wollen.

> *Lehre mich die großartige Lektion, dass es zuweilen*
> *durchaus möglich ist, dass ich mich irre. Lass mich*
> *aufmerksam und nicht launisch sein; hilfsbereit, nicht*
> *rechthaberisch. Du weißt, Herr, dass ich am Ende ein paar*
> *Freunde haben möchte.«*

2. Korinther 5

Wir wissen (1). Dieser Bau ist unser neuer Körper, den wir empfangen werden, wenn wir den Herrn sehen (Phil 3,20-21), weil Gott den ganzen Menschen errettet (1Kor 15,42-58).

Wir seufzen (2-4). Die Schöpfung seufzt ebenso wie das Volk Gottes (Röm 8,18-23). Wir sehnen uns danach, dass der Herr Jesus wiederkommt. Wir wollen nicht sterben und unsere »*Behausung*« verlassen, wir wollen, dass diese Körper »*überkleidet*« werden mit der Herrlichkeit Gottes aus dem Himmel (1Jo 3,1-2). Paulus sehnte sich danach, Jesus noch zu Lebzeiten wiederkommen zu sehen.

Wir sind guten Mutes (5-8). Gottes Wort sagt uns die Wahrheit über den Tod und was danach kommt, und Gottes Geist garantiert uns, dass Kinder Gottes in den Himmel kommen. Im Glauben halten wir daran fest und unser Leben ist voller Zuversicht. Das schenkt uns Frieden!

Wir wollen ihm gefallen (9-21). Zu Paulus' geistlicher Motivation zum Dienst gehörte das Urteil am Richterstuhl Christi (V. 9-11), die Liebe Christi (V. 12-16), die Kraft des Evangeliums (V. 17) und der Auftrag des Herrn (V. 18-21). Was motiviert dich, seinen Willen zu tun?

2. Korinther 6

Annahme (1-2). Häufig sorgen *die* Leute in der Gemeinde für Schwierigkeiten, die nicht wiedergeboren sind. Vielleicht nehmen sie an, sie seien errettet, aber sie sind es nicht. Jetzt ist die Zeit, Gottes Gnade anzunehmen. Morgen kann es schon zu spät sein.

Anerkennung (3-13). Wir vergessen leicht die Opfer, die andere brachten, damit wir den Herrn kennenlernen konnten. Paulus sprach nie über seine Leiden, wenn seine Worte nicht dazu beitrugen, den Dienst zu unterstützen (11,16ff.). Siehst du die Gemeinschaft in deiner Gemeinde als selbstverständlich an? Hast du schon denen gedankt, die vor dir da waren und eine Gemeinschaft überhaupt möglich gemacht haben?

Übereinstimmung (14-18). Die Gläubigen in der Gemeinde gingen Kompromisse mit der Welt ein und sonderten sich nicht von ihr ab (Ps 1,1). Gott sehnt sich nach einer engeren Gemeinschaft mit uns, aber er wird sein Joch nicht mit der Welt teilen.

2. Korinther 7

Reinigen (1). Es ist eine Sache, Gott zu bitten, dich zu reinigen (Ps 51,4.9), und eine ganz andere, sich selbst zu reinigen und die Dinge beiseite zu tun, die uns verunreinigen (Jes 1,16). Trennung verlangt manchmal Einschnitte.

Trösten (2-7). Dieselben Menschen, die dir Freude machen, können dir auch Kummer bereiten. Als Titus berichtete, dass die Gemeinde den Sünder gezüchtigt hatte, freute sich der Apostel. Warst du schon mal eine Gebetserhörung für jemanden, so wie Titus es war?

Aufräumen (8-11). Wenn wir es mit der Buße ernst nehmen, werden wir alles tun, was wir können, um die Dinge zu bereinigen. Reue und Bedauern gehen nicht weit genug; erst muss die Buße kommen, dann die Wiederherstellung.

Sorgen (12-16). Sowohl Paulus als auch Titus sorgten sich um die Gläubigen in Korinth; und diese Liebe trug den Sieg davon. Wenn du andere liebst, gehst du ein Risiko ein, da sie dich verletzen können. Aber es ist das Risiko wert, wie Jesus Christus zu sein und ein liebevolles Leben zu führen.

Echte Buße

Bedauern hat in erster Linie mit den Gedanken zu tun und *Reue* mit den Gefühlen. Buße hingegen beinhaltet eine Sinnesänderung, Hass gegen Sünde und die Bereitschaft, die Dinge in Ordnung zu bringen. Wenn der Wille nicht beteiligt ist, werden wir nicht tief genug von unserer Sünde überführt.

2. Korinther 8–9

Die Kapitel 8–9 befassen sich mit der Gabe, die Paulus für die bedürftigen Gläubigen in Judäa einsammelte. Die Gemeinde in Korinth wollte sich an der Sammlung beteiligen, hatte es aber bisher versäumt. Paulus erinnerte sie an ihr Versprechen und belehrte sie gleichzeitig über einige Grundsätze des christlichen Gebens.

Es fängt an mit der Hingabe an den Herrn (8,1-7). Du kannst nicht dein Geld geben, solange du dich nicht selbst gegeben hast (V. 5; Röm 12,1-2). Wenn du dem Herrn gehörst, fängst du an, nach Möglichkeiten zu suchen, wie du etwas geben kannst, statt dich zu entschuldigen, dass du nichts gibst.

Es wird durch Gnade motiviert (8,8-9). Jesus war reich im Himmel, aber er wurde arm auf Erden (bis hin zum Tod am Kreuz!), damit wir an seinen ewigen Reichtümern teilhaben. Das alles geschah aus Gnade, denn *Geben ist eine Gnade*. Das Gesetz *verlangt*, aber die Gnade *erklärt sich bereit* und tut es mit Freuden.

Es erfordert Glauben (8,10-15). Das Beispiel des Mannas (2Mo 16) zeigt, dass Gott uns immer gibt, was wir brauchen. Paulus benutzte auch das Bild des Aussäens, um zu großzügigem Geben anzuspornen (9,6). Gottes Verheißungen kann man trauen.

Es erfordert auch Treue (8,16-24). Wer mit dem Geld des Herrn zu tun hat, sollte hingegeben und treu sein. So wird sichergestellt, dass alles ehrlich und gewissenhaft von statten geht.

Es ist ein Zeugnis für andere (9,1-5). Vor einem Jahr hatte der Eifer der Korinther andere zum Geben bewegt, jetzt musste Paulus die Korinther dazu bewegen! Wir sollten nicht geben, um von den Menschen gelobt zu werden (Mt 6,1-4), aber wir müssen anderen ein gutes Beispiel geben. Wenn wir etwas versprechen, sollten wir es halten.

Es muss gerne getan werden (9,6-15). Wenn dein Geben eine geistliche Bereicherung sein soll (9,11), musst du es mit Freuden tun und dankbar für Gelegenheiten sein. Schau dir Gottes Verheißungen für fröhliche Geber an! Kannst du dabei etwas verlieren?

> »Für die mazedonischen Christen war Geben keine lästige Pflicht, sondern eine Herausforderung, keine Last, sondern ein Segen. Geben war nicht etwas, das man vermeiden musste, sondern ein wünschenswertes Vorrecht.«
>
> George Sweeting

2. Korinther 10

Der Teufel versucht, den Sinn der Menschen zu blenden, damit sie Gottes Licht nicht sehen können (4,3-6); er verhärtet sie gegen Gottes Wahrheit (10,1-6) und lockt sie von Gottes Liebe weg (11,1-4). Paulus gibt ein paar praktische Ratschläge für einen siegreichen geistlichen Kampf.

Sei wie Christus (1). Mut und Sanftmut müssen im Gleichgewicht gehalten werden, denn Gottes Kraft kommt in Demut zum Tragen. Der Teufel ist unser Feind, nicht die Menschen, die unter seiner Herrschaft stehen.

Benutze geistliche Waffen (2-6). Paulus hatte möglicherweise Josuas Sieg in Jericho im Sinn (Jos 6), als die Mauern durch Israels Glauben fielen. Lies Epheser 6,1-20 und stelle sicher, dass du die ganze Rüstung anziehst.

Halte deine Augen auf den Herrn gerichtet (7-11). Dass die Korinther Paulus Widersprüchlichkeit vorwarfen, gab dem Teufel die Möglichkeit, in ihrem Leben zu wirken.

Akzeptiere den Dienst, den Gott dir gibt (12-16). Jeder Christ hat einen Platz auszufüllen. Wenn jeder auf seine Anordnungen hört, wird die Gemeinde den Kampf gewinnen.

Suche allein Gottes Ehre (17-18). Wie können wir uns eines Sieges rühmen, den allein Gott schenken kann? Paulus zitiert Jeremia 9,23, um uns zu erinnern, wem die Ehre gehört.

2. Korinther 11

Paulus vergleicht sich mit einem Vater, der seinen geistlichen Kindern gegenüber verpflichtet ist.

Schutz (1-4). Geistliche Führer müssen die Gemeinde vor Irrlehrern schützen, die die Gläubigen von ihrer Hingabe an Christus fortziehen wollen. Sei vorsichtig, dass du deine Liebe zu Christus und zu denen, die dich im Glaubensleben gestärkt haben, nicht verlierst.

Versorgung (5-15). Paulus hatte das Recht, sich von den Korinthern finanziell unterstützen zu lassen, aber er nahm es nicht in Anspruch und opferte sich in Liebe für sie. Doch sie wussten es nicht zu schätzen! Weißt du die Opfer, die andere für dich bringen, zu schätzen? Bist du bereit, Opfer für andere zu bringen, auch wenn sie dir nicht dafür danken?

Leiden (16-33). Paulus erwähnte seine Leiden nur, um das Evangelium und die Vollmacht seines Dienstes zu verteidigen. Die falschen Lehrer gaben mit ihren Triumphen an, aber Paulus rühmte sich seiner Prüfungen.

> »Der Grundsatz des Opfers ist, dass wir Dinge tun oder erleiden, die wir ohne unsere Liebe nicht tun oder erleiden würden. Wird die Liebe erwidert, ist dieses Opfer die schönste Sache der Welt, und der Himmel ist ein Leben voll freudiger Opfer.
>
> Aber in einer egoistischen Welt muss es schmerzhaft sein, und der Schmerz ist die Quelle des Sieges.«
>
> William Temple

2. Korinther 12

Erlaubnis. So wie Gott dem Teufel erlaubte, Hiob (Hi 1–2) und Petrus (Lk 22,31-34) zu prüfen, gestattete er es ihm auch, Paulus anzugreifen. Gott wollte, dass Paulus demütig bleibt nach seinem aufregenden Aufenthalt im Himmel. Nach dem liebevollen Willen Gottes hat Leiden eine Absicht, die auf keine andere Weise erreicht werden kann. Akzeptiere es, und es wird zu einem himmlischen Segen; kämpfe dagegen an, und es wird zu einer schweren Last.

Gebet. Wie unser Herr in Gethsemane (Mt 26,44) betete Paulus dreimal zu Gott um Befreiung, aber der Herr erhörte sein Gebet nicht so, wie Paulus es wünschte. *Allerdings kam Gott seinen Bedürfnissen entgegen* und gab seinem Diener die Gnade, die er brauchte. Paulus machte nicht nur das Beste, er machte auch das *meiste* daraus! Die Gnade kann das für dich tun.

Verwirrung. Paulus war mehr um die Sünden der Gläubigen besorgt als um seine eigenen körperlichen Probleme. Wie ein liebender Vater wollte er nach Korinth kommen und sich an seinen geliebten Kindern erfreuen, aber sie zwangen ihn, sie zu züchtigen. Doch auch Zucht ist ein Beweis von Liebe (Hebr 12).

> *»Wir müssen unsere Beurteilung von den Menschen weniger von ihren Leistungen und ihrem Versagen abhängig machen als mehr von ihren Leiden.«*
> Dietrich Bonhoeffer

2. Korinther 13

Als Paulus seine Reise nach Korinth plante, stellte er sich die unterschiedlichen Menschen vor, die er dort antreffen würde.

Die Ungehorsamen (1-4). Warum sollten Kinder Gottes ihrem Vater ungehorsam sein (12,20) und Paulus Probleme und dem Herrn Kummer bereiten wollen, ganz zu schweigen von den Problemen für ihre eigene Gemeinde? Um ungehorsame Kinder muss man sich kümmern und Paulus beabsichtigte, ihnen ein treuer und liebevoller Vater zu sein.

Die Unbewährten (5-10). Manche Leute in der Gemeinde waren gar nicht wiedergeboren und verursachten deshalb Probleme. Paulus bittet uns, unsere Herzen zu prüfen, um sicher zu gehen, dass wir im Glauben sind.

Die Hingegebenen (11-13). Dies sind die wahren Brüder und Schwestern im Herrn, die Abgesonderten (die Heiligen), die Menschen, die einander lieben und sich für den Frieden und die Reinheit der Gemeinde einsetzen. Das sind die reifen Gläubigen in der Gemeinschaft, die geistliches Wachstum fördern.

Zu welcher Gruppe gehörst du?

Lösungen
Jedes Problem einer örtlichen Gemeinde kann gelöst werden, wenn die Gläubigen demütig und ehrlich sind und sich auf die in 2. Korinther 13,13 enthaltenen, geistlichen Mittel stützen. Machst du Gebrauch von diesen Schätzen? Bist du ein Teil des Problems oder ein Teil der Lösung?

Galater

In die Gemeinden, die Paulus in der römischen Provinz Galatien gründete (Apg 13–14), waren falsche Lehrer eingedrungen wie jene, die Paulus auf dem Konzil in Jerusalem widerlegte (Apg 15). Wir nennen diese Leute *Judaisten*, weil sie versuchten, Christen unter das mosaische Gesetz zu versklaven.

Paulus schrieb diesen Brief, um Gottes Gnade in der Errettung zu preisen und um die Freiheit der Kinder Gottes zu entfalten, die diese Gnade mit sich bringt (Gal 5,1). Paulus beginnt mit einer *persönlichen Erklärung* (Kap. 1–2), wie Gott ihn durch den Glauben an Jesus Christus aus der Sklaverei befreit hat. Anschließend folgt eine *lehrmäßige Erklärung*, die die Beziehung zwischen Gesetz und Gnade veranschaulicht (Kap. 3–4). Er schließt mit einer *praktischen Anwendung*, die uns zeigt, wie wir uns an der Gnade und Freiheit im täglichen Leben erfreuen können (Kap. 5–6).

Die christliche Freiheit ist die Freiheit, all das zu sein, was du in Jesus Christus werden kannst. Es ist keine Lizenz, alles zu tun, was man will. Die schlimmste Sklaverei, die du erleben kannst, ist, für dich selbst zu leben und dich den Begierden der alten Natur hinzugeben (Röm 6). »Wir haben die Freiheit, Gutes oder Böses zu tun«, schrieb Franz von Sales, »wenn wir uns aber für das Böse entscheiden, machen wir nicht Gebrauch von unserer Freiheit, sondern missbrauchen sie.« Christus hat uns nicht befreit, damit wir für uns selbst leben, sondern damit wir ihm gehören - ihm allein.

Galater 1

Für Paulus war das Evangelium viel mehr als eine Botschaft, die er predigte, es war ein Wunder, das er erlebt hatte (V. 1-5). Das Evangelium ist »*Gottes Kraft zum Heil*« (Röm 1,16) und bringt Freiheit. Christus starb, »*damit er uns herausrette*« (V. 4; SCHLACH-

TER 2000). Als Paulus sein Leben Jesus Christus übergab, wurde er ein freier Mann. Die Ketten der Sünde und einer gesetzlichen Religion waren zerbrochen!

Aber das Evangelium war auch ein Schatz, über den Paulus wachte (V. 6-17). Paulus hatte das Evangelium nicht erfunden oder es von anderen erfahren; Gott hatte es ihm gegeben (1Kor 15,1-11). *Es gibt kein anderes Evangelium.* Dieser Botschaft etwas hinzuzufügen, ihr etwas wegzunehmen oder gegen eine andere Botschaft auszutauschen, bedeutet, sie zu zerstören. Daher verwundert es nicht, dass Paulus diejenigen angriff, die das Evangelium angriffen. Wenn du das Evangelium verlierst, verlierst du alles.

Das Evangelium ist ein Band, das die Glieder des Volkes Gottes miteinander verbindet (V. 18-24). Aus Saulus, dem Feind, wurde Paulus, der Bruder. Er konnte Gemeinschaft mit Menschen haben, die er zuvor verfolgt hatte. In Bezug auf nebensächliche Auslegungs- oder Organisationsfragen sind Christen vielleicht nicht immer einer Meinung, aber hinsichtlich der Botschaft des Evangeliums sind sie sich einig.

> »Das Evangelium ist weder eine Diskussion noch eine Debatte. Es ist eine Verkündigung.«
> Paul S. Rees

Galater 2

Der Läufer (1-5). Paulus betrachtete sich als Läufer in einem Rennen, und er war sich gewiss, dass er in der richtigen Bahn und für das richtige Ziel lief. Die Judaisten versuchten, die Gemeinde zu versklaven und sie auf einen Umweg zu führen (5,7; Apg 15).

Der Verwalter (6-10). Gott hat das Evangelium seinem Volk anvertraut, und wir müssen darüber wachen und es anderen weitergeben. Gott sucht nicht nach berühmten Persönlichkeiten, er sucht nach treuen Verwaltern (1Kor 4,1-2).

Der Wächter (11-13). Paulus fürchtete sich nicht, dem Apostel Petrus entgegenzutreten, als dieser sich von der Wahrheit des Evangeliums entfernte. »Ständige Wachsamkeit ist der Preis der Freiheit!«, sagte Wendell Phillips, und das gilt auch für unsere geistliche Freiheit.

Der Zerstörer (14-21). Jesus machte das Gesetz zunichte, indem er es erfüllte (Mt 5,17-20). Sein Tod riss den Tempelvorhang entzwei (Lk 23,44-45) und nahm die Wand zwischen Juden und Nationen weg (Eph 2,14-18). Wenn wir nun zu Mose zurückgehen, bauen wir das wieder auf, was Jesus niedergerissen hat, und sagen damit, dass er uns nicht wirklich errettet hat, als wir unser Vertrauen auf ihn setzten.

> »Whitefield und Wesley predigen das Evangelium
> vielleicht besser als ich, aber sie können kein besseres
> Evangelium predigen.«
> Charles H. Spurgeon

Galater 3

Prüfung (1-14). Es ist gut, wenn wir uns prüfen, um sicher zu gehen, dass unsere geistliche Erfahrung echt ist (2Kor 13,5). Wohnt in dir der Heilige Geist (siehe Röm 8,9)? Versuchst du, in der Kraft des Fleisches weiterzuführen, was du im Heiligen Geist begonnen hast (und das ist die einzige Weise, wie wir beginnen können)? Wie Abraham wurdest du durch Glauben errettet; lebst du jetzt wie er im Glauben?

Erklärung (15-25). Die Judaisten wollten, dass die Galater zu Mose zurückgingen, aber das war nicht weit genug. *Wir müssen zu Abraham zurückgehen, wo die Verheißung begann.* Das Gesetz hob die Verheißung nicht auf; es wurde gegeben, um Sünde aufzudecken und dem Kommen Jesu den Weg zu bereiten, damit er die Verheißung erfüllte. Das Gesetz ist ein Zuchtmeister, kein Erlöser; ein Spiegel, der uns nicht reinigen kann.

Ermahnung (26-29). Sei vorsichtig! Ein falsches Evangelium verhindert den Zugang zur Errettung und die Zugehörigkeit zur Familie Gottes, in der alle Gläubigen eins in Christus sind. Du versäumst die geistlichen Schätze, die du als Erbe der Verheißung besitzen kannst. Freust du dich über die Freiheit, die du als Kind Gottes in Christus gewonnen hast?

Galater 4

Bist du ein Kind Gottes durch den Glauben an Jesus Christus? Dann bist du auch ein Erbe, und alle Reichtümer Christi gehören dir (Eph 1,3)! Ein Kind muss warten, bis es reif ist, um das Vermögen der Familie zu erben, aber Gottes Kinder können schon jetzt Anteil an seinem Reichtum haben (Phil 4,19).

Bist du ein Kind Gottes durch den Glauben an Jesus Christus? Dann bist du frei! Ein Kind ist abhängig und muss von Erwachsenen beaufsichtigt werden, aber ein erwachsener Sohn oder eine Tochter genießt Freiheit. Unter dem Gesetz zu leben, heißt, ein Sklave zu sein; Gott möchte, dass seine Kinder ihre Freiheit in Christus genießen.

Bist du ein Kind Gottes durch den Glauben an Jesus Christus? Dann kannst du wie er werden, wenn du seinem Geist gehorsam bist (V. 19; 2Kor 3,18).

Bist du ein Kind Gottes durch den Glauben an Jesus Christus? Dann ist dein Bürgerrecht im Himmel sicher, weil du ein Kind der Verheißung bist (V. 21-31; 1Mo 16). Du bist zur Freiheit geboren!

Freiheit in Christus

Eine Allegorie ist eine bildhafte Darstellung, die Personen und Ereignisse verwendet, um tiefere Lektionen zu vermitteln. John Bunyans *Pilgerreise* ist ein klassisches Beispiel dafür. Paulus benutzte 1. Mose 16, um deine Freiheit in Christus zu veranschaulichen. Hagar ist das Gesetz, während Sara für Gottes Gnade steht. Ismael wurde nach dem Fleisch geboren (deine erste Geburt), während Isaak durch Gottes Macht zur

Welt kam (die neue Geburt). Abraham repräsentiert den Glauben, daher wurde Isaak »*aus Gnade* [Sara] … *durch Glauben* [Abraham]« geboren (Eph 2,8). Die Judaisten wollten Hagar zurückholen, aber sie wurde weggeschickt, weil Gesetz und Gnade nicht nebeneinander existieren können. Wie Hagar war das Gesetz ein Diener mit einer zeitlich begrenzten Aufgabe. Als der Sohn erst einmal gekommen war, war diese Aufgabe erfüllt.

Galater 5

Stehst du in der Freiheit (1)? Deine Freiheit in Christus ist eine kostbare Sache, denn sie hat Jesus das Leben gekostet. In ihm bist du frei; das Joch des Gesetzes wurde weggenommen (Apg 15,6-11).

Fällst du (4)? Aus der Gnade fallen, heißt nicht, seine Errettung zu verlieren. Es bedeutet, sich aus dem Bereich der Gnade herauszubewegen und unter das Gesetz zu kommen. Es bedeutet, eine persönliche Beziehung zum Herrn durch Vorschriften zu ersetzen.

Läufst du den Lauf (7)? Oder haben falsche Lehren dich auf einen Umweg geführt?

Ist dein Leben mit Sauerteig durchzogen (9)? Jesus benutzte Sauerteig als Bild für die Sünde (Mt 16,6-12). Wie Hefe mischen sich Irrlehren unbemerkt unter, wachsen im Verborgenen und wirken sich bald schon auf jeden Bereich deines Lebens aus.

Dienst du anderen (13)? Freiheit bringt die Verantwortung zum Dienen mit sich. Die Liebe motiviert uns, das Gesetz Gottes zu erfüllen (Röm 13,8-14).

Lebst du im Heiligen Geist (16)? Leben, nicht Gesetz, verändert das Verhalten; und wenn du dem Geist Gottes gehorsam bist, äußert sich das Leben Christi in der Frucht des Geistes.

Das Gesetz wirkt von außen durch Zwang, aber die Gnade durch inneres Mitgefühl.

> *»Immer wenn wir sagen: 'Ich glaube an den Heiligen Geist', meinen wir, dass wir an einen lebendigen Gott glauben, der fähig und willig ist, den Menschen von innen zu verändern.«*
>
> J. B. Phillips

Galater 6

Sei demütig gegenüber anderen (1-2). Deine Reaktion auf den Fall eines anderen zeigt, wie es in deinem Leben steht, ob du geistlich bist oder nicht. Stolz macht es dir unmöglich, gefallenen Menschen zu helfen, aber die Demut bringt dir und ihnen Segen.

Sei ehrlich zu dir selbst (3-5). Benutzt du den Fall eines anderen, um besser dazustehen? Oder kennst du dich selbst, nimmst dich, so wie du bist, und versuchst Gott zu gefallen?

Sei dankbar gegenüber deinen Führern (6-10). Wenn du anderen gibst, deren Dienste dich segnen, dann säst du einen Samen, der Frucht bringen wird. Nutzt du deine finanziellen Mittel aber für sündige Zwecke, säst du für dein Fleisch und wirst eine traurige Ernte einfahren.

Betrachte das Kreuz klar und deutlich (11-18). Die Irrlehrer wollten von der Welt gelobt werden, deshalb wichen sie dem Kreuz aus. Aber ein echter Gläubiger rühmt sich des Kreuzes, auch wenn es für ihn die Feindschaft der Welt bedeutet.

Bringe sie in Treue zurecht

Das mit »zurechtbringen« übersetzte Wort in Galater 6,1 bedeutet auch, »einen gebrochenen Knochen wieder zu richten.« Wir müssen behutsam und liebevoll vorgehen, wenn wir einem gefallenen Bruder oder einer Schwester helfen wollen, denn unser Handeln hat Folgen für sie und den Leib Christi.

Epheser

Auf seiner zweiten Missionsreise besuchte Paulus Ephesus und ließ Aquila und Priszilla dort (Apg 18,19-21). Zwei Jahre später kehrte er nach Ephesus zurück, blieb drei Jahre lang und erreichte die ganze Provinz Asien mit dem Evangelium (Apg 19). Einige Jahre später, als Paulus in Rom gefangen war (3,1; 4,1; 6,20), schrieb er diesen Brief an die Gläubigen in Ephesus.

Ein Hauptthema des Epheserbriefes ist, dass Gott in dieser Welt wirkt und in Jesus Christus alle Dinge zusammenfassen will (1,10). In den ersten drei Kapiteln erklärt Paulus das Werk der Errettung (Kap. 1), Auferstehung (2,1-10) und Versöhnung (2,11–3,21). In den Kapiteln 4–6 beschreibt er die Verantwortung der Gläubigen angesichts der großen Absichten Gottes. Besonders zu beachten ist hierbei das Wort *wandeln*.

Ephesus war eine wichtige Stadt und rühmte sich als Hüter des Tempels der Artemis, eines der sieben Weltwunder der Antike. Die Stadt war dem Götzendienst ergeben, was erklärt, warum Paulus so viel über den Kampf gegen den Teufel zu sagen hat (6,10ff.).

Der Brief an die Epheser beschreibt das Gleichgewicht zwischen der Lehre (Kap. 1–3) und dem Leben als Christ (Kap. 4–6), der Souveränität Gottes und der Verantwortung des Menschen. Wir sind Gott nicht gehorsam, damit er uns seine Gnade gibt, sondern als Reaktion auf die Gnade, die wir bereits von ihm empfangen haben.

Epheser 1
Die Errettung kommt von Gott. Der Mensch errettet sich nicht selbst, denn »*bei dem HERRN ist Rettung*« (Jon 2,10). Du empfängst geistliche Segnungen von dem Vater (V. 1-6), dem Sohn (V. 7-12) und dem Heiligen Geist (V. 13-14); und in Jesus Christus findest du alles, was du zum Leben und Dienst brauchst.

Die Errettung ist ganz aus Gnade. Paulus betont diesen Punkt den ganzen Brief hindurch, aber besonders in Kap. 2,1-10. Gnade ist Gottes Gunst gegenüber Menschen, die sie nicht verdienen und auch nicht verdienen können.

Die Errettung ist zur Verherrlichung Gottes. Gott errettet Sünder nicht, um ihre Probleme zu lösen, sondern zu seiner eigenen Herrlichkeit (V. 6.12.14; 3,21). Die Gemeinde wird ihn die ganze Ewigkeit hindurch verherrlichen!

Die Errettung offenbart Gottes Größe (15-23). Bitte Gott, dir deine geistlichen Augen zu öffnen, damit du die Größe seiner Macht erkennst. Jesus lebt und hat jeden Feind besiegt! Du kannst dich auf seine Macht stützen, und er wird jedes Bedürfnis in deinem Leben stillen.

In seinem Willen beten

Die zwei Gebete im Epheserbrief ergänzen einander. Epheser 1,15-23 befasst sich mit dem Wissen, was Gott in Christus für dich getan hat, während Kap. 3,14-21 die Erfahrung seiner Segnungen betont. Das Erste dient der *Erkenntnis* und das Zweite der *Befähigung*. Andere Gebete, die Paulus in Gefangenschaft aufschrieb, finden sich in Philipper 1,9-11 und Kolosser 1,9-12. Du kannst diese Gebete für dich selbst verwenden, und du weißt, dass du im Willen Gottes betest.

Epheser 2

Vom Tod zum Leben. Verlorene Sünder sind nicht bloß kranke Menschen, die Hilfe benötigen, sie sind tot und brauchen Leben. Der Sohn Gottes starb, damit wir durch den Glauben an ihn Leben empfangen (Joh 5,24).

Von der Sklaverei zur Freiheit. Verlorene Sünder sind an die Welt, das Fleisch und den Teufel versklavt (V. 1-3) und können sich nicht selbst befreien. In Christus hast du wahre Freiheit (Joh 12,31-32; Gal 1,4; 5,24). Jetzt wirkt Gott in dir und durch dich, um seine großen Absichten zu verwirklichen (V. 10).

Vom Grab zum Thron. Gott hat dir nicht Leben gegeben, um dich dann auf dem Friedhof zurückzulassen. Er hat dich erhoben, um mit seinem siegreichen Sohn auf einem Thron zu sitzen!

Von der Trennung zur Versöhnung. In Jesus Christus sind die Gläubigen aus den Juden und die aus den Nationen jetzt eins, die Schranke wurde entfernt. Gläubige sind Glieder eines Leibes, Bürger eines heiligen Volkes und lebendige Steine in einem Tempel (1Petr 2,1-10).

All das kommt von Gott, seiner wunderbaren Liebe (V. 4) und seiner Gnade und Güte (V. 7). Kein Wunder, dass Paulus seinen Brief mit einem Lobpreis beginnt (1,3)!

Epheser 3

Eine Absicht. »*Deswegen*« (V. 1.14) bezieht sich auf Paulus' Worte am Ende des zweiten Kapitels, den Aufbau der Gemeinde. Diese Absicht stand hinter seinen Gebeten und seinem Dienst. Jesus sagte: »*Ich werde meine Gemeinde bauen*« (Mt 16,18), aber er benutzt Menschen dazu. Ist der Aufbau der Gemeinde deine Motivation für Gebet und Dienst?

Ein Einschub. Das Wort *Nationen* (V. 1) brachte Paulus ins Gefängnis (Apg 22,21). Gott gab ihm den besonderen Auftrag, die Nationen zu evangelisieren und sowohl den Juden als auch den Nationen Gottes »*Geheimnis*« (V. 3) in Christus zu erklären, da die Gläubigen aus den Juden und die aus den Nationen eins sind und dieselben geistlichen Reichtümer teilen. Durch den Bau seiner Gemeinde in dieser Welt fügt Gott die Dinge zusammen. Hilfst du ihm dabei?

Ein Gebet. Dieses Gebet soll unsere geistliche Vision fördern, damit wir die Größe der Liebe und Macht Gottes erkennen und erfassen. Gott will, dass »*der ganze Bau*« (2,21), »*jede Familie*« (3,15; UELB), »*der ganze Leib*« (4,16) und »*alle Heiligen*« (3,18) dein

Anliegen sind. Ist eine beengte Sicht für Oberflächlichkeit und Schwachheit in deinem Leben verantwortlich?

Epheser 4

Wir »*geben dem Teufel keinen Raum*« (V. 27), wenn wir jede Sünde in unserem Leben bekennen. So findet er keinen Anknüpfungspunkt in uns. Hier werden einige Sünden angesprochen, die wir vermeiden sollen.

Uneinigkeit (1-13). Gläubige sind »*alle ... einer in Christus Jesus*« (Gal 3,28), aber wir müssen uns bemühen, diese geistliche Einheit in unserem täglichen Leben sichtbar zu machen. Der Teufel benutzt Menschen, die gerne ihren eigenen Weg gehen.

Unreife (14-16). Die geistliche Geburt muss zu geistlichem Wachstum führen, damit wir Jesus Christus ähnlicher werden (1Petr 1,22–2,3). Wenn wir in Christus reifer werden, wird das daran sichtbar, dass wir in der Lage sind, die Wahrheit in Liebe zu reden. Der Teufel ist ein Lügner und Mörder (Joh 8,44), aber er hat keinen Erfolg, wenn Gläubige in Wahrheit und Liebe miteinander leben.

Unreinheit (17-32). Du bist von deinem alten Leben befreit worden, warum solltest du diese alten Sünden jetzt noch begehen? Alles Böse aus dem alten Leben, das mit in das neue hineingenommen wird, bildet einen Brückenkopf für den Teufel. Paulus nennt Dinge wie Lügen, Temperamentsausbrüche, Stehlen, schlechtes Reden, Bitterkeit und eine unversöhnliche Haltung. Diese Sünden laden den Teufel in dein Leben ein, und sie verletzen dich, schaden der Gemeinde und betrüben den Geist Gottes. Ist es das wert?

Epheser 5

Indem er uns zu einem gottesfürchtigen Leben ermutigt, führt Paulus uns zum *Tempel* (V. 1-7) und erinnert uns an das Opfer, das Jesus für uns gebracht hat. Wenn wir Liebe praktizieren, wird unser Leben ein lebendiges Opfer (Röm 12,1-2; Phil 2,17) und ein duftender Wohlgeruch für den Herrn (Joh 12,1-8). Sünde ist hässlich und stinkend für Gott (Jes 3,24).

Anschließend wechselt Paulus zum *Feld* (V. 8-14) und erinnert uns, dass ein Leben im Licht geistliche Frucht hervorbringt (Gal 5,22-23). Wenn wir im Licht leben, können wir keine Gemeinschaft mit der Finsternis haben (2Kor 6,14-18).

Er nimmt uns mit zum *Markt* (V. 15-17) und ermahnt uns, uns wie gute Händler zu verhalten, die wissen, wie man eine Gelegenheit nutzt. Wenn du weise lebst, nutzt du deine Zeit gut aus.

Dann folgen wir ihm in die *Festhalle* (V. 18-21), wo wir lernen, im Heiligen Geist zu leben (Gal 5,16-26) und freudig, dankbar und demütig gegeneinander zu sein.

Als Letztes besucht Paulus unser *Zuhause* (V. 22-33), wo er die Ehe als ein Bild der Beziehung zwischen Christus und der Gemeinde gebraucht. Christus *liebte* uns und starb für uns, heute *liebt* und sorgt er für uns. Dieses vertraute Leben wird im Hohelied veranschaulicht und kann für alle, die ihm ihr Leben geben, Wirklichkeit werden.

Unter dem Einfluss des Heiligen Geistes

»Erfüllt werden mit«, bedeutet, »beherrscht werden von« (Lk 4,28; 5,26). Zu Pfingsten wurden die Gläubigen mit dem Heiligen Geist erfüllt, und man sagte ihnen nach, sie seien betrunken (Apg 2,13). So wie ein Betrunkener unter dem Einfluss von Alkohol steht, sollten Gläubige vom Heiligen Geist beherrscht werden. Allerdings gibt es wichtige Unterschiede. Der Betrunkene verliert seine Selbstkontrolle, aber der Heilige Geist schenkt sie dem Gläubigen (Gal 5,23). Der Betrunkene hat eine aufgesetzte Fröhlichkeit, die nicht anhält, während der vom Geist Gottes erfüllte Gläubige eine tiefe Freude im Herrn besitzt. Betrunkene Menschen machen dumme Dinge, die andere verletzen und sie in Verlegenheit bringen. Doch der geisterfüllte Gläubige hilft anderen und lebt zur Ehre Gottes.

Epheser 6

Geisterfüllte Christen zeigen Christusähnlichkeit zu Hause (V. 1-4), am Arbeitsplatz (V. 5-9) und im geistlichen Kampf (V. 10-20). Wenn wir nicht lernen, zu Hause gehorsam zu sein, werden wir wahrscheinlich auch bei der Arbeit oder im Dienst für den Herrn ungehorsam sein. Wenn wir nicht gelernt haben, Anweisungen *anzunehmen*, werden wir auch kaum anderen erfolgreich Anweisungen *geben* können, weder als Eltern noch als Arbeitgeber.

Zu Hause besteht die Gefahr, dass Eltern *autoritär* sind, aber keine liebevolle, *geistliche Autorität* ausüben. Am Arbeitsplatz kann es sein, dass der Arbeitnehmer ständig auf die Uhr schaut und nicht von Herzen gehorsam ist; der Chef könnte vergessen, dass er nur der Zweite in der Autoritätskette ist und eines Tages dem Herrn Rechenschaft geben muss.

Im geistlichen Kampf besteht die Gefahr, dass wir den Feind nicht ernst nehmen und deshalb nicht die ganze Waffenrüstung anlegen. Am Anfang eines jeden Tages ziehst du im Glauben die Rüstung unter Gebet an. Unterschätze nie die Strategie und Stärke des Teufels.

> **»Steh auf, steh auf für Jesus«**
> *»Steh auf, steh auf für Jesus,*
> *Stehe in seiner Kraft allein;*
> *Der Arm aus Fleisch wird dich im Stich lassen,*
> *Du wagst es nicht, auf dich selbst zu vertrauen.*
> *Lege an die Rüstung des Evangeliums,*
> *Jedes Teil ziehe an unter Gebet;*
> *Wo die Pflicht ruft oder Gefahr droht,*
> *Sei niemals ohne dort.«*
> George Duffield

Philipper

Gegründet auf Paulus' zweiter Missionsreise (Apg 16), war die Gemeinde in Philippi eine wahre Freude für ihn. Als die Philipper hörten, dass Paulus in Rom gefangen war, sandten sie ihm eine besondere Liebesgabe, und in diesem Brief dankte Paulus ihnen dafür. Außerdem erklärte er, warum Epaphroditus, sein Bote, sich verspätete. Er nutzte die Gelegenheit auch, um die Gläubigen zu ermutigen, gemeinsam an der Einheit der Gemeinde zu arbeiten.

Das vorrangige Thema des Briefes ist jedoch Jesus Christus und der Dienst am Evangelium. Christus ist sowohl die Botschaft unseres Dienstes (Kap. 1) als auch Vorbild (Kap. 2), Motivation (Kap. 3) und Mittel (Kap. 4). Das Thema Freude zieht sich ebenfalls durch den ganzen Brief. Trotz seiner schwierigen Lebensumstände freute sich Paulus im Herrn und bat seine Leser eindringlich, sich auch zu freuen. Schließlich ist die Freude am Herrn die Stärke eines dienenden Christen (Neh 8,10).

Philipper 1

Paulus schrieb: »*Denn das Leben ist für mich Christus*« (V. 21). Aber er schrieb es nicht nur, er lebte es auch. Jesus Christus wird in diesem Kapitel 18 Mal erwähnt und mit vielen Aspekten im Leben von Paulus in Verbindung gebracht.

Seine Freunde (1-11). Paulus liebte die Heiligen in Philippi; er dachte an sie, betete für sie und sehnte sich danach, sie zu sehen. Christus machte diese Gemeinschaft möglich.

Seine Lebensumstände (12-18). Er war ein Gefangener, nicht von Rom, sondern von Jesus Christus, und seine Fesseln waren »*in Christus*« (V. 13). Paulus hielt sich an Römer 8,28 – und es funktionierte! Denkst du zuerst an Jesus, wenn du dich in schwierigen Umständen befindest?

Seine Zukunft (19-26). Paulus' Leben war in Gefahr. Würde er den Prozess verlieren, könnte man ihn als Feind Roms töten. Aber wenn Christus dein Leben ist, ist der Tod nicht dein Feind; und du hast die Zusicherung, bei Christus zu sein, wenn das Leben zu Ende ist.

Seine Feinde (27-30). Wenn du leidest, leidest du um Jesu willen; und du brauchst deine Feinde nicht zu fürchten. Das Entscheidende ist, dass das Volk Gottes in Christus zusammensteht und sich gegen den Feind stellt, nicht gegeneinander!

Lebendig für Christus

»Das Leben ist, für wen wir leben«, schrieb Maltbie Babcock. Sportfreunde mögen vielleicht müde sein, aber wenn sie von einem sportlichen Ereignis hören, werden sie lebendig und wollen es sehen. Hungrige Menschen werden lebendig, wenn sie das Wort Essen hören, und leidenschaftliche Käufer, wenn ein Schlussverkauf ansteht. So sind Christen lebendig für alles, was mit Jesus Christus zu tun hat, denn Christus ist ihr Leben.

Philipper 2

Auf andere achten (1-11). Jesus ist das Vorbild für das Leben und den Dienst eines Christen, weil er zuerst an andere und nicht an sich selbst dachte. Achtest du auf die Interessen anderer, oder denkst du nur an dich selbst? Hast du so wie Jesus Christus die Haltung eines Dieners und bist bereit, Opfer für andere zu bringen? Gibst du dich selbst, um anderen ein erfülltes Leben zu ermöglichen?

Gott wirkt durch dich (12-16). Wenn du dich dem Herrn übergibst, wirkt er in dir und durch dich. Auf diese Weise erfüllst du seinen Plan in deinem Leben (Eph 2,10). Gott kann nicht *durch* dich leuchten, wenn er nicht vorher *in* dir wirkt. Lass ihn wirken! Du bist ein Licht im Dunkel, ein Läufer, der das lebendige Wort in eine tote Welt bringt.

Sich für andere hingeben (17-30). Hier finden wir das Bild des Trankopfers, das auf dem Altar vergossen wurde (4Mo 15,1-10). Paulus war bereit, sein Leben *freudig* für den Herrn und die Gemeinde zu geben. Timotheus und Epaphroditus hatten in Bezug auf Dienst und Opferbereitschaft dieselbe Einstellung und gaben sich für andere hin.

> »Früher dachte ich, Gottes Gaben befänden sich auf
> übereinander angeordneten Regalen, und je mehr unser
> christlicher Charakter wachsen würde, umso leichter
> könnten wir sie erreichen. Heute aber habe ich
> herausgefunden, dass Gottes Gaben auf untereinander
> angeordneten Regalen liegen und es keine Frage ist,
> wie groß wir gewachsen sind,
> sondern wie tief wir uns bücken.«
>
> F. B. Meyer

Philipper 3

Freuen (1). Wenn du dich auch nicht immer über deine Lebensumstände freuen kannst, so kannst du dich doch stets im Herrn freuen, der deine Umstände in der Hand hat. Richte deine Aufmerksamkeit auf ihn. Vielleicht verändert er nicht deine Situation, aber er wird dich verändern, und das ist noch viel besser.

Gewinnen (2-11). Was ist dir wichtig? Meinst du, du hast Opfer in der Nachfolge des Herrn gebracht? Paulus hatte nicht den Eindruck, er habe irgendetwas Wertvolles verloren, weil er dem Herrn vertraute. Vielmehr hat er alles gewonnen, was Wert besitzt.

Laufen (12-16). Christen sind wie Läufer, die nicht um sich schauen oder nach hinten, sondern ihre Augen während des Laufs auf das Ziel richten. Auf vergangene Erfolge oder Misserfolge zurückzublicken, oder auf andere zu sehen, um festzustellen, was sie machen oder sagen, bedeutet, die Niederlage herauszufordern. Beachte Hebräer 12,1-2.

Weinen (17-19). In einem der Freude gewidmeten Brief werden hier das einzige Mal Tränen erwähnt. Paulus weinte über bekennende Christen, die nur lebten, um sich selbst zu gefallen. Statt die Gesinnung Christi zu haben, dachten sie wie die Welt, und diese Menschen sind auch heute unter uns.

Aufblicken (20-21). Paulus sah nach oben und wartete auf die Wiederkunft des Herrn. Christus hatte sich um Paulus' Vergangenheit gekümmert (V. 13), und er würde sich auch um seine Zukunft kümmern. Bezüglich der Gegenwart wusste Paulus, dass »*er vermag*« (V. 21).

Philipper 4

Die Botschaft unseres Dienstes ist das Evangelium Christi (Kap. 1). Das Vorbild für unseren Dienst ist das Beispiel Christi (Kap. 2). Die Motivation für unseren Dienst ist der Lohn Christi (Kap. 3). Die Mittel zu unserem Dienst sind das, was Christus uns gibt (Kap. 4).

Er schenkt Einheit, wenn wir mit unseren Mitchristen nicht einer Meinung sind (V. 1-5), und Frieden, wenn wir dazu neigen, uns Sorgen zu machen (V. 6-9). Wenn wir so beten und denken, wie wir es sollten, wird der Friede Gottes uns beschützen, und der Gott des Friedens wird mit uns sein.

Er gibt die Kraft, die wir zum Leben und Dienen benötigen (V. 10-13), und er sorgt auch für unsere materiellen Bedürfnisse (V. 14-20). Hinter Paulus stand keine reiche Organisation, die ihn unterstützte. Aber er hatte einen großen Gott, der ihm großzügige Freunde zur Seite stellte, die sich um seine Bedürfnisse kümmerten. Paulus betrachtete ihre Gabe als ein wohlduftendes Opfer für den Herrn (V. 18), und er freute sich im Herrn darüber, was sie taten.

Schöpfe dein Potential aus

Charles W. Koller sagte, dass du durch Christus sein kannst, was du sein solltest (Phil 4,11), tun kannst, was du tun solltest (V. 13), und haben kannst, was du haben solltest (V. 19) – alles zur Ehre Gottes.

Kolosser

Epaphras, der sich unter Paulus' Dienst bekehrt hatte, gründete die Gemeinde in Kolossä (1,7; 4,12-13), die Paulus nie persönlich besuchte (2,1). Während er in Rom gefangen war, hörte Paulus, dass falsche Lehrer in die Gemeinde gekommen waren. So schrieb er diesen Brief, um die Gläubigen zu warnen und im Glauben zu festigen.

Das Hauptthema ist die überragende Bedeutung Jesu Christi (1,18), da die falschen Lehrer Christus als eine von mehreren Ausdrucksformen Gottes darstellten. Sie vermischten die christliche Wahrheit mit ihren jüdisch-gesetzlichen Lehren und mit orientalischem Mystizismus. Der Kolosserbrief ist die perfekte Antwort auf die sogenannte Esoterik-Bewegung von heute. Paulus bestätigt in diesem Brief, dass die Gläubigen in Jesus Christus vollkommen sind und ihnen die Fülle Gottes zur Verfügung steht (2,9-10).

Die beiden ersten lehrmäßigen Kapitel stellen Jesus Christus als den überragenden Schöpfer, Erlöser und Herrn dar. Die Kapitel 3–4 sind auf die Praxis ausgerichtet und zeigen, wie der Gläubige die überragende Stellung Christi im täglichen Leben zum Ausdruck bringt. Da die Briefe an die Epheser und Kolosser in etwa zur gleichen Zeit geschrieben wurden, wirst du Parallelen feststellen. Während der Epheserbrief mehr den Leib (die Gemeinde) betont, konzentriert sich der Kolosserbrief auf das Haupt des Leibes (Jesus Christus). Die beiden Briefe ergänzen einander.

Kolosser 1

Die vor dir liegende Hoffnung (1-12). Diese Menschen der Gemeinde in Kolossä waren auf dem Weg in den Himmel! Sie hatten das Wort gehört und dem Erlöser geglaubt, und sie hatten ihren Glauben durch ihre Liebe zu Gott und dem Volk Gottes bestätigt. Gott hatte sie »*fähig gemacht*« (V. 12); sie hatten sich nicht selbst errettet.

Die Hoffnung unter dir (13-23). Hoffnung ist eine Grundlage, auf der du stehst, wenn alles um dich herum wankt. Die Stadt Kolossä lag in einem Erdbebengebiet, deshalb hatten Paulus' Worte eine besondere Bedeutung für sie (V. 23). Die falschen Lehrer wollten, dass die Gläubigen ihre Grundlage wechselten, aber Paulus wies die Gemeinde auf Jesus Christus hin: Erlöser (V. 13-14), ewiger Gott (V. 15), Schöpfer (V. 16-17) und Haupt der Gemeinde (V. 18). Was für eine vollkommene Grundlage für deine Hoffnung!

Die Hoffnung in dir (24-29). Der Himmel ist mehr als ein Ziel: Er ist eine Motivation, da Christus dort lebt. Er ist eine lebendige Hoffnung (1Petr 1,3), die Auswirkung auf unser tägliches Denken und Handeln hat. Da Christus in uns ist, brauchen wir uns nicht vor dem fürchten, was vor uns liegt.

Der Erstgeborene

»*Der Erstgeborene aller Schöpfung*« (Kol 1,15) bedeutet nicht, dass Jesus ein erschaffenes Wesen war und nicht ewiger Gott. Ebenso wenig meint »*der Erstgeborene aus den Toten*« (V.18), dass er der Erste war, der aus den Toten auferweckt wurde. *Erstgeborener* ist ein Ausdruck der Ehre und bedeutet »der Höchste, der Erste in Bezug auf Stellung und Bedeutung«. Jesus war vor aller Schöpfung (Joh 1,1-3) und ist der Höchste in der Schöpfung. Er ist der Höchste von allen, die aus den Toten auferweckt wurden (Offb 1,17-18).

Dankbarkeit

Im Kolosserbrief wird die Dankbarkeit besonders betont (1,3.12; 2,7; 3,17; 4,2). Je mehr wir erkennen, wie herrlich Jesus ist, umso dankbarer werden wir gegenüber Gott für ihn und seine Segnungen.

Kolosser 2

Paulus sagte den Kolossern, sie sollten nie einer Person erlauben, zwischen sie und Jesus zu treten, denn in ihm sind »*alle Schätze der Weisheit und Erkenntnis*« (V. 3) und »*die ganze Fülle der Gottheit*« (V. 9), und in ihm sind wir »*zur Fülle gebracht*« (V. 10). Warum sollten wir einen Ersatz akzeptieren?

Lass dich von niemandem verführen (4). Religiöse Systeme scheinen so verlockend, und ihre Führungspersonen sind so überzeugend. Doch wenn du dich ihnen anschließt, tauschst du die Ideen der Menschen gegen Gottes Wahrheit ein.

Lass dich von niemandem betrügen (8). Hier finden wir das Übel menschlicher Philosophien und Überlieferungen, die ihren Reiz auf die Welt ausüben, aber vom Herrn abgelehnt werden. Wenn du die ganze Fülle in Christus hast, warum solltest du dann auf die leeren Philosophien der Menschen zurückgreifen?

Lass dich von niemandem richten (16). Gesetzlichkeit ist hier das Problem (V. 21). Sie raubt dir deine Freiheit in Christus und lässt dich nach religiösen Vorschriften leben statt durch Gottes Gnade.

Lass dich nicht berauben (18). Hier wird der religiöse Mystizismus angesprochen, der die geistliche Nahrung, die wir von Christus erhalten, durch leere (aber aufregende) religiöse Erfahrungen ersetzt.

In Christus hast du alles, was du brauchst. Hüte dich, es gegen irgendetwas einzutauschen!

> »*Die größte Philosophie, die jemals hervorgebracht wurde, kommt nicht annähernd an die unendlich tiefgründigen Aussagen unseres Herrn heran, z.B.: ›Lernt von mir, denn ich bin sanftmütig und von Herzen demütig.‹*«
> Oswald Chambers

Kolosser 3

Nachdem er die lehrmäßige Grundlage gelegt hatte, kommt Paulus nun zur persönlichen Anwendung, denn die Wahrheit ist etwas, das man nicht nur *lernen*, sondern auch *leben* muss.

Gestorben (1-7). In Christus bist du dem alten Leben gestorben und zum neuen Leben auferweckt worden (Röm 6,1-14; Eph 2,1-10). Deshalb musst du das neue Leben in den Blickpunkt rücken. Richte deine Gedanken darauf aus, und bringe all das zum Ausdruck, was du in Christus hast.

Ablegen (8-9). Wie Lazarus (Joh 11,44) musst du die Grabeskleidung ablegen, die zum alten Leben gehört. Lege im Glauben die alten Sünden ab, die dich binden. Christus hat dich frei gemacht.

Anziehen (10-25). Gott möchte, dass du die Gnaden- und nicht die Grabeskleidung trägst! Wenn du himmlische Dinge in den Mittelpunkt stellst, wirst du Gott in irdischen Dingen gehorsam sein, vor allem in deinen Beziehungen zu anderen.

Erfüllt mit dem Wort

Kolosser 3,16–4,1 ähnelt Epheser 5,18–6,9, mit der Ausnahme, dass die Betonung hier auf dem Erfülltsein mit dem Wort Gottes liegt. Wenn das Wort dein Leben kontrolliert, wirst du freudig (3,16), dankbar (3,17) und gehorsam (3,18–4,1) sein. Das sind dieselben Merkmale eines mit dem Heiligen Geist erfüllten Christen, wie sie in Epheser 5,18–6,9 beschrieben werden. Mit dem Geist Gottes erfüllt zu sein, bedeutet, vom Wort Gottes kontrolliert zu werden.

Kolosser 4

Beten (2-4.12-13). Gebet erfordert den Willen zum Durchhalten, einen wachsamen Geist und ein dankbares Herz. Unsere Bitten sollten zielgerichtet ·sein und sich auf den Dienst des Wortes beziehen. Paulus bat nicht um eine geöffnete Gefängnistür, sondern um eine offene Tür für den Dienst (1Kor 16,9; 2Kor 2,12; Offb 3,7-8).

Zeugnis geben (5-6). Die Unerretteten stehen außerhalb der Familie Gottes, und es ist unsere Aufgabe, sie hineinzuführen. Ein effektives Zeugnis verlangt eine weise Lebensführung, ein waches Auge für jede Gelegenheit und einen vorsichtigen Umgang mit unseren Worten (1Petr 3,15-17).

Informieren (7-9). Paulus zögerte nicht, anderen seine Bedürfnisse mitzuteilen, da er von ihrer Gebetsunterstützung abhängig war (Röm 15,30; Eph 6,19; Phil 1,19; 1Thes 5,25; Phim 22). Betest du für christliche Führungspersonen, die an wichtigen Stellen dienen? Sie brauchen es!

Dienen (10-18). Paulus nennt sechs Männer, die an seiner Seite arbeiteten und ihn im Herrn ermutigten. Selbst ein Apostel kann die Arbeit nicht allein tun, und so war er dankbar für die Gläubigen, die in Kolossä treu ihren Dienst taten!

Diener des Herrn

Jahre zuvor hatte Paulus sich geweigert, mit Johannes Markus zu dienen (Apg 15,36-41), weil Markus die Arbeit verlassen hatte (Apg 13,5-13). Jetzt aber waren Paulus und Johannes Markus Freunde und Mitarbeiter. Lukas gehörte zu Paulus' Team seit ihrem Dienst in Philippi (Apg 16,10). Leider verließ Demas Paulus und den Herrn (Phim 1,24; 2Tim 4,10). Betest du für die Männer und Frauen, die zusammen mit christlichen Führungspersonen dienen, dass sie dem Herrn treu sind?

Die Briefe an die Thessalonicher

Apostelgeschichte 17,1-15 berichtet von der Gründung der Gemeinde in Thessalonich. Paulus diente dort kurze Zeit, möglicherweise nur einen Monat. Aber der Herr tat ein großes Werk, und das Zeugnis der Gemeinde war weit und breit bekannt.

Paulus musste die Stadt verlassen und konnte nicht wieder zurückkommen. Deshalb sandte er Timotheus, um nach dem Rechten zu sehen. Den ersten Brief schrieb Paulus in Korinth (Apg 18,5) als Reaktion auf Timotheus' Bericht (3,6). Er wollte die Gläubigen in ihrem Leben mit Christus bestärken und ihnen seine Liebe und Anteilnahme zusichern.

Der zweite Brief wurde ein paar Monate später geschrieben, um der Gemeinde Mut zu machen, mitten in Verfolgung standhaft zu bleiben. Einige dachten »*der Tag des Herrn*« wäre gekommen, deshalb sprach Paulus auch dieses Thema an. Beide Briefe betonen das Kommen Jesu und die praktischen Auswirkungen, die das auf unser Leben haben sollte.

1. Thessalonicher

1. Thessalonicher 1

So wie Paulus die Gläubigen in Thessalonich beschreibt, könnte man annehmen, dass sie eine ideale Gemeinde darstellen. Stell dir folgende Fragen:

Sind andere dankbar für mich (1-4)? Paulus war dankbar für ihren Glauben, ihre Hoffnung und ihre Liebe, und dass diese christlichen Merkmale durch Werk, Bemühung und Ausharren zum Ausdruck kamen. Können andere erkennen, dass wir Gott gehören? Sind sie dankbar für unser geistliches Wachstum?

Die Wiederkunft Jesu

Jedes Kapitel in 1. Thessalonicher endet mit einem Hinweis auf die Wiederkunft Jesu Christi; und diese Wahrheit wird auf das tägliche Leben angewandt. Eine eifrige Erwartung seiner Rückkehr ist ein Beweis der Errettung (1,9-10), eine Motivation, Menschen für ihn zu gewinnen (2,17-20), und eine Ermutigung zu einer heiligen Lebensführung (3,11-13). Diese Wahrheit ist ein Trost im Leid (4,18) und ein Ansporn, dem Herrn mehr zu vertrauen (5,23-24).

Ist Gottes Kraft in meinem Leben erkennbar (5-7)? Das ist der Fall, wenn du Gottes Wort im Glauben annimmst und den Geist Gottes in deinem Herzen wirken lässt. Dazu gehören auch, für den Herrn zu leiden und sich von seiner Freude erfüllen zu lassen.

Mache ich es anderen leichter, über Jesus zu reden (8-10)? Manche Gläubige geben ein so schlechtes Beispiel als Christen ab, dass ihr Leben Ungläubigen eine Entschuldigung liefert, Jesus Christus abzulehnen. Aber die Christen in Thessalonich machten es

Paulus leicht, das Evangelium zu predigen! Ihr Zeugnis war ihm vorausgeeilt und begegnete ihm an allen Orten, an die er kam.

1. Thessalonicher 2

Treue (1-6). Paulus' Leiden in Philippi haben ihn möglicherweise zögern lassen, in Thessalonich zu dienen, aber er war ein Verwalter, der dem Herrn treu sein wollte. Seine Botschaft und seine Motive waren rein, und Gott segnete seinen Dienst. Es ist besser, von Gott als bewährt anerkannt zu werden und zu leiden, als die Zustimmung der Menschen zu bekommen und glücklich zu sein. Mache weiter, auch wenn du am liebsten aufgeben würdest (1Kor 4,2).

Sanftheit (7-9). Junge Gläubige brauchen einen geistlichen Vater oder eine geistliche Mutter, die sie im Herrn liebevoll fördern. Paulus' Dienst war durch Liebe motiviert, nicht durch Stolz oder dem Verlangen nach materiellem Gewinn.

Untadeligkeit (10-12). Es ist wichtig, ein gutes Beispiel für junge Gläubige zu sein! Kinder machen das nach, was wir tun, nicht das, was wir sagen. Fördert dein Beispiel als Christ das Wachstum anderer im Glauben?

Eifer (13-16). Diese Leute hatten Hunger nach dem Wort Gottes, und das half ihnen zu wachsen (Jer 15,16; 1Petr 2,2). Als sie Gottes Wort hörten, nahmen sie es bereitwillig auf und setzten es sofort in ihrem Leben um.

Hoffnung (17-20). Paulus hoffte, seine geliebten Freunde wieder besuchen zu können, aber selbst wenn sie sich nicht auf Erden wiedersehen würden so doch beim Kommen des Herrn. Wirst du dich bei der Wiederkunft Jesu über seine Gegenwart freuen, weil du das Leben von Menschen für Christus beeinflusst hast?

1. Thessalonicher 3

Was solltest du tun, wenn Menschen, die du liebst, deine Hilfe brauchen, du aber nicht zu ihnen gehen kannst? Die neuen Gläubigen in Thessalonich brauchten dringend Paulus' Dienst, aber er konnte nicht zu ihnen zurückkehren, um ihnen zu helfen. So tat er, was er konnte.

Als Erstes sandte er Timotheus, um der Gemeinde zu dienen. Wenn du nicht gehen kannst, dann versuche, jemanden zu finden, der qualifiziert ist und an deiner Stelle geht.

Anschließend betete er für sie (V. 10), weil das Gebet nicht auf Zeit und Ort begrenzt ist. Deine Gebete für geliebte Menschen bewirken mehr Gutes, als dir bewusst ist. Also bete weiter!

Paulus ermutigte sie durch mindestens zwei Briefe. Ihm lag weniger an ihrem Trost oder ihrer Sicherheit als vielmehr an ihrem Glauben (V. 2.5-7.10), ihrer Liebe (V. 12) und ihrem Gehorsam gegenüber dem Herrn (V. 13). Du könntest heute vielleicht jemandem, der deine Ermutigung benötigt, eine E-Mail schreiben oder ihn anrufen.

1. Thessalonicher 4

»*Reichlicher zunehmen*« sollte der Wunsch eines hingegebenen Christen sein (V. 1.10).

Mehr Heiligkeit (1-8). Dein Körper gehört Gott, und sein Wille ist, dass du ihn zu heiligen Zwecken gebrauchst. Christus hat deinen Körper erkauft (1Kor 6,18-20), der Heilige Geist wohnt in deinem Körper (V. 8), und der Vater hat dich zu einem heiligen Leben berufen (V. 7). Wenn du ungehorsam bist, wartet eine große Strafe auf dich!

Mehr Liebe (9-10). Der Vater (1Jo 4,19), der Sohn (Joh 13,34) und der Heilige Geist (Röm 5,5) lehren dich zu lieben. Liebe ist ein Kennzeichen eines echten Gläubigen (1Jo 3,14).

Mehr Stille (11-12). Da sie täglich die Wiederkehr des Herrn erwarteten, hatten einige Gläubige ihre Arbeit aufgegeben und waren faul geworden und mischten sich in fremde Angelegenheiten ein (2Thes 3,6-15). Was für ein Zeugnis ist das für die Verlorenen?

Mehr Hoffnung (13-18). Christen trauern, weil Gott auch in ihrem Leben Betrübnis zulässt. Aber es ist nicht die hoffnungslose

Trauer der Welt. Jesus kommt zurück, und das bedeutet ein Wiedersehen mit geliebten Menschen und ewige Freude!

1. Thessalonicher 5

Falscher Frieden (1-11). Der »*Tag des Herrn*« ist die Zeit, wenn Gott seinen Zorn über diese Welt ausgießen wird. Gottes Volk ist vor diesem Zorn errettet worden, daher brauchen die Gläubigen sich keine Sorgen machen (V. 9; 1,10). Aber diese verlorene Welt wird es zu einem Zeitpunkt erwischen, wenn sie sich in Sicherheit wähnt. Um auf das Kommen Jesu vorbereitet zu sein, muss das Volk Gottes nüchtern sein und im Licht leben.

Familienfrieden (12-22). Die örtliche Gemeinde sollte Gottes Frieden widerspiegeln; und das wird sie auch, wenn Gottes Volk auf Autoritäten hört, einander dient und dem Geist Gottes gehorsam ist. In Vers 21 wird das Positive und in Vers 22 das Negative hervorgehoben – beides ist wichtig.

Treuer Frieden (23-28). Heiligkeit und Frieden gehören zusammen (Jes 32,17), denn der Gott, der das Herz beruhigt, reinigt es auch (Jak 3,17). Ein beunruhigtes Herz ist manchmal ein Zeichen für nicht bekannte Sünde. Gott ist treu; lass dir von ihm Reinheit und Frieden in dein Herz schenken.

Den Dienst des Heiligen Geistes schätzen

»*Den Geist löscht nicht aus!*« (1Thes 5,19) ist eine Ermahnung an Christen, sich dem Dienst des Heiligen Geistes nicht zu widersetzen oder ihn abzulehnen. Hier wird das Bild des Feuers verwendet (Jes 34,4; Apg 2,3; Offb 4,5). So wie Feuer Licht, Wärme und Reinigung bringt, erleuchtet, befähigt und reinigt der Geist Gottes sein Volk. Paulus erinnerte Timotheus daran, »*die Gnadengabe Gottes anzufachen*« (2Tim 1,6), was bedeutet, »das Feuer wieder zum Brennen zu bringen.« Lässt du das Feuer auf dem Altar deines Lebens ausgehen (3Mo 6,2.5)?

»Mir ist aufgefallen, dass ein Mann, der voll Heiligen Geistes ist, der Letzte ist, der sich über andere Leute beschwert. Er liebt alle zu sehr. Er liebt sogar eine kalte Gemeinde, und er ist bestrebt, sie aufzuerbauen und mehr Freundlichkeit und Mitgefühl in ihr zu wecken.«

D. L. Moody

2. Thessalonicher

2. Thessalonicher 1

Neben der Verfolgung von außen hatte die Gemeinde es auch mit internen Problemen zu tun. Einige Leute mussten für ihren Glauben große Prüfungen durchstehen. Andere hatten ihre Arbeit aufgegeben und waren nun untätig. Wiederum andere hegten die falsche Vorstellung, dass sie den »*Tag des Herrn*« erlebten. Paulus schrieb diesen Brief, um den Leidenden Mut zu machen (Kap. 1), den Verwirrten Klarheit zu geben (Kap. 2) und die Sorglosen zu warnen (Kap. 3).

In Prüfungszeiten ist dein Glaube entscheidend (V. 3). Gott wird dich durchbringen, vertraue nur seinen Verheißungen. Denke daran, dass andere dich beobachten und du sie ermutigen kannst (V. 4). Vielleicht bist du versucht, selbst etwas zu unternehmen, aber überlasse es besser dem Herrn (V. 5-9).

> »*Kein Schmerz, keine Siegespalme; keine Dornen, kein Thron; keine Bitternis, keine Herrlichkeit; kein Kreuz, keine Krone.*«
> William Penn

Die Verlorenen werden ewig von Gottes Herrlichkeit getrennt sein (V. 9), während die Erlösten den Herrn verherrlichen (V. 10). Bis dahin solltest du dafür sorgen, dass Gott durch dein Leben heute verherrlicht wird (V. 11-12).

2. Thessalonicher 2

Der Teufel möchte die Gläubigen erschüttern und ihnen ihr Vertrauen rauben, und eine seiner wichtigsten Waffen dabei ist Betrug. Jemand behauptete, einen Brief von Paulus zu haben, der besagte, dass der Tag des Herrn schon gekommen sei. Andere sagten, sie hätten Botschaften durch den Heiligen Geist empfangen (1Thes 5,21). Die Gläubigen vergaßen, was Paulus sie gelehrt hatte (V. 5), und ließen sich von den Lügen des Feindes einfangen.

Die »*Zeiten und Zeitpunkte*« des prophetischen Plans Gottes liegen in Gottes Händen (Apg 1,6-8), und er hat alles unter Kontrolle. Hier wird kurz eine Abfolge von Ereignissen beschrieben, um uns zu versichern, dass die Gemeinde zur Errettung und nicht zum Gericht bestimmt ist (V. 13; 1Thes 1,10; 5,9). Der Geist Gottes sorgt in dieser Welt dafür, dass der Plan Gottes eingehalten wird.

Hüte dich vor »Propheten«, die dem widersprechen, was Gott in seinem Wort bereits gesagt hat (V. 15). Wenn du in seinem Wort fest stehst, wirst du nicht auf die Lügen des Teufels hereinfallen. Die unerschütterliche Gnade Gottes lässt die Gläubigen mit Zuversicht, Hoffnung und Trost in die Zukunft blicken (V. 13-17).

2. Thessalonicher 3

Konflikte (1-2). Jeder, der für den Herrn leben möchte, wird sich Feinde machen (2Tim 3,12). Unsere Waffe ist das Gebet, und wir beten dafür, dass das Wort Gottes verbreitet wird (Kol 4,2-3). Nicht jeder in der Gemeinde in Thessalonich war dem Herrn ergeben, aber Paulus bat sie dennoch um ihre Gebete.

> »*Arbeit ist nicht in erster Linie die Sache, die jemand tut, um zu leben, aber durchaus die Sache, für die jemand lebt. Sie ist – oder sollte es zumindest sein – der vollständige Ausdruck der Fähigkeiten eines arbeitenden Menschen, durch den er geistliche, geistige und körperliche Erfüllung findet, und das Mittel, durch das er sich selbst Gott darbietet.*«
>
> Dorothy L. Sayers

Vertrauen (3-5). Gottes Treue zu uns ist die Grundlage für unsere Treue zu ihm. Wenn wir ihn lieben, werden wir sein Wort halten und Prüfungen durchstehen.

Gebot (6-15). Das Wort *Gebot* (V. 4.6.10.12) meint »eine militärische Order«. Einige in der Gemeinde setzten sich darüber hinweg und missachteten die Anordnungen; daher musste Paulus sie ermahnen. Wer nicht arbeiten kann, muss von anderen versorgt werden; aber wer *nicht arbeiten will*, muss gezüchtigt werden. Lass dich vom schlechten Vorbild anderer nicht davon abhalten, ein gutes Vorbild zu sein.

1. Timotheus

Paulus' Prozess in Rom ging zu seinen Gunsten aus, und er wurde freigelassen. Wahrscheinlich ging er nach Kolossä, um Philemon zu besuchen (Phim 22). Den ersten Timotheusbrief schrieb er wahrscheinlich in Kolossä oder in Philippi.

Obwohl er aus einer Mischehe stammte (Apg 16,1), wuchs Timotheus in einem gottesfürchtigen Elternhaus auf (2Tim 1,5; 3,15) und kam durch Paulus' Dienst zum Glauben an Jesus (1Tim 1,2). Paulus nahm ihn in Lystra in sein Team auf (Apg 16,1-3) und machte ihn zu einem seiner wichtigsten Mitarbeiter (Phil 2,19-22). Timotheus wurde schließlich ausgesandt, um der Gemeinde in Ephesus zu dienen (1Tim 1,3).

Der 1. Timotheusbrief ist ein Pastoralbrief, der Gemeindeleitern und Gläubigen sagt, wie sie sich in der örtlichen Gemeinde verhalten sollen (3,15). Paulus spricht über das Predigen der Wahrheit (Kap. 1.4), das Beten (Kap. 2) und das Ernennen von qualifizierten Leitern (Kap. 3). Am Ende des Briefes folgen Ratschläge, wie verschiedenen Leuten in der Gemeinde gedient werden soll (Kap. 5–6).

1. Timotheus 1

Die Arbeit in Ephesus war nicht leicht, und Timotheus wollte eine neue Aufgabe, doch Paulus bat ihn eindringlich, dort zu bleiben und die Arbeit zu tun (1,3). Wenn du das nächste Mal deinen dir zugewiesenen Platz verlassen willst, dann denke über die Argumente nach, die Paulus anführte, damit Timotheus blieb, wo er war.

Um der Arbeit willen (1-11). Wovor Paulus die Ältesten in Ephesus gewarnt hatte, war eingetroffen: Falsche Lehrer waren in die Gemeinde gekommen (Apg 20,28-30). Die Aufgabe eines Gemeindeleiters ist es, die Gläubigen zu warnen und sie die

Wahrheit zu lehren. Hätte er die Herde verlassen, wäre Timotheus ein Mietling und kein Hirte gewesen (Joh 10,12-13).

Um des Herrn willen (12-17). Jesus starb für die Errettung von Sündern, und er lebt, um seine Diener für das Werk des Dienstes auszurüsten und zu befähigen. Derselbe Gott, der Paulus befähigte, konnte auch Timotheus befähigen – ebenso wie uns heute. Gott ist treu!

Um unserer selbst willen (18-20). Gott hatte Timotheus ausgerüstet, berufen und ihm eine ernste Aufgabe übertragen. Ein Kampf lag vor ihm, und er wagte es nicht, davor wegzulaufen. Wenn wir vor der Pflicht fliehen, berauben wir uns selbst der Möglichkeit, zu wachsen, zu dienen und Gott zu verherrlichen.

Wenn der Wind dir entgegen bläst, dann setzte deine Segel in die richtige Richtung und überlasse Christus das Ruder. Andernfalls könntest du Schiffbruch erleiden.

Verantwortung
Jemand definierte *Verantwortung* einmal als »unsere Reaktion auf Gottes Fähigkeit«.

1. Timotheus 2

Was ist der lebensnotwendige Dienst der örtlichen Gemeinde? Paulus zufolge ist es das *Gebet*. Es bewegt die Hand, die die Welt regiert. Wir müssen für die Regierung beten, dass die Türen für den Dienst geöffnet bleiben und Seelen für Christus gewonnen werden. Wenn das Volk Gottes nicht für Menschen in Autoritätspositionen betet, werden durch Kriege Missionsfelder geschlossen, Beamte verwähren die benötigten Visa und das Werk des Herrn leidet.

> »Eine gute Frau ist das Beste auf Erden. Frauen waren die
> Letzten am Kreuz und die Ersten am offenen Grab.
> Die Gemeinde verdankt ihren treuen Frauen viel,
> mehr als sie ermessen kann, ganz zu schweigen von dem,
> was wir den gottesfürchtigen Frauen und Müttern
> in unseren Häusern schulden.«
>
> Vance Havner

Paulus erinnert männliche Christen, dass christliche Frauen wichtig
für den Herrn und für die Arbeit der Gemeinde sind. Das Evangelium
brachte Frauen im Römischen Reich Freiheit, aber einige von
ihnen wussten nicht, wie sie damit umgehen sollten und versuchten
alles, sie durchzusetzen. Deshalb werden sie hier an die
geistliche Leiterschaft der Männer in der Gemeinde erinnert.

Anstand, wahre geistliche Schönheit (1Petr 3,1-6), Gottesfurcht
und gute Werke – das sind die Kennzeichen der Frau, die Gott
segnet.

> »Die Frau in der Gemeinde (ob verheiratet oder
> unverheiratet) und die Ehefrau zu Hause findet ihre
> Erfüllung in williger Unterordnung,
> nicht in widerwilliger Kapitulation.«
>
> Elisabeth Elliot

1. Timotheus 3

Eine Führungsperson im Volk Gottes hat eine ernste Aufgabe, und
niemand sollte ein Amt annehmen, der nicht qualifiziert und
gewillt ist, es zum Wohl der Gemeinde *einzusetzen*.

Aufpassen (1-7). Hier werden die »*Aufseher*« angesprochen,
die der Gemeinde als Älteste dienen (Apg 20,17.28). Gottes Volk
ist Schafen ähnlich; sie brauchen Hirten, die auf sie aufpassen,
sie beschützen und führen. Bete für deine geistlichen Leiter,

damit sie mehr und mehr zu den Menschen werden, die Gott haben will.

Arbeiten (8-13). Die »*Diener*« unterstützen die Ältesten bei ihrer Arbeit in der Gemeinde (Apg 6,1-7). So wie die Ältesten müssen die Diener geistlich qualifiziert und zu Hause ein Vorbild sein.

Anbeten (14-16). Die Gemeinde ist viel mehr als eine Gruppe von gleichgesinnten Menschen, die sich von Zeit zu Zeit treffen. Der lebendige Gott ist in ihrer Mitte (Mt 18,20), und die Wahrheit Gottes ist ihnen anvertraut worden! Sie beten den Sohn Gottes an, der allein des Lobes wert ist! Ja, es ist eine ernste Sache, zu einer örtlichen Gemeinde zu gehören. Nimmst du es auch ernst?

1. Timotheus 4

Gib auf dich acht (1-5). Der Teufel verbreitet falsche Lehren, und seine Diener sind schon in der Gemeinde (2Kor 11,13-15). Gottes Diener müssen die Wahrheit predigen und die Lügen des Teufels bekämpfen. Den Krieg zu erklären, macht uns zwar nicht beliebt, aber es erhält uns treu.

Übe dich in geistlichen Dingen (6-10). Was für weitreichende Folgen würde es haben, wenn Gläubige so viel in ihr geistliches Leben investierten wie in ihre Erholung und ihre Hobbys! Körperliche Bewegung ist wichtig, aber geistliche Übungen sind noch viel entscheidender. Ein siegreicher Athlet und ein effektiver Christ benötigen sowohl Disziplin als auch Hingabe.

Gib dich selbst (11-16). Wir müssen uns wirklich anstrengen, um im Leben als Christ zu wachsen und unseren Dienst für den Herrn erfolgreich auszuüben. Gott möchte unsere rückhaltlose Hingabe, ganz gleich, was es uns kostet. Denke über die Ratschläge nach, die Paulus Timotheus gab, und überlege, wie du sie in deinem Leben umsetzen kannst.

Fortschritte!

Das in 1. Timotheus 4,15 mit »*Fortschritte*« übersetzte Wort bedeutet als »Pionier vorwärts gehen«. Wenn wir mit dem Herrn leben und ihm dienen, müssen wir neues Territorium erobern und dürfen geistlich nicht auf der Stelle treten. Es gilt, neue Wahrheiten zu lernen, neue Kämpfe zu bestehen und neue Siege zu erringen. »Rastlosigkeit ist Unzufriedenheit«, sagte Thomas Alva Edison, »und Unzufriedenheit ist die erste Notwendigkeit des Fortschritts. Zeige mir einen durch und durch zufriedenen Mann, und ich zeige dir einen Versager.«

1. Timotheus 5

Was verursacht Probleme in Gemeinden? Häufig sind es Menschen, die miteinander nicht auskommen. Brüder und Schwestern wohnen nicht immer einträchtig beieinander (Ps 133,1).

Paulus schlägt vor, dass wir andere so behandeln wie unsere eigenen Familienmitglieder (V. 1-2). Wenn sich ältere Leute über etwas beschweren, dann behandle sie so, wie du es bei deinem Vater oder deiner Mutter tun würdest, und nimm jüngere Gläubige wie Brüder und Schwestern an. Du wirst aufgerufen, andere so zu lieben, wie Gott dich liebt.

Nicht jeder, der um Hilfe bittet, sollte sie erhalten (V. 3-16). Mildtätigkeit sollte zu Hause beginnen (V. 4.16), und Gemeindeleiter müssen weise vorgehen, sonst schaffen sie mehr Probleme, als sie lösen.

Manchmal entstehen Schwierigkeiten, weil wir Aussagen glauben, die nicht nachzuprüfen sind (V. 19), oder weil wir parteiisch sind (V. 21), oder weil wir Entscheidungen treffen, bevor wir die Fakten kennen (V. 22). Nicht jeder Gläubige in der Gemeinde hat einen so guten Charakter, wie sein Ruf uns Glauben machen will (V. 24-25). Sei also vorsichtig!

1. Timotheus 6

Achte auf deine Motive (1-2). Sei gehorsam, damit du das Wort nicht in Verruf bringst (V. 1; Tit 2,10) oder respektlos gegenüber Autoritätspersonen bist (V. 2). Nutze nie deine Mitgläubigen aus, sondern tue alles, was du kannst, um ihnen zu helfen.

Achte auf deine Einstellung (3-5). Streitest du gerne über die Bibel? Dann überprüfe dein Herz, ob eine dieser sündigen Einstellungen dort verborgen ist. Deine Streitgespräche können einen Menschen nicht in das Reich Gottes bringen oder zu einem heiligeren Leben führen.

Achte auf deine Werte (6-10.17-19). Bist du mit dem Lebensnotwendigen zufrieden, oder muss Gott dir Luxus geben? Gott möchte, dass du seine Gaben genießt (V. 17) und sie zum Wohl anderer einsetzt. Aber hüte dich, dass sich dein Herz nicht nach Reichtum sehnt (Spr 15,27; Pred 5,9).

Achte auf dein Zeugnis (11-16). Du solltest die Dinge kennen, vor denen du fliehen, denen du folgen und gegen die du kämpfen musst. Bringe sie nicht durcheinander. Wenn du meinst, es sei zu schwer, sich für den Herrn einzusetzen, dann denke daran, wie er sich für dich eingesetzt hat.

Achte auf deine Verwalterschaft (20-21). Du sollst die geistliche Wahrheit, die dir anvertraut wurde, bewahren und einsetzen (1,18; 2Tim 1,14; 2,2). Der Feind will sie dir wegnehmen. Hüte dich vor denen, die dir »neue Erkenntnisse« geben wollen, die über das hinausgehen, was Gott in seinem Wort sagt.

Richtiges Verhalten

1. Timotheus sagt dir, »*wie man sich verhalten muss im Hause Gottes*« (3,15). Das beinhaltet, sich in Gottseligkeit zu üben (4,7), sich selbst zu geben (4,15), auf sich selbst zu achten (4,16), sich selbst zu retten (4,16), sich selbst rein zu erhalten (5,22) und Unruhestiftern aus dem Weg zu gehen (6,5). Achtest du so auf dich, wie der Herr es dir sagt?

2. Timotheus

Paulus' Freiheit dauerte nicht lange. Er wurde wieder gefangen genommen, zum Prozess nach Rom gebracht und schließlich hingerichtet. In diesem Brief an seinen geliebten Sohn im Glauben ermutigt er Timotheus, stark im Herrn zu bleiben (Kap. 1–2); er informiert ihn über schwere Zeiten, die in den letzten Tagen anbrechen werden (Kap. 3), und bittet ihn, so schnell wie möglich nach Rom zu kommen (Kap. 4). Dieser sehr persönliche Brief handelt von der Treue im Dienst.

Es war eine schwere Zeit für Paulus. Auf ihn wartete nicht nur ein Prozess und mit ziemlicher Sicherheit der Tod, er wurde auch von den Gläubigen verlassen, die ihm hätten beistehen sollen (1,15; 4,16). Seine Aussage in Kap. 4,6-8 ist eines der größten Glaubensbekenntnisse in der Bibel.

Wir befinden uns nun in diesen schweren Zeiten, von denen Paulus Jahrhunderte zuvor gesprochen hat. Dieser Brief teilt uns mit, wie wir erfolgreich in ihnen leben und dienen können.

2. Timotheus 1

Einige der »Feinde«, die Timotheus angriffen, machen vielleicht auch dir das Leben schwer und wollen dich zum Aufgeben zwingen.

Selbstmitleid (4). Timotheus hatte eine harte Zeit in Ephesus und wollte die Stadt verlassen (1Tim 1,3). Vielleicht war das der Grund für seine Tränen. Wenn du anfängst, dich zu bemitleiden, dann denke daran, dass andere für dich beten und Gott deinen Glauben belohnt.

Vernachlässigung (6). Timotheus hatte sein geistliches Leben vernachlässigt (1Tim 4,14), und auf dem Altar seines Herzens brannte nur noch eine kleine Flamme. Kein Wunder, dass er sie wieder anfachen musste (1Tim 4,7-8).

Ängstlichkeit (7). Das Wort *Furchtsamkeit* in diesem Vers bedeutet »Feigheit« oder »Ängstlichkeit«. Dem Zeugnis und Dienst von Timotheus fehlte es an Enthusiasmus. Der Heilige Geist kann uns die Mittel geben, die wir brauchen, um unsere Aufgabe zu erfüllen.

Scham (8.12.16). Paulus schämte sich nicht des Evangeliums (Röm 1,16) oder des Herrn. Ebenso wenig schämte sich sein Freund Onesiphorus, mit Paulus in Verbindung gebracht zu werden (V. 16). Auch Timotheus sollte sich nicht für den Herrn oder für Paulus schämen (V. 8).

Nachlässigkeit (13-14). Paulus übergab die Botschaft an Timotheus, dessen Verantwortung es nun war, sie zu bewahren (1Tim 6,20) und an andere weiterzugeben (2Tim 2,2). Der Geist Gottes gibt uns die Kraft, treu zu sein.

2. Timotheus 2

Gottes Gnade stärkt uns und macht uns zu treuen Lehrern (V. 2), Soldaten (V. 3-4), Athleten (V. 5), Landwirten (V. 6), Arbeitern (V. 15), Gefäßen (V. 20-23) und Dienern (V. 24-26). Die Welt sieht in uns Übeltäter, aber wir sind Gottes Auserwählte, die bereit sind, für Jesus Christus zu leben und zu sterben (V. 8-13).

Gottes Geist hilft uns, unsere drei großen Feinde zu überwinden: die Welt (V. 4), das Fleisch (V. 22) und den Teufel (V. 26).

Gottes Geist gibt uns die Kraft, im Kampf für den Herrn Entbehrungen zu ertragen (V. 3.10), damit wir ihn nicht verleugnen (V. 11-13). Er hilft uns bei unserer Aufgabe, für die wir uns nicht schämen (V. 15), und im Umgang mit schwierigen Leuten, vor denen wir uns nicht fürchten (V. 23-26).

> »Gnade ist nichts anders als der Anfang der Herrlichkeit,
> und die Herrlichkeit nichts anderes
> als Gnade in Vollendung.«
> Jonathan Edwards

2. Timotheus 3

Das in Vers 1 erwähnte Wort *schwer* bedeutet »hart«, »schwer mit umzugehen« oder »gefährlich«. Es ist dasselbe griechische Wort, das für die beiden Besessenen in Matthäus 8,28 gebraucht und dort mit »sehr bösartig« übersetzt wurde. Wie können wir in solch schrecklichen Zeiten für Christus leben?

Rechne mit ihnen (1-9). Wer auf ein Paradies auf Erden wartet, wird mit Sicherheit enttäuscht werden. Wenn wir diese schweren Zeiten erwarten, sind wir keine Pessimisten, sondern Realisten. Beachte, dass hier eine falsche Art von Liebe beschrieben wird (V. 2.4).

Folge den richtigen Vorbildern (10-12). Wir neigen dazu, den Menschen nachzueifern, die wir bewundern, daher solltest du vorsichtig sein, welche Helden du dir aussuchst. Berühmte christliche Personen von heute führen nicht unbedingt den Lebensstil, den Gott bei uns sehen will.

Halte an der Bibel fest (13-17). Glaube, dass Gottes Wort dich errettet (V. 15), dich zu einem reifen Christen macht (V. 15.17) und dich im Dienst für den Herrn ausrüstet (V. 17). Der Betrug des Teufels ist heute überall zu sehen und hat die Gemeinde infiziert (V. 13). Die einzige Waffe gegen diese Betrüger ist Gottes inspiriertes Wort.

Hüte dich vor Fälschungen!

Jannes und Jambres (V. 8) waren Zauberer am Hof des Pharao und imitierten die Wunder von Mose (2Mo 7,8-13). Der Teufel ist ein Nachahmer, der falsche Christen auftreten lässt (V. 5.13; 2Kor 11,13-15), die in die Gemeinde eindringen und Spaltungen verursachen. Gottes Volk braucht Unterscheidungsvermögen in diesen schweren Zeiten.

2. Timotheus 4

Jesus kommt wieder (1)! Angesichts dieser Tatsache müssen wir unsere Aufgabe kennen und ihr treu sein. Schau dir noch einmal 2. Korinther 5,9-11 an und lies 1. Johannes 2,28–3,2.

Abfall vom Glauben kommt (2-5)! Er ist schon da. Viele bekennende Christen haben kein »Ohr« für Gottes Wort. Sie ziehen religiöse Unterhaltung und Predigten vor, die ihnen in den Ohren kitzeln, statt in ihre Herzen zu dringen.

Abschiede kommen (6-8)! Paulus betrachtete seinen herannahenden Tod als ein Opfer für Gott (V. 6; Phil 2,17), das Ende eines schweren Laufes (V. 7) und als Gewinn einer herrlichen Krone (V. 8; Offb 2,10). Das ist der Siegeskranz, den Gewinner bei den griechischen Olympischen Spielen empfingen.

Hilfe kommt (9-22)! Paulus war sehr enttäuscht, als die Menschen, denen er gedient hatte, sich von ihm abwandten und sich seiner Ketten schämten. Er bat Timotheus, so schnell wie möglich zu kommen und Markus mitzubringen. Doch das Beste war: Der Herr kam zu Paulus und ermutigte ihn! Ganz egal was seine Kinder tun, Jesus wird dich nie aufgeben oder dich verlassen (Apg 18,9-11; Hebr 13,5-6).

Nutze die Gelegenheiten

Paulus' Bitte an Timotheus, »*vor dem Winter zu kommen*« (2Tim 4,21), soll uns daran erinnern, dass Gelegenheiten nicht ewig währen. War der Winter erst einmal gekommen, konnte Timotheus nicht mehr so leicht nach Rom reisen und seinen geliebten Freund zum letzten Mal sehen. »Vor dem Winter oder nie!«, sagte Dr. Clarence Macartney in seiner berühmten Predigt: »Komme vor dem Winter.« Weiter sagte er: »Es gibt ein paar Dinge, die niemals getan werden, wenn wir sie nicht 'vor dem Winter' tun.« Gibt es Gelegenheiten, die du heute vernachlässigst und die schon bald für immer vorüber sind? Gibt es Menschen, zu denen du Kontakt aufnehmen solltest, und Entscheidungen, die du treffen solltest? Das Heute gehört dir, morgen kann es zu spät sein. Komme vor dem Winter!

Titus

Titus war ein Grieche (Gal 2,3), den Paulus für Christus (Tit 1,4) und
für den Dienst gewonnen hatte. Wie Timotheus wurde er zu einem
von Paulus' besonderen Helfern, die er zu den Gemeinden sandte,
um ihn zu vertreten. Titus diente in Kreta, als dieser Brief geschrieben wurde. Paulus verfasste ihn wahrscheinlich in Korinth,
nachdem er aus dem Gefängnis freigekommen war.

Der Brief legt die Betonung auf gute Werke (1,16; 2,7.14;
3,1.8.14). Wir sind nicht durch gute Werke errettet (3,5), aber sie
sind ein Beweis für unsere Errettung. Anscheinend konnten die
Gläubigen in Kreta den Glauben besser bekennen als ausleben.

Nach seinen Grußworten (1,1-4) nennt Paulus die Qualifikatio-
nen (1,5-9) und Pflichten (1,10-16) eines Ältesten und bittet Titus,
die örtlichen Gemeinden zu organisieren und sich mit den falschen
Lehrern zu befassen. Anschließend unterweist er Titus, wie man
unterschiedlichen Menschen in der Gemeinde dient (2,1–3,11), und
beendet den Brief mit einer persönlichen Mitteilung (3,12-14) und
Worten des Abschieds (3,15).

Titus 1

Titus wollte einen anderen Auftrag von Paulus, da er einen
schweren Dienst in Kreta hatte. Wenn du am liebsten aufgeben
möchtest, dann beherzige den Rat, den Paulus Titus gab.

Denke an die Privilegien des Dienstes (1-4). Gott verkündet
seine Wahrheit durch hingegebene Menschen, und es ist eine
Freude, anderen sein Wort weiterzugeben. Die Engel im Himmel
würden gerne mit uns tauschen, daher sollten wir nie aufhören,
darüber zu staunen, dass Gott uns gebraucht!

Sei dem Wort gehorsam (5-9). Manchmal treten Probleme auf,
weil unqualifizierte Leute in Führungspositionen kommen oder
Führungsaufgaben nicht wahrgenommen werden. Das griechische

Wort, das mit »*in Ordnung bringen*« übersetzt wurde, ist ein medizinischer Begriff, der bedeutet, »einen gebrochenen Knochen wieder zu richten«. Der Leib der Gemeinde leidet, wenn wir es umgehen, uns ernsten Problemen zu stellen und sie zu lösen.

Stelle dich dem Feind (10-16). Vielleicht war Titus genauso ängstlich wie Timotheus (2Tim 1,7), sich dem Feind zu stellen. Aber es musste sein. Die »*gesunde Lehre*« (V. 9) trägt zur geistlichen Gesundheit der Gemeinde bei. So wie ein Arzt gegen Infektionen und Krankheiten kämpft, müssen die Leiter der örtlichen Gemeinde falsche Lehre bekämpfen.

Eine reine Gesinnung

»*Den Reinen ist alles rein*« (Tit 1,15) bezieht sich auf falsche Lehren über Speisevorschriften (1Tim 4,2-5). Es bedeutet nicht, dass eine »reine Gesinnung« rein bleibt nach dem Anblick von Unreinem. Wenn Gottes Wahrheit dein Gewissen erleuchtet, kannst du richtig und falsch voneinander unterschieden und dem Bösen aus dem Weg gehen. Ein beflecktes Gewissen ist wie ein schmutziges Fenster, es kann kein Licht durchdringen (Mt 6,22-23).

Titus 2

Leben (1-10). Ob wir nun jung oder alt sind, verheiratet oder ledig, wir werden alle in der Gemeinde gebraucht, und Gott hat eine Aufgabe für uns. Ein Test für geistliche Gemeinschaft ist die Fähigkeit, unterschiedliche Menschen zu akzeptieren und ihnen zu dienen; ob unser Leben das Wort Gottes entweder verlästert (V. 5) oder es ehrt (V. 10). Wer in der Gemeinde dient, sollte als Vorbild vorangehen (V. 7-8).

Lernen (11-12). Gottes Gnade errettet uns nicht nur, sondern lehrt uns auch, wie wir als Christen leben sollen. Wer Gottes Gnade als eine Ausrede für Sünde benutzt, hat ihre errettende Macht nie erlebt (Röm 6,1; Jud 4). Dieselbe Gnade, die uns erlöst, erneuert uns auch, so dass wir seinem Wort gehorsam sein wollen (V. 14).

Erwarten (13-15). Das, was mit Gnade beginnt, führt zu Herrlichkeit! Die Wiederkunft Jesu Christi für sein Volk ist mehr als eine glückselige Hoffnung, es ist eine freudige Hoffnung (Röm 5,2; 12,12), eine einigende Hoffnung (Eph 4,4), eine lebendige Hoffnung (1Petr 1,3), eine stabilisierende Hoffnung (Hebr 6,19) und eine reinigende Hoffnung (1Jo 3,3).

> *»Ich beginne meine Arbeit am Morgen nie,*
> *ohne daran zu denken, dass er mein Tun*
> *vielleicht unterbricht und mit seinem anfängt.*
> *Ich erwarte nicht den Tod, ich erwarte ihn.«*
>
> G. Campbell Morgan

Titus 3

Wir alle müssen immer wieder erinnert werden!

Erinnere dich daran, was du tun sollst (1-2). Christen sind sowohl Bürger der Erde als auch des Himmels, und sie sollten so sein, wie es in diesen beiden kurzen Versen beschrieben wird.

Erinnere dich daran, was du warst (3). Gott hat uns unsere Sünden vergeben, und wir sollten es auch tun. Aber es ist gut, wenn wir uns daran erinnern, wie wir als verlorene Sünder waren. (S. 5Mo 5,15; 15,15; 24,18.22; 1Petr 4,1-4.)

Erinnere dich daran, was Gott für dich getan hat (4-7). Hattest du es verdient, das Evangelium zu hören und das Geschenk des ewigen Lebens zu empfangen? Nein, du hast es allein der Güte, Liebe und Gnade Gottes zu verdanken. »*Er errettete uns*« – wir haben uns nicht selbst erlöst. Er hat unsere Sünden weggewaschen; wir sind in seinen Augen gerechtfertigt; und wir sehen der Zukunft zuversichtlich entgegen, weil wir Erben Gottes sind.

Erinnere dich daran, was Gott von dir erwartet (8-11). Ein Hauptthema dieses Briefes sind *gute Werke* (1,16; 2,7.14; 3,1.8.14).

Menschen, die mit der Arbeit des Herrn beschäftigt sind, haben keine Zeit für sinnlose Streitereien.

Philemon

Vorsehung. Als Gefangener in Rom begegnete Paulus Onesimus (»*nützlich*«; V. 11), einem entflohenen Sklaven. Er gehörte dem Philemon, einem Freund des Paulus, den er zu Jesus geführt hatte (V. 19). Paulus gewann Onesimus für Christus und sandte ihn zurück zu seinem Herrn nach Kolossä (Kol 4,7-9). Es ist eine erstaunliche Vorsehung Gottes, dass Paulus und Onesimus sich in dieser großen Stadt Rom begegneten! Vielleicht brachten Philemons Gebete diese beiden Männer zusammen (V. 22). Sicherlich sah Philemon, wie sich Römer 8,28 bewahrheitete.

Freundschaft. Paulus weiß viel Gutes über Philemon zu berichten. Er war ein geliebter Freund, ein Mann des Glaubens und der Liebe, ein herzerfrischender Christ, ein Mann des Gebets, ein Mann, der dem Willen Gottes gehorsam war. Können deine Freunde dasselbe auch über dich sagen?

Angenommen und erlöst

Zwei Aussagen in Paulus' Brief an Philemon erinnern uns daran, was Jesus für uns getan hat. »*Nimm ihn* [Onesimus] *auf wie mich*« (V. 17) erinnert uns daran, dass wir »*in dem Geliebten begnadigt*« sind (Eph 1,6). »*Rechne dies mir an*« (V. 18) lässt uns daran denken, dass Jesus den Preis für unsere Erlösung bezahlte (Röm 4,1-8; 2Kor 5,21).

Versöhnung. Nach römischem Gesetz hätte Onesimus für sein Vergehen hingerichtet werden können. Aber er war ein Bruder in Christus geworden, und Philemon hatte ihm vergeben und ihn wieder aufgenommen. Echte Versöhnung ist nicht billig; sie kostet etwas. Paulus wusste das und war bereit, den Preis selbst zu bezahlen. Kann Gott dich als Versöhner gebrauchen? Bist du bereit, den Preis zu bezahlen?

Hebräer

Der Verfasser des Hebräerbriefes ist uns nicht bekannt, aber das Thema des Buches ist klar: »*Deshalb wollen wir … uns der vollen* [geistlichen] *Reife zuwenden*« (6,1). Der Brief wurde für jüdische Gläubige geschrieben, die in der Versuchung standen, die Fülle Christi zu verlassen und zu einem leeren religiösen System zurückzukehren, das schon bald zerstört werden sollte.

Verlorene Menschen sind noch immer »in Ägypten« und müssen durch den Glauben an Christus errettet werden. Erlöste Menschen sind privilegiert, ihr geistliches Erbe zu betreten (»Kanaan«) und seine »Ruhe« zu genießen (4,11; Mt 11,28-30). Das Betreten Kanaans ist kein Abbild für die geistliche Tatsache, dass wir in den Himmel kommen. Es ist ein Bild für den Sieg über den Feind sowie dafür, unser geistliches Erbe im Glauben in Anspruch zu nehmen.

Aber zu viele Gläubige wandern wie das alttestamentliche Israel in der Wüste des Unglaubens umher und sehnen sich danach, zu ihrem alten Leben zurückzukehren. Die Botschaft des Hebräerbriefes ist vor allem für sie: »*Wir wollen uns der vollen Reife zuwenden.*«

Der Hebräerbrief ist einer von drei neutestamentlichen Briefen, die geschrieben wurden, um Habakuk 2,4 zu erklären: »*Der Gerechte aber wird durch seinen Glauben leben*« (siehe auch Röm 1,17; Gal 3,11; Hebr 10,38). In diesem Brief liegt der Schwerpunkt auf »*durch Glauben*«. Gott hat durch seinen Sohn geredet, und wir müssen diesem Wort gehorsam sein. Unsere Reaktion bestimmt, welches Leben wir führen, und wie viel wir von unserem geistlichen Erbe in Anspruch nehmen. Wir sind nicht nur durch Glauben *errettet*, sondern müssen auch im Glauben *leben*.

Ein Schlüsselwort im Hebräerbrief ist *besser*. Christus ist besser als die Engel (Kap. 1–2) und besser als Mose und Aaron (Kap. 3–6). Er hat ein besseres Priestertum (Kap. 7), einen besseren Bund

(Kap. 8), ein besseres Heiligtum (Kap. 9) und ein besseres Opfer (Kap. 10); und er gibt seinem Volk ein besseres Leben (Kap. 11–13), ein Leben des Glaubens.

Stelle dir beim Nachdenken über diesen tiefgründigen Brief folgende Fragen: Blicke ich zurück, und sehne ich mich nach dem alten Leben; oder mache ich im Glauben weiter, um mein Erbe in Christus in Anspruch zu nehmen? Wandere ich in einer Wüste des Unglaubens umher oder ruhe ich in seinem vollbrachten Werk und seinem treuen Wort?

Hebräer 1

»Gott hat zu uns geredet!« Was für eine gewaltige Aussage, die eine riesige Verantwortung für dich mit sich bringt, wenn du seine Stimme durch sein Wort gehört hast: »*Seht zu, dass ihr den nicht abweist, der da redet!*« (12,25). Was du mit dem Wort Gottes machst, bestimmt, welche Freude du am Willen Gottes hast und was du von deinem Erbe in Anspruch nimmst.

Engel

Jesus ist größer als die Engel, weil er der ewige Sohn Gottes ist, den die Engel anbeten und dem sie dienen. Engel dienen dem Volk Gottes (Hebr 1,14), auch wenn wir sie vielleicht nicht erkennen (Hebr 13,2; 1Mo 18). Sie kümmern sich besonders um Kinder (Mt 18,10) und greifen in das Leben von Dienern Gottes ein, wenn sie besondere Hilfe benötigen (Apg 5,17-21; 12,1-10). Wenn Gläubige sterben, werden sie von Engeln in die Herrlichkeit geleitet (Lk 16,22); und bei seiner Wiederkunft wird Jesus Christus von Engeln begleitet (Mt 25,31). Wir sollen Engel weder anbeten (Offb 22,9) noch zu ihnen beten, aber wir können darauf vertrauen, dass Gott uns Engel sendet, wenn wir sie am nötigsten haben.

Jesus Christus ist des Vaters letztes Wort. In ihm ist die Fülle der Offenbarung Gottes zu *sehen* und zu *hören*; und in ihm ist Gottes Offenbarung vollendet. Wenn wir ihn sehen, sehen wir den Vater (Joh 14,1-11). Durch Christus verstehen wir, wo alles herkommt, wo es hingeht, was es aufrecht hält und warum es hier ist.

Außerdem verstehen wir, was er für uns getan hat. *Er starb für uns!* Heute thront er in der Herrlichkeit und sorgt für uns (13,20-21). Er will uns zur Reife führen und uns zeigen, wie wir im Glauben leben sollen. Eines Tages wird er alle seine Feinde besiegen und sein gerechtes Reich aufrichten.

Warum sollten wir uns nach einem anderen Erlöser umsehen?

> *»Andere Menschen hielten die Fäden der Wahrheit in der Hand,*
> *aber Christus nahm die Fäden und webte aus ihnen*
> *ein herrliches Gewand, zog es an und erschien bekleidet*
> *mit jeder Wahrheit Gottes.«*
> Charles H. Spurgeon

Hebräer 2

Höre ihn (1-4). Dies ist die Erste von fünf ernsten Ermahnungen an Gläubige, auf die Ausführungen des Wortes Gottes zu achten. Zur Zeit des Alten Testaments zog Gott diejenigen zur Rechenschaft, die seinem Wort ungehorsam waren. In diesen letzten Tagen haben wir eine größere Verpflichtung zum Gehorsam, weil wir die vollständigen Schriften und die ganze Offenbarung Gottes in Jesus Christus besitzen. Nimmst du ernst, was Gott dir sagt?

Sicher in der Verheißung
Denke über folgende Verse nach: *»Wir möchten Jesus sehen«* (Joh 12,21), *»wir sehen aber Jesus«* (Hebr 2,9) und *»wir werden ihn* [Jesus] *sehen«* (1Jo 3,2). Der erste Vers ist die flehentliche Bitte des Sünders; der zweite das Privileg des Gläubigen und der dritte die Verheißung der Schrift.

Sehe ihn (5-9). Es gibt einen »*zukünftigen Erdkreis*«, und das Leben, das du heute führst, bestimmt deinen Platz im kommenden Reich Jesu (1,13; 10,13; 12,28). Heute sehen wir den gefallenen Menschen in Adam, aber im Glauben erkennen wir Christus und seinen Sieg. Da er verherrlicht ist, werden wir in ihm verherrlicht werden!

Vertraue ihm (10-18). Wer Christus vertraut, ist ein Kind Gottes (V. 13) auf dem Weg in die Herrlichkeit (V. 10). Der Erlöser hat den Tod und den Teufel besiegt, und er weiß, wie sein Volk sich fühlt in den Versuchungen und Prüfungen des Lebens. Wenn du im Glauben zu ihm kommst, trittst du vor einen mitfühlenden Hohenpriester, der alle deine Bedürfnisse stillen kann. Vertraue ihm!

Ein empfindsames Herz

Der Hebräerbrief ist ein Buch der Ermahnungen (13,22). Das griechische Wort bedeutet auch »Ermunterung« und ist ein Titel des Heiligen Geistes, der »*Tröster*« und »*Beistand*« ist (Joh 14,16.26). Der Verfasser ermutigt uns, das Wort nicht zu missachten (2,1-4), unsere Herzen vor dem Wort nicht zu verhärten (3,7-19), nicht taub für das Wort zu werden (5,11-14), uns nicht dem Wort zu widersetzen (10,26-39) und dem Wort nicht absichtlich ungehorsam zu sein (12,14-19). Gott handelt in Liebe mit seinem Volk, wenn es nicht hört und ungehorsam ist (12,3ff.). Es zahlt sich aus, ein empfindsames Herz für Gottes Stimme zu haben.

Hebräer 3

Betrachte ihn (1-6). Der Hebräerbrief stellt Jesus Christus ins Zentrum. Der Verfasser will, dass wir ihn »*sehen*« (2,9), ihn »*betrachten*« (3,1) und unsere Augen im Glauben auf ihn richten (12,1-2). Immer wenn du versucht bist, auf deine Umstände oder dich selbst zu schauen, blicke im Glauben auf Jesus und freue dich über seine Treue.

Gehorche ihm (7-15). Der Schreiber gebraucht das Versagen Israels, um vor einem harten Herzen zu warnen. Wie wird das Herz eines Gläubigen hart? Indem er Gottes Worte zurückweist, seine Werke verachtet und seine Wege ignoriert. Die Sünde ist betrügerisch. Du denkst, du kommst mit ihr davon, aber in Wirklichkeit verhärtet sie dein Herz und raubt dir den Segen.

Glaube ihm (16-19). Hier werden wir ein weiteres Mal zum Glauben ermahnt. Dass die Juden aus Ägypten befreit wurden, war keine Garantie, dass sie ihr Erbe in Anspruch nehmen würden. Aufgrund ihres Unglaubens versagten sie, das Land zu betreten (4Mo 13). Ein »böses Herz des Unglaubens« (V. 12) raubt dir das, was Gott für dein Leben als Christ geplant hat. Achte auf das Wort Gottes. Wie Paulus schrieb: »*Also ist der Glaube aus der Verkündigung, die Verkündigung aber durch das Wort Christi*« (Röm 10,17).

Hörst du?

Menschen mit einem verhärteten Herzen kennen die Wahrheit, aber sie widersetzen sich ihr und weigern sich, ihr gehorsam zu sein. Sie wissen, dass Gott ungehorsame Kinder züchtigt, und zwingen Gott geradezu zum Handeln. Sie meinen, sie könnten sündigen und ohne Konsequenzen davonkommen. Der erste Schritt zu einem verhärteten Herzen ist, Gottes Wort zu missachten (Hebr 2,1-4) und es nicht ernst zu nehmen. Entweder »hören« wir oder wir »verhärten« uns. Du hast die Wahl (Ps 95).

Hebräer 4

Seine Ruhe (1-10). Hier geht es um drei Arten von »Ruhe«: Gottes Sabbatruhe nach der Schöpfung (V. 4; 1Mo 2,2); Israels Ruhe nach den Siegen im Land Kanaan (V. 3; Jos 21,44); und die Ruhe des

Glaubens der Christen heute (V. 1.9-10). Israel wurde aus Ägypten befreit, aber eine ganze Generation versagte dabei, in das Land Kanaan einzugehen und ihr verheißenes Erbe in Besitz zu nehmen. Warum? Wegen ihres Unglaubens. »Fürchten wir uns nun« (V. 1).

Seine Sicht (11-13). Gott sieht das Herz und benutzt sein Schwert, damit wir unseren wahren geistlichen Zustand erkennen (Jer 17,9). Lies das Wort Gottes täglich, denke darüber nach und wende seine Wahrheiten auf dein Herz an. Eines Tages wirst du Gott Rechenschaft darüber ablegen müssen, was du mit seinem Wort gemacht hast. Sei also treu.

Sein Thron (14-16). Du kannst dein Erbe nicht durch eigene Kraft oder Weisheit in Besitz nehmen. Aber du hast einen großen Hohenpriester, der dir die nötige Barmherzigkeit und Gnade schenken kann, gerade wenn du sie brauchst. Er lebt, um sich für dich einzusetzen (7,25) und dir zu helfen, seinen Willen zu tun (13,20-21).

Ein Thron der Gnade

Für die Unerretteten ist Gottes Thron ein Thron des Gerichts (Offb 20,11-15), aber für Kinder Gottes ist er ein Thron der Gnade. Wenn du in Versuchung bist, kannst du zu deinem großen Hohenpriester kommen und Barmherzigkeit und Gnade empfangen. Wenn du sündigst, kannst du zu deinem Fürsprecher kommen und er wird dir vergeben (1Jo 1,9–2,2). Die Tür steht immer offen.

Hebräer 5

Auserwählt (1-6). So wie der jüdische Hohepriester von Gott bestimmt wurde, wurde auch unser großer Hohepriester vom Vater ernannt (Ps 110,4); und er allein ist würdig für diesen Dienst. Gestatte es niemandem, zwischen dich und Gott zu kommen, denn Jesus Christus ist der einzige Mittler (1Tim 2,5). Die »Ordnung

Melchisedeks« bezieht sich auf 1. Mose 14,18-24. Da er aus dem Stamm Juda kam, konnte Jesus auf Erden nicht als Priester dienen, aber im Himmel kann er das sehr wohl. Dort dient er uns heute.

Vollkommen gemacht (7-10). Jesus musste sich auf seinen Priesterdienst durch die Prüfungen vorbereiten, die sein Volk heute in ihrem Glaubensleben erfährt (4,15). Aufgrund seines Lebens und Sterbens kann er sich mit deinen Nöten identifizieren und dir Gnade geben, sie durchzustehen. Er versteht dich!

Vernachlässigt (11-14). Die »*Milch*« des Wortes steht für die »Elemente des Anfangs« des christlichen Lebens: für das, was Jesus für uns getan hat, als er auf der Erde war. Die »*feste Speise*« des Wortes ist die Lehre von dem, was Jesus jetzt im Himmel für uns tut – sein Dienst als Hoherpriester. Es ist traurig, wenn Christen das Wort Gottes vernachlässigen und aufhören, in der Gnade zu wachsen.

In Christus reifen
Reife Gläubige verstehen die himmlische Priesterschaft Jesu Christi und wissen, wie sie Hilfe am Thron der Gnade bekommen können. Sie sind fähig, Gottes Wahrheit in ihrem persönlichen Leben anzuwenden, und sie können auch andere belehren. Gehörst du dazu?

Hebräer 6

Das Unmögliche (1-8). Das ABC des christlichen Lebens ist wichtig, aber es muss eine Startrampe und kein Parkplatz sein. Die Herausforderung bleibt weiterhin: »*Wir wollen ... uns der vollen Reife zuwenden.*« Wenn wir hinsichtlich des Wortes träge werden (V. 12; 5,11), kann es sein, dass wir vom Weg abkommen (V. 6; Gal 6,1) und keine Frucht mehr bringen. Solange ungehorsame Gläubige Christus Schande bereiten, ist es menschlich gesehen unmöglich, sie zur Buße zu bringen, und Gott muss sich um sie kümmern.

Das Unwahrscheinliche (9-12). Aber der Verfasser glaubte nicht, dass seine Leser in einem solchen Zustand waren. Obwohl sie noch einen langen Weg vor sich hatten, brachten sie Frucht. Eifer, Glaube und Ausharren sind erforderlich, um als Christ zu leben. Reife kommt nicht automatisch.

Das Unveränderliche (13-20). Das Kapitel schließt mit einer der großen Aussagen über Sicherheit des Gläubigen, die wir in der Schrift finden. Gottes Verheißung und Eid versichern uns, dass wir ihm gehören, und Gottes Wesen bestätigt sein Wort. Statt umherzutreiben (2,1), sind wir im Himmel verankert, wo Jesus uns in der Gegenwart Gottes dient, und dieser Anker wird nicht versagen. Da wir fest gegründet sind, können wir Fortschritte machen!

Hebräer 7

In diesem Kapitel fängt der Verfasser an, das bessere Priestertum Jesu zu erklären, beginnend mit der *besseren Ordnung*, der Ordnung Melchisedeks (1Mo 14).

Jesus Christus ist sowohl König als auch Priester, und sein Thron ist ein Thron der Gnade (4,16). Als König kann er deine Lebensumstände kontrollieren; als Priester kann er dich innerlich verändern. Du wirst Gerechtigkeit und Frieden erfahren, wenn du dich ihm übergibst (V. 2; Ps 72,7; 85,10-11; Jes 32,17).

Da sein Priestertum ewig ist, errettet er für immer (V. 23-25); er errettet »*völlig*« und vollkommen. Du bist sicher, solange er lebt, und er lebt ewig. Du kannst in der Kraft seines endlosen Lebens leben!

Eine vollkommene Errettung sollte dazu führen, dass wir als Christen geistlich mehr und mehr reifen. Ein irdisches Priestertum kann nichts vollkommen machen (V. 11), ebenso wenig wie das Gesetz Gottes (V. 19) oder die Opfer (10,1-2). Aber Jesus kann dich zu geistlicher Reife führen, wenn du im Glauben lebst (13,20-21). Er fordert dich auf, zum Thron zu kommen, und er versteht dich besser als du dich selbst.

Hebräer 8

Endgültigkeit (1). In der jüdischen Stiftshütte oder dem Tempel gab es keine Sitzgelegenheit, da das Werk der Priester nie abgeschlossen war. Aber Jesus hat das Erlösungswerk ganz vollbracht (Joh 19,30) und sich auf den Thron gesetzt (10,11-14). Freue dich!

Realität (2-6). Die jüdischen Priester dienten im vorübergehenden, irdischen Tempel, aber Jesus im Himmel dient im wahren Heiligtum, von dem die Dinge auf Erden ein Abbild waren. Wenn du an Jesus Christus glaubst, beginnt für dich ein neues, reales Leben, und du brauchst diese Abbilder nicht mehr. Freue dich!

Reife (7-13). Das mosaische Gesetz wurde den Kindern Israel als ein Zuchtmeister gegeben, der ihnen zum Wachstum verhelfen und sie auf das Kommen des Messias vorbereiten sollte (Gal 4,1-7). Sie waren wie Kinder; Gott musste sie bei der Hand nehmen und sie führen. Doch der neue Bund mit seinem himmlischen Priestertum führt uns zu geistlicher Reife: Gott legt sein Wort in unser Herz und verändert unseren Charakter (2Kor 3,1-3.18).

Freue dich noch mehr!

Hebräer 9

Ein besseres Heiligtum (1-10). Das gegenwärtige himmlische Heiligtum ist in jeder Hinsicht besser als jedes andere Heiligtum auf Erden, einschließlich des Tempels in Jerusalem. Im irdischen Tempel waren die Gegenstände nur Symbole, das Werk war nie abgeschlossen und der irdische Tempeldienst konnte nicht das menschliche Herz verändern. Wir sollten dankbar sein für den Preis, den Jesus bezahlte, um seinen himmlischen Dienst möglich zu machen.

Ein besserer Dienst (11-15). Der jüdische Hohepriester konnte sich nur mit äußeren Dingen befassen, aber Jesus kümmert sich um Herz und Gewissen. Er kann uns reinigen und vollenden (13,20-21), damit wir Gott angemessen dienen können. Kommst du täglich zu ihm und bittest ihn, dass er an dir arbeitet?

Ein besseres Opfer (16-28). Das Blut, das deine ewige Erlösung erkauft hat, stammte nicht von unwilligen Tieren, sondern vom Sohn Gottes, der sein Leben bereitwillig für dich gab (Joh 10,14-18). Das makellose Lamm Gottes musste nur einmal sterben; das Opfer muss nicht wiederholt werden. Vertraust du dem Blut, dass es dich errettet?

Das Erscheinen Jesu

Hebräer 9,24-28 erwähnt ein dreifaches »*Erscheinen*« Jesu Christi: ein *vergangenes* Erscheinen (»*offenbar geworden*«; V. 26) zu unserer Errettung; ein *gegenwärtiges* Erscheinen (V. 24) zu unserer Heiligung; und ein *zukünftiges* Erscheinen zu unserer Verherrlichung (V. 28).

Hebräer 10

Vergebung (1-18). Die Opfer des alten Bundes *erinnerten* an die Sünde, *vergaben* sie aber nicht. Das Blut des Sohnes Gottes hat ein für alle Mal die Frage der Sünde gelöst. Da es kein Opfer mehr für Sünde gibt, wird an sie auch nicht mehr gedacht (V. 17; Jer 31,34), und wir können uns freuen, dass wir vor Gott gerecht sind.

Treue (19-25). Derselbe Erlöser, der für dich starb, lebt jetzt für dich und fordert dich auf, in seine Gegenwart zu kommen, um ihn anzubeten und ihm deine Bedürfnisse mitzuteilen. Der alttestamentliche Hohepriester konnte nur einmal im Jahr hinter den Vorhang treten, aber wir können jederzeit in Gottes Gegenwart kommen. Gehe sicher, dass du gereinigt und vorbereitet bist, um ihm zu begegnen. Du kannst ihm vertrauen: »*Denn treu ist er, der die Verheißung gegeben hat*« (V. 23).

Warnung und Ermutigung (26-39). Das Privileg, in seine Gegenwart treten zu dürfen, bringt die Verantwortung mit sich, seinen Anordnungen gehorsam zu sein. Diese Ermahnung gilt denen, die sich wiederholt Gottes Willen widersetzen und seinem

Namen Schande bereiten. Gott bestraft seine Kinder; er will nicht, dass sie sich wie Rebellen benehmen. Das Kapitel schließt mit einer Warnung und einer Ermutigung. Gott warnt uns, damit wir uns nicht überheben. Aber er tröstet uns auch, dass wir nicht mutlos werden. Das verhärtete Herz braucht die Warnung, das gebrochene Herz den Trost.

Hebräer 11

Glaube ist das Vertrauen in Gott, das uns dazu bringt, ihm gehorsam zu sein. Echter Glaube hat seine Grundlage in dem, was Gott sagt, und wird in unserem Handeln sichtbar. Menschen, die Glauben haben, tun etwas für Gott, und Gott tut etwas für sie.

Glaube ist kein Luxus, er ist eine Notwendigkeit. Er ist für einfache Leute und nicht nur für große Führer. Wir brauchen Glauben, um Gott anzubeten (V. 4), für ihn zu arbeiten (V. 7), mit ihm zu leben (V. 8-9), auf ihn zu warten (V. 10-12) und für ihn zu kämpfen (V. 30-34). In allen Lebensbereichen, in denen du den Glauben ausklammerst, wirst du sündigen (Röm 14,23).

Fest im Glauben

Der große Theologe Johannes Calvin definierte Glauben als »ein festes und sicheres Wissen um die Güte Gottes uns gegenüber, die, gegründet auf der Wahrheit der unverdienten Verheißung in Christus, sowohl unserem Verstand geoffenbart als auch unseren Herzen bestätigt wurde durch den Heiligen Geist.« Beachte, dass der Glaube auf der Wahrheit Gottes (der Verheißung Gottes) beruht und dem Herzen durch den Heiligen Geist bezeugt wird. Er hat sowohl objektive als auch subjektive Aspekte, die beide unverzichtbar sind.

Der Ausdruck »*andere aber*« (V. 36) erinnert uns, dass wir im Glauben leben können und es dennoch den Anschein hat, als wären wir besiegt. Nicht jeder, der Gott vertraute, wurde gerettet oder beschützt (V. 36-40). Entscheidend ist jedoch nicht, dass Gott uns aus der Situation befreit, sondern dass ihm unser Leben gefällt (V. 39). Der Glaube an Gott befähigt dich weiterzumachen, wo andere aufgeben.

Woher kommt dieser Glaube? Lies Römer 10,17 und 15,4.

> »Glaube macht alles möglich, Liebe alles leicht.«
> D. L. Moody

Hebräer 12

Läufer (1-4). Die in Kapitel 11 aufgeführten Menschen sind die »Wolke«, die uns bezeugt: »Wir können Gott vertrauen! Glaube seinem Wort und laufe weiter den Wettlauf!« Wenn du das Alte Testament liest, sollte dein Glaube wachsen, da es dir zeigt, was Gott in und durch Menschen tat, die es wagten, seinen Verheißungen zu vertrauen (Röm 15,4). Wenn du die Evangelien liest, findest du in Jesus Christus das größte Vorbild für Ausharren.

> »Du kannst die Qualität ihres Glaubens
> an ihrem Verhalten messen.
> Disziplin ist ein Anzeichen für die Lehre.«
> Tertullian

Kinder (5-11). »*Züchtigung*« bezieht sich auf Kindererziehung und soll dem Kind helfen, erwachsen zu werden. Es bedeutet nicht unbedingt Bestrafung für Ungehorsam, auch wenn das manchmal eingeschlossen ist. Der erfolgreiche Läufer muss sich disziplinieren und trainieren. Fürchte dich nicht vor der züchtigenden Hand des Herrn, sie wird von einem liebenden Herzen kontrolliert. Gottes Ziel ist deine geistliche Reife.

Bürger (12-29). Das Volk Israel machte am Sinai eine beängstigende Erfahrung mit dem Gesetz (2Mo 19), aber unsere Erfahrung am Berg Zion ist von Gnade und Herrlichkeit geprägt. Wir sind Bürger der himmlischen Stadt und werden eines Tages Gemeinschaft mit Patriarchen und Engeln haben – und mit Gott! Doch das bedeutet nicht, dass wir seine ernsten Worte an uns ignorieren können. Wenn Gott dein Leben erschüttert, dann höre auf sein Wort. Du wirst Dinge entdecken, die nicht erschüttert werden können, und du wirst den Lauf bis zum Ende laufen.

> *»Zu oft rufen wir danach, von der Bestrafung befreit zu werden statt von der Sünde, die ihr zu Grunde liegt. Wir sind darauf bedacht, den Dingen zu entkommen, die uns Schmerzen bereiten, statt den Dingen, die Gott wehtun.«*
>
> G. Campbell Morgan

Hebräer 13

Damit wir nicht auf den Gedanken kommen, wir könnten den Lauf allein erfolgreich bestreiten, erinnert uns der Verfasser am Ende des Briefes daran, dass wir unseren geistlichen Führern folgen sollen. Wenn wir das tun, lieben wir die Brüder und Schwestern (V. 1), helfen Fremden (V. 2) und Gefangenen (V. 3), widerstehen der sexuellen Begierde (V. 4) und der Habgier (V. 5-6) und werden nicht von falschen Lehren verführt (V. 9).

Gedenke ihrer (7-8). Das bezieht sich möglicherweise auf bereits verstorbene, geistliche Führer, aber ihr Dienst geht weiter. Denke daran, was sie dich gelehrt und wie und wofür sie gelebt haben. Gemeindeleiter kommen und gehen, aber Jesus bleibt derselbe; und sie müssen unseren Blick auf ihn lenken.

Gehorche ihnen (17). Wenn sie sich treu um deine Seele sorgen und dich das Wort lehren, bist du verantwortlich, ihnen gehorsam zu sein. Ein geistlicher Führer ist kein Diktator, der dich von hinten antreibt. Er ist ein Hirte, der vor dir hergeht und dich den Weg führt!

Bete für sie (18-19). Wenn du zum Thron der Gnade kommst, bitte Gott um treue und fruchtbringende Hirten. Bete dafür, dass der große Hirte sie gebraucht, um dich »*in allem Guten*" (V. 20-21) zu vollenden.

Grüße sie (24). Du solltest deine geistlichen Leiter persönlich kennen und dich gut mit ihnen verstehen. Lass nichts zwischen euch kommen, das zu Problemen in der Gemeinschaft führen könnte (12,14-15).

Jakobus

Der Mann, der diesen Brief schrieb, war ein Halbbruder unseres Herrn (Mk 6,3) und Führer der Gemeinde in Jerusalem (Apg 1,14; 12,17; 1Kor 15,7). Er war ein frommer Jude, der sich an die jüdischen Gläubigen richtete, die in der ganzen römischen Welt verstreut waren. Sie wurden sowohl von Prüfungen als auch von den Schwierigkeiten in ihren Gemeinden bedrängt; und Jakobus schrieb, um ihnen zu helfen, im Glauben zu reifen (1,4; 2,22; 3,2).

Der Jakobusbrief ist ein praktisches Buch, das vom lebendigen Glauben handelt. Es enthält Anklänge an die Bergpredigt und das Buch der Sprüche, die beide sehr praktisch sind.

Wenn wir unseren Glauben wirklich leben, wird man das daran erkennen, wie wir mit Prüfungen umgehen (Kap. 1) und Menschen behandeln (Kap. 2). Es wird darin sichtbar, was wir sagen (Kap. 3), wie wir mit Sünde in unserem Leben umgehen (Kap. 4) und wie wir beten (Kap. 5).

Jakobus 1
Einige Grundlagen für ein reifes Glaubensleben.

Die Weisheit Gottes (1-11). In Prüfungen brauchst du Weisheit, damit du nicht umsonst leidest und das geistliche Wachstum verpasst, das Gott beabsichtigt hat. Wenn du Gott vertraust, arbeiten Prüfungen für und nicht gegen dich. Aber gehe sicher, dass du dein Herz ihm ganz ausgeliefert hast. Sind dein Herz und dein Verstand uneins, werden Prüfungen dich auseinanderreißen.

Die Güte Gottes (12-20). Wenn du erkennst, wie gut Gott zu dir ist, kann dir die Versuchung des Feindes nichts anhaben. Wenn du versucht bist, dann denke an deine Segnungen; und du wirst die Kraft bekommen, um Nein zu sagen.

Das Wort Gottes (21-27). Das Wort gibt uns die geistliche Geburt (V. 18; 1Petr 1,22-23). Es ist wie ein Same, der, einmal ins

Herz gesät, geistliche Frucht hervorbringt (V. 21). Es ist ein Spiegel, der uns hilft, uns selbst zu überprüfen (V. 23-25) und unser Leben zu reinigen. Wir müssen das Wort Gottes tun, nicht nur lesen und studieren. Der Segen liegt auf dem Tun.

> »Wer über die Wahrheit spekuliert und sie nicht tut,
> ist schon halb auf dem falschen Weg.
> Die Wahrheit wurde uns nicht gegeben,
> damit wir sie in Erwägung ziehen,
> sondern sie tun.«
> F. W. Robertson

Bilder
In seinem Brief verwendet Jakobus viele Illustrationen aus der Natur. Im ersten Kapitel vergleicht er Zweifel mit Meereswogen (V. 6), Reichtümer mit verwelkenden Blumen (V. 9-10) und Sünde mit Schwangerschaft (V. 13-15; Ps 7,15), Unkraut (V. 21) und Schmutz (V. 27). Achte beim Weiterlesen einmal darauf, wie Jakobus die Bilder einsetzt, um die Wahrheit lebendig und unvergesslich zu machen.

Jakobus 2

Wenn du wirklich errettenden Glauben hast, wirst du dich um eine *unvoreingenommene Haltung* bemühen (V. 1-13) und die Menschen nach ihrem Charakter beurteilen und nicht nach ihrer Kleidung. Du wirst dich nicht um die Reichen kümmern und die Armen ignorieren, sondern jeden Menschen um Christi willen lieben. Christliche Liebe meint, andere so zu behandeln, wie der Herr dich behandelt, und das in der Kraft des Heiligen Geistes.

Echter errettender Glaube wird auch in unserem *Handeln* erkennbar (V. 14-26). Der Glaube ist nicht nur etwas, worüber du redest; er ist etwas, das dein Leben motiviert, sodass du an andere denkst und ihnen dienst. Abraham wurde zwar durch Glauben errettet (1Mo 15,6), aber er bewies diesen Glauben auch, indem er Gott gehorsam und bereit war, seinen Sohn zu opfern (1Mo 22). Rahab wurde errettet, weil sie Gott vertraute (Hebr 11,31), aber sie zeigte die Echtheit ihres Glaubens, indem sie die Kundschafter schützte (Jos 2; 6,17-27).

Jakobus und Paulus widersprechen sich nicht (Röm 4,1-5; 5,1), sondern ergänzen einander. Vor Gott sind wir durch den Glauben gerecht (für gerecht erklärt), aber vor den Menschen durch unsere Werke. Gott kann unseren Glauben sehen, die Menschen sehen aber nur unsere Taten.

Jakobus 3

Die Gläubigen, denen Jakobus schrieb, hatten Probleme mit ihrer Zunge (1,26; 2,12; 4,11-12). Natürlich ist die Zunge nicht das Problem, sondern das *Herz* (V. 14; Mt 12,35-37). Doch bevor du etwas sagst, frage dich:

Wer hat die Kontrolle (1-4)? Wenn Gott deine Zunge kontrolliert, wirst du deine Worte ernst nehmen (V. 1), und dein ganzer Körper wird von ihm beherrscht (V. 2). So wie ein Pferd einen Reiter braucht, der die Zügel hält, und ein Schiff einen Steuermann am Ruder, so braucht deine Zunge einen Herrn; und Gott ist der Einzige, der das kann. Psalm 141,1-4 ist ein gutes Gebet, wenn du Hilfe auf diesem Gebiet nötig hast.

> *»Du bist der Herr über deine unausgesprochenen Worte,*
> *der Diener deiner gesprochenen Worte und der Sklave*
> *deiner geschriebenen Worte.«*
> Sprichwort der Quäker

Welche Konsequenzen hat es (5-12)? Zündest du ein Feuer an, das außer Kontrolle geraten und viel Schaden anrichten könnte?

Lässt du ein gefährliches Tier frei oder vergiftest du eine erfrischende Quelle? Hast du deine Worte erst einmal gesprochen, kannst du sie nicht wieder zurücknehmen, sei also vorsichtig.

Was sind deine Motive (13-18)? Ist Bitterkeit oder Neid in deinem Herzen? Redest du mit der Weisheit Gottes oder der Weisheit der Welt? Bist du ein Friedensstifter oder ein Unruhestifter? Wenn dein Herz vor Gott richtig steht (Hebr 4,12), wird er deine Worte benutzen, um die richtige Art von Frucht hervorzubringen.

Jakobus 4

Über die frühe Gemeinde wurde gesagt: »Siehe, wie lieb sie einander haben!« Heute könnten die Menschen sagen: »Siehe, wie sie miteinander streiten!« Warum ist es für Gottes Volk so schwer, miteinander auszukommen?

Selbstsucht (1-3). Die Kriege unter uns werden von den Kriegen in uns verursacht. Wir wollen uns selbst gefallen, auch wenn es andere verletzt. Wenn wir nicht vorsichtig sind, können sogar unsere Gebete selbstsüchtig werden!

Weltlichkeit (4). Da Abraham von der Sünde getrennt lebte, war er ein Freund Gottes (2,23), aber Lot war ein Freund der Welt (1Mo 13,1-13). Denke über 1. Johannes 2,15-17 nach.

Stolz (5-10). Der Teufel weiß, wie er deinen Stolz benutzen kann, um dich zu besiegen – so wie er bei Eva erfolgreich war (1Mo 3,1-6). Lachst du, während du eigentlich über deine Sünden weinen solltest? Widerstehst du dem Teufel oder dem Herrn?

> *»Es ist richtig, dass die Gemeinde in der Welt ist;*
> *aber es ist falsch, wenn die Welt in der Gemeinde ist.*
> *Ein Boot auf dem Wasser ist gut;*
> *dafür sind Boote gemacht.*
> *Wenn das Wasser aber ins Boot dringt, sinkt es.«*
> Harold Lindsell

> »Eine ganz neue Generation von Christen ist
> herangewachsen, die glaubt, dass es möglich ist,
> Christus ›anzunehmen‹, ohne die Welt aufzugeben.«
> A. W. Tozer

Kritik (11-12). Wenn wir die Sünden anderer aufdecken, ist es ein Leichtes, unsere eigenen zu verbergen. Gerede und Verleumdung betrüben den Heiligen Geist und spalten die Familie Gottes. Gott hat uns zu Zeugen berufen, nicht zu Richtern!

Angeberei (13-17). Das Leben ist kurz und die Zukunft unbekannt, daher sollten wir Gottes Willen heute tun. Füge deinen Plänen stets hinzu: »*Wenn der Herr will*« (Spr 27,1).

Jakobus 5

Was möchte Gott in unserem Leben in den letzten Tagen, bevor der Herr zurückkommt?

Prioritäten (1-6). Wer nur für den Wohlstand lebt, beraubt sich wahrer Reichtümer (1Tim 6,6-10.17-19). Sorge dich nicht, bete lieber Gott an (Mt 6,19-34). Er weiß, was du brauchst, und wird deine Bedürfnisse stillen, wenn du nach Matthäus 6,33 lebst.

Geduld (7-12). Wenn du den richtigen Samen gesät hast, wirst du letzten Endes eine segensreiche Ernte einfahren, du musst nur geduldig sein. Wenn andere dich ausgenutzt haben, habe Geduld; der Richter steht vor der Tür. Wenn du durch Prüfungen gehst, sei geduldig; Gott sitzt noch immer auf dem Thron.

Gebet (13-18). Hier werden viele Arten von Gebet aufgeführt: Gebet für die Kranken, Gebet um Vergebung, Gebet für das Land und sogar Gebet für das Wetter. Es gibt nichts, für das man nicht beten kann, und kein Problem, das das Gebet nicht löst.

Persönliche Anliegen (19-20). Jakobus betont noch einmal den Dienst an Einzelpersonen (1,27; 2,1-4.14-16). Bemerkst du es, wenn sich ein anderer Gläubiger auf Irrwege begibt? Bist du wirklich um ihn besorgt? Versuchst du ihm zu helfen? Wartest du zu lange?

1. Petrus

Der Apostel Petrus wurde auserwählt, das Evangelium als Erster zu den Nationen zu tragen (Apg 10; 15,7), aber hauptsächlich galt sein Dienst den Juden (Gal 2,1-10). Er schrieb diese beiden Briefe an Gläubige, die auf fünf Gebiete im Römischen Reich verstreut waren; zwei von ihnen sollte Paulus nicht bereisen, weil der Heilige Geist es ihm verwehrte (Apg 16,7). Durch das Schreiben dieser Briefe erfüllte Petrus den Auftrag, der ihm in Lukas 22,32 und Johannes 21,15-17 gegeben worden war.

Das Thema des ersten Briefes ist *die Gnade Gottes* (5,12), und Petrus sagt uns, wie wir als Fremde in einer feindlichen Welt leben sollen. Das Thema des zweiten Briefes ist *geistliche Erkenntnis* (sieben Mal benutzt er das Wort *Erkenntnis* in diesem Brief), und er warnt uns vor falschen Lehrern.

Am Anfang seines ersten Briefes erinnert Petrus seine Leser daran, was Gottes Gnade durch die Errettung für sie getan hat (1,1–2,10). Anschließend weist er darauf hin, dass Gottes Gnade ihnen in den Beziehungen zu verschiedenen Personen in ihrem Leben hilft (2,11–3,12) – ebenso wie während der kommenden Verfolgung (3,13–5,14). In seinen Segensworten in 2. Petrus 3,18 fasst Petrus die Themen beider Briefe zusammen: »*Wachset aber in der Gnade* [1Petr] *und Erkenntnis* [2Petr] *unseres Herrn und Heilandes Jesus Christus!*« Das ist die einzige Möglichkeit, in diesen letzten Tagen als Christ zu leben.

1. Petrus 1

Die Errettung ist eine Berufung (1-2.15). Wir sind auserwählt vom Vater, der uns wiedergeboren hat (V. 3). Wir sind abgesondert vom Heiligen Geist, der uns das Wort gab und die Diener Gottes befähigt, es zu verkünden (V. 10-12) und der Verheißung zu glauben (V. 22). Wir wurden erkauft durch das Blut des Sohnes

Gottes (V. 18-21), der für uns starb, auferstand und zurückkehrt, um uns unser Erbe zu geben (V. 3-4.13). Da verwundert es nicht, dass Petrus seinen Brief mit einem Lobpreis begann! (Siehe Eph 1,3-14.)

Die Errettung ist eine Geburt (3.23). Das ist die geistliche Geburt, die Jesus Nikodemus zu erklären versuchte (Joh 3). Wenn du an Jesus Christus *glaubst* (V. 5.7.9.21), bist du von oben geboren. Du empfängst *Hoffnung* (V. 3-4.13.21) und *Liebe* zu Christus (V. 8) und seinem Volk (V. 22). Da wir Kinder Gottes sind, wollen wir ihm gehorsam sein (V. 14-16).

Die Errettung ist eine Erlösung (17-21). Der Apostel bezieht sich auf das Passahfest (2Mo 12). Jesus ist das für uns geschlachtete Lamm, und sein Blut wurde versprengt, um uns zu beschützen (V. 2). Die Juden in Ägypten mussten sich zur Abreise fertig machen, und wir brauchen dieselbe Haltung (V. 13). Bei der Wiederkunft Jesu ist unser Auszug aus dieser Welt gekommen!

Und all das geschah »*für euch*« (V. 4.10.12.13.20.25). Lobst du ihn dafür?

Eine lebendige Hoffnung

Die Hoffnungen der Menschen sind tote Hoffnungen. Wie abgeschnittene Blumen blühen sie eine Weile und verwelken und sterben dann (1Petr 1,24-25). Die christliche Hoffnung ist frisch und fruchtbringend, weil sie eine »*lebendige Hoffnung*« ist (V. 3), erkauft durch den lebendigen Christus (V. 3) und verheißen im lebendigen Wort Gottes (V. 23).

1. Petrus 2

Wachsen (1-3). So wie ein Säugling nach der Muttermilch verlangt, hungert das Kind Gottes nach dem Wort seines Vaters. Wenn du diesen Hunger verlierst und aufhörst zu wachsen, dann prüfe dich, ob sich eine der in Vers 1 erwähnten Sünden in dein Leben geschlichen hat.

Bauen (4-8). Gott baut einen Tempel aus lebendigen Steinen (Eph 2,19-22), und wir dürfen dazugehören. Wir sind auf Jesus Christus aufgebaut, daher kann der Tempel unmöglich zerstört werden.

Opfern (9-10). Jeder Gläubige ist ein Priester vor Gott und kann ihm durch Jesus Christus Opfer bringen. Wenn wir den Herrn anbeten, verkünden wir einer verlorenen Welt seine Tugenden. Dazu rief Gott Israel auf (2Mo 19,1-9), aber das Volk versagte. Versagen wir auch?

Enthalten (11-12). Als Fremde, deren Bürgerrecht im Himmel ist, werden wir aufmerksam von der Welt beobachtet; und wir müssen unser Leben zur Verherrlichung Gottes führen. Das mag heute zwar schwer sein, aber bei der Wiederkunft Jesu wird sich herausstellen, dass es das wert war.

Unterordnen (13-25). Petrus rät uns, gute Bürger und Arbeitnehmer zu sein, damit Gott verherrlicht wird. (Siehe Jeremias Rat an die Gefangenen [Jer 29].) Das Vorbild, dem wir folgen sollen, ist Jesus Christus, der sich sogar bis zum Tod unterordnete.

1. Petrus 3

Petrus verglich Gläubige mit Schafen (2,25). Schafe sind sanfte Tiere. Anschließend ruft er die Christen auf, in verschiedenen Lebensbereichen sanftmütig zu sein.

Zu Hause (1-7). Gläubige Frauen, die einen unerretteten Ehemann haben, sollten versuchen, ihn durch wahre geistliche Schönheit für den Herrn zu gewinnen statt durch unechten Glanz oder Nörgelei. Äußerer Glanz verblasst, aber ein sanfter und stiller Geist ist unvergänglich. Männer sollten ihre Frauen mit zärtlicher Liebe behandeln, so als wären sie kostbare und zerbrechliche Gefäße.

In der Gemeinde (8-12). Stell dir vor, du müsstest Christen an einen liebevollen und freundlichen Umgang untereinander erinnern! Doch wie Jakobus 4 zeigt, ist nicht jede örtliche Gemeinde ein Ort des Friedens.

In der Welt (13-22). Jeder kann für selbst verschuldetes Unrecht leiden, aber Christen müssen lernen, für Gutestun zu leiden. Natürlich ist Jesus das Vorbild, dem wir folgen sollen (V. 18; 2,18-25). Unser Zeugnis sollte nicht davon geprägt sein, dass wir viel Staub aufwirbeln und zurückschlagen, sondern von Sanftmut und Ehrerbietung (V. 15-16). In einer gewalttätigen Welt kann ein sanftmütiger Zeuge Großes bewirken.

> *»Nichts ist so stark wie Sanftmut*
> *und nichts so sanft wie echte Stärke.«*
> *Franz von Sales*

Ein gottesfürchtiges Leben

Die Christen, die den Brief von Petrus empfingen, wurden von anderen verleumdet (2,12.15.23; 3,9.16; 4,4.14). Petrus sagte ihnen, dass die beste Waffe gegen Verleumdung ein gottesfürchtiges Leben sei, das niemand kritisieren könnte. H. A. Ironside meinte: »Wenn das, was man über dich sagt, wahr ist, dann verändere dein Leben. Ist es aber nicht wahr, vergiss es, mache weiter und diene dem Herrn.«

1. Petrus 4

Lass dich nicht von der Vergangenheit beherrschen (1-6). Menschen, die durch den Glauben an Christus wiedergeboren sind (1,23), sollten es nicht zulassen, dass ihr altes Leben sie beherrscht. Die Vergangenheit ist begraben, und sie sind jetzt eine neue Schöpfung in Christus. Außerdem ist das Leben zu kurz, um es durch einen gottlosen Lebensstil zu vergeuden, besonders wenn man weiß, dass wir eines Tages alle vor Gott stehen werden.

Verfolgung
Petrus sagte, dass das Gericht beim Haus Gottes (der Gemeinde) beginnt (1Petr 4,17). Das erste Ziel der Verfolgung ist, die Gemeinde zu reinigen, damit sie verlorenen Menschen Zeugnis geben kann. Wenn Gott selbst seine eigenen Kinder für ihre Sünden richtet, wie viel mehr wird er dann verlorene Sünder richten! (Siehe Spr 11,31; Hes 9.)

Nimm die Gegenwart ernst (7-11). Ganz gleich wie schwer das Leben sein mag, wir haben eine Aufgabe zu erfüllen und müssen treu sein. Nimm dir Zeit zum Beten. Zeige den Gläubigen deine Liebe. Setze deine Gaben und Talente ein, um anderen zu dienen. Der Herr, der dir die Fähigkeit gab, wird dir auch die Kraft schenken, sie zu seiner Verherrlichung zu gebrauchen.

Sei auf die Zukunft vorbereitet (12-19). Auf die Gemeinde sollte das »*Feuer der Verfolgung*« zukommen. Petrus sagte seinen Lesern, sie sollten damit rechnen und es als eine Gelegenheit zum Zeugnis für Christus nutzen und suchte, Gott in allen Dingen zu verherrlichen. Die Verfolgung kam unter dem römischen Kaiser Nero, der die Christen für den Brand Roms verantwortlich machte. Auch heute wird die Gemeinde verfolgt. Bist du darauf vorbereitet?

1. Petrus 5
Auch ohne die Leiden der Endzeit, die auf die Gemeinde zukommen werden, haben Gläubige drei große Feinde.

Die Welt (1-4). Christliche Führungspersonen stehen vor der Versuchung, wie die Welt zu handeln und über Gottes Volk zu »*herrschen*« (Mt 20,20-28). Aber geistliche Leiter sind Hirten, die die Schafe *führen* und nicht *treiben* müssen. Unser Dienst muss freiwillig und demütig sein, und wir müssen anderen gerne helfen.

Das Fleisch (5-7). Von Natur aus wollen wir uns anderen nicht unterordnen. Der Ausdruck »*umkleidet euch mit Demut*« erinnert uns an unseren Erlöser, der ein Leinentuch nahm und die Füße von Petrus wusch (Joh 13,1-11). Wenn wir uns dem Herrn übergeben haben, können wir uns seinem Volk unterordnen. Demut führt zu Ehre, Stolz zu Schande.

Der Teufel (8-14). Der Teufel ist ein Widersacher, kein Freund. Er ist ein brüllender Löwe, kein verspieltes Haustier. Er will dich verschlingen, daher solltest du besser wachsam sein. Petrus dachte, er wäre in der Lage, den Feind zu besiegen, deshalb achtete er nicht auf die Warnung des Herrn (Lk 22,31-34). Am Ende standen Versagen und Scham. Du kannst dem Teufel im Glauben widerstehen, wenn du die geistliche Waffenrüstung trägst und dich dem Heiligen Geist übergibst (Eph 6,10-20).

2. Petrus

Als der Apostel 2. Petrus schrieb, wusste er, dass der Tod nahte (1,13-14) und die Gemeinde in Gefahr war, da falsche Lehrer sich eingeschlichen hatten. Er bat die Gläubigen eindringlich, am kostbaren Wort Gottes festzuhalten und geistlich zu wachsen (Kap. 1), falsche Lehrer aufzudecken und ihnen aus dem Weg zu gehen (Kap. 2) und die Verheißung der Wiederkunft Jesu in ihren Herzen zu bewahren (Kap. 3). Sein Schwerpunkt liegt auf der *geistlichen Erkenntnis*, die aus dem Wort Gottes kommt.

2. Petrus 1

Kraft für die Gegenwart (1-11). Als du Jesus Christus dein Leben gegeben hast, hat er dir alles gegeben, was du zum Leben und zur Gottseligkeit benötigst. Du musst dir nur nehmen, was du von seinen zur Verfügung gestellten Mitteln brauchst. Sein Wort nährt die göttliche Natur in dir, sodass du in der Erkenntnis und Gnade wachsen kannst. Das geschieht nicht automatisch; du musst fleißig sein und die Gnadenmittel anwenden, die Gott dir gibt.

Zusicherung aus der Vergangenheit (12-18). Da Petrus bald als Märtyrer sterben sollte (Joh 21,18), nutzte er die Zeit, um seine Leser daran zu erinnern, dass sie dem Wort Gottes vertrauen konnten. Obwohl Petrus auf dem Berg der Verklärung eine wunderbare Erfahrung machte (Mt 17,1-13), sind Erfahrungen kein Ersatz für das unveränderliche Wort Gottes.

Hoffnung für die Zukunft (19-21). Das Wort ist ein Licht in einer dunklen Welt, das auf die Wiederkunft des Herrn hinweist. »*Aus eigener Deutung*« meint, dass keine Prophezeiung vom Rest der Schrift isoliert oder ohne die Führung des Heiligen Geistes, der sie uns gegeben hat, ausgelegt werden sollte. Der Geist Gottes hat ein Buch geschrieben, und es muss als Ganzes verstanden werden. In Bezug auf einzelne Aspekte der Prophetie mögen Christen unterschiedliche Standpunkte vertreten, aber hinsichtlich der »*einen Hoffnung*« (Eph 4,4) – dass Jesus wiederkommt – sind sich alle einig!

2. Petrus 2

Die Beschreibung der falschen Lehrer ist deutlich genug, um sie zu erkennen, und anschaulich genug, um ihnen liebend gern aus dem Weg zu gehen. Es reicht nicht, falsche Lehren abzulehnen, du musst auch den Lebensstil und die Heuchelei zurückweisen, die dahinter stecken.

Sie arbeiten mit Betrug, daher musst du dich im Wort Gottes auskennen, um ihre beeindruckenden Worte (V. 18) und ihre verführerischen Versprechen (V. 19) zu erkennen. Sie suchen nur deine Gemeinschaft, um herauszufinden, was sie von dir bekommen können (V. 12-14). Anschließend lassen sie dich in einem schlimmeren Zustand zurück, als sie dich vorgefunden haben. Sie sind trügerisch und destruktiv, hüte dich vor ihnen!

Sie sind auf persönliches Vergnügen und finanziellen Gewinn aus, aber ihre Bestimmung ist das Gericht. Wie Bileam (4Mo 22–24) verführen sie andere zur Sünde, indem sie die Religion für ihren persönlichen Gewinn benutzen. Sie gehören nicht zu Gottes Schafen; sie sind Schweine und Hunde in Schafskleidern (Spr 26,11; Mt 7,15), die letzten Endes zu ihren natürlichen Verhaltensweisen zurückkehren. Echte Schafe halten sich rein, weil sie dem großen Hirten folgen (Joh 10,27-28).

2. Petrus 3

Wenn falsche Lehrer nicht mit Lügen zu ihrem Ziel kommen, fangen sie an, über das Wort Gottes zu spotten und sich darüber lustig zu machen. Sie wollen dich vergessen lassen, dass dasselbe Wort, das sie verlachen, Gottes Universum kontrolliert. Gott hat alles durch sein Wort erschaffen, durch das er auch alles zusammenhält (Kol 1,16-17; Hebr 1,1-2). Sein Wort rief die Flut hervor (1Mo 6–9), und eines Tages wird es das Feuer des Gerichts über diese gottlose Welt bringen (V. 7-10).

»Der furchtbare Tag«

»Die Finsternis um uns herum wird dichter, und gottesfürchtige Diener des Höchsten werden immer seltener und seltener. Gottlosigkeit und Unmoral breiten sich in der ganzen Welt ungezügelt aus, und wir leben wie Schweine, wie wilde Tiere, ohne jeglichen Verstand. Doch bald wird eine donnernde Stimme zu hören sein: *'Siehe, der Bräutigam!'* Gott wird diese böse Welt nicht viel länger ertragen können, sondern an diesem furchtbaren Tag kommen und die bestrafen, die sein Wort verspottet haben.« Hört sich das wie eine Äußerung eines zeitgenössischen, prophetischen Predigers an? Sie stammt von Martin Luther, der von 1483 bis 1546 lebte. Wenn Luther den Eindruck hatte, die Rückkehr des Herrn sei zu seiner Zeit nahe gewesen, was sollen wir dann heute denken!

Wer dich des Wortes Gottes beraubt, nimmt dir deine Zukunft. Menschen, die keine zukünftige Hoffnung haben, besitzen keine Motivation für ihr Leben heute. So verwundert es nicht, dass Petrus mit den Worten schließt: »*Geliebte, ... befleißigt euch*« (V. 14) und »*Geliebte, ... hütet euch*« (V. 17). Wir leben in schweren Zeiten, aber die Möglichkeiten waren nie größer. Gott wartet geduldig auf die Verlorenen, dass sie zum Glauben an Christus kommen (V. 15), aber er braucht dich, um ihnen sein Evangelium weiterzusagen.

1. Johannes

Der Apostel schrieb diesen Brief an seine geliebten »*Kinder*« (der Ausdruck kommt 9 Mal vor), um ihnen die Gewissheit ihrer persönlichen Errettung zu geben (5,13). Wenn du dir deiner Errettung sicher bist, kannst du Gemeinschaft mit Gott und seinem Volk haben (1,3), dich freuen (1,4) und die Sünde besiegen (2,1-2). Darüber hinaus wollte Johannes die Gläubigen vor falschen Lehrern warnen (2,26-27; 4,1-6). Sowohl Petrus als auch Johannes sorgten sich um eine reine Lehre in der Gemeinde, und uns sollte sie auch am Herzen liegen.

Die Kapitel 1–2 legen den Schwerpunkt auf *Gemeinschaft* und stellen unser *Reden* und *Handeln* einander gegenüber. Es ist leicht, über das christliche Leben zu reden, aber Gott möchte, dass wir es ausleben. In den Kapiteln 3–5 stellt Johannes die *Sohnschaft* in den Mittelpunkt (der Ausdruck »*aus Gott geboren*« wird mehrfach benutzt) und er nennt drei Kennzeichen eines echten Kindes Gottes: Gottes Willen tun (Kap. 3), die Brüder lieben (Kap. 4) und der Wahrheit glauben (Kap. 5).

»*Gott ist Licht*« (1,5), und seine Kinder sollten im Licht leben. »*Gott ist Liebe*« (4,8.16), und seine Kinder sollten ihr Leben in Liebe führen. »*Der Geist ist die Wahrheit*« (5,6), und Gottes Kinder sollten der Wahrheit glauben und ihr gehorsam sein.

1. Johannes 1

Gott möchte, dass du eine *lebendige Gemeinschaft* hast (V. 1-3) mit ihm und seinen Kindern. In Jesus Christus hat er offenbart, was echtes Leben ist. Obgleich du ihn nicht sehen und anfassen kannst, so wie seine Apostel es Jahrhunderte zuvor konnten, kann er dir doch ganz real sein, wenn sein Heiliger Geist deinem Herzen sein Wort öffnet.

Er möchte, dass du eine *freudige Gemeinschaft* hast (V. 4). Es ist nicht die Gemeinschaft eines Sklaven mit seinem Herrn, sondern die eines Kindes mit seinem Vater. Gott freut sich über seine Kinder (Ps 18,20) und sehnt sich danach, ihnen seine Liebe zu geben (Joh 14,19-24). Wenn du im Willen Gottes glücklich bist, kannst du für ihn leben und ihm dienen.

Er möchte, dass du eine *ehrliche Gemeinschaft* hast (V. 5-10). Das bedeutet: »*Im Licht wandeln*« und ehrlich mit der Sünde umgehen. Die Errettung ist eine Frage von Leben oder Tod, Gemeinschaft hingegen eine von Licht oder Finsternis. Wenn du Gott, andere Menschen und dich selbst anlügst, verlierst du deine Gemeinschaft mit Gott und veränderst dich charakterlich. Ein gottesfürchtiger Charakter entsteht nicht in der Finsternis.

> »*Manche Christen versuchen, ihren Weg in den Himmel allein und abgeschieden zu gehen. Aber Gläubige sind nicht wie Bären oder Löwen oder andere Tiere, die allein umherziehen.*
> *Wer zu Christus gehört, ist in dieser Hinsicht wie ein Schaf, das die Gemeinschaft der anderen liebt. Schafe leben in Herden, ebenso wie das Volk Gottes.*«
> Charles H. Spurgeon

Sein Leben wurde geoffenbart

Geoffenbart gehört zu Johannes' Lieblingswörtern. Jesus wurde geoffenbart, um uns das Leben Gottes zu zeigen (1Jo 1,2), unsere Sünden wegzunehmen (3,5), die Werke des Teufels zu zerstören (3,8) und Gottes Liebe zu Sündern zu enthüllen (4,9).

1. Johannes 2

In Jesus Christus hast du *einen Fürsprecher* (V. 1-2), der dich vor dem Thron Gottes vertritt (Sach 3). Wenn du sündigst, dann bekenne es ihm und empfange seine Vergebung.

In ihm hast du auch *ein Vorbild* (V. 3-6), und du solltest so »*wandeln, wie er gewandelt ist.*« Bitte Gott, dich Christus ähnlicher zu machen, und ernähre dich von seinem Leben durch das Lesen der Evangelien.

Du hast das *Gebot* (V. 7-11) von Jesus Christus, das Volk Gottes zu lieben. Der Vater gab dieses Gebot Israel (3Mo 19,18) und der Sohn seinen Jüngern (Joh 13,34), und der Heilige Geist schenkt dir die Kraft, es zu befolgen (Röm 5,5).

Dank Jesus Christus hast du *eine Familie* (V. 12-14). Die Angehörigen dieser Familie befinden sich auf verschiedenen geistlichen Entwicklungsstufen, aber alle können das Wort aufnehmen und wachsen. Es ist wunderbar, wenn die »*Kinder*« erst zu jungen Männern und dann zu Vätern werden!

Du hast auch *ein paar Feinde* (V. 15-27), die Welt und falsche Lehrer. Christen, die die Welt lieben, verlieren ihre Freude an der Liebe des Vaters und den Wunsch, seinen Willen zu tun. Wir überwinden die Welt durch die Liebe Gottes und die Lügner durch Gottes Wahrheit (V. 24-27).

Du hast *eine wunderbare Hoffnung* (V. 28-29), das Kommen Jesu Christi. Bleibe in ihm, dann wirst du nicht beschämt, wenn er wiederkommt.

1. Johannes 3

Absichtliche Sünde ist eine ernste Sache. Wenn du bewusst sündigst, betrübst du das Herz des Vaters, der dich liebt und eine wunderbare Zukunft für dich geplant hat (V. 1-3). Du machst den Erlöser traurig, der für dich starb und dich aus der Macht Satans befreite (V. 4-8).

Absichtliche Sünde betrübt den Heiligen Geist, der in dir lebt und dich wiedergeboren hat (V. 9-15). Du hast eine neue Natur und einen neuen Vater; deshalb solltest du ein neues Leben führen. Für Johannes ist mangelnde Liebe dasselbe wie Hass, und Hass ist das moralische Gegenstück zu Mord (Mt 5,21-26).

Absichtliche Sünde betrübt auch das Volk Gottes (V. 16-24), da wir ihm nicht so dienen können, wie wir es sollten, wenn wir nicht in der Liebe und im Licht leben. Bemühe dich um ein Herz, das vor Gott und Menschen richtig steht (Apg 24,16). Bitte Gott, dich als Ermutigung und Hilfe für andere zu benutzen (Jak 2). Liebe ist mehr als nur Worte (V. 18).

1. Johannes 4

Liebe ist ein Beweis der Errettung. Wenn du durch den Glauben an Jesus Christus aus Gott geboren bist, hast du sein Wesen in dir (2Petr 1,4). Da »*Gott Liebe ist*« (V. 8.16), sollten seine Kinder, die sein Wesen besitzen, auch seine Liebe zeigen. Die Kinder sollten sein wie der Vater!

Unsere Liebe zu anderen macht Gottes Liebe für sie real und sichtbar (V. 12), sodass wir ihnen Christus besser nahebringen können. Durch sie wird Gott auch uns real und persönlich erfahrbar. Von Gottes Liebe nur in der Bibel zu lesen, reicht nicht aus. Erlebe diese Liebe in deinem Herzen, indem du sie anderen weitergibst.

So wie die Wahrheit über die Lüge triumphiert (V. 1-6), besiegt die Liebe unsere Furcht (V. 17-19). Wenn deine Liebe zu Gott reifer wird, stellst du fest, dass du nichts zu fürchten hast, da dein Vater alles unter Kontrolle hat. Du vertraust denen, die du liebst; und der Glaube und die Liebe besiegen die Angst.

1. Johannes 5

Wenn du aus Gott geboren bist, bist du geboren, um zu lieben (V. 1-3). Du liebst den Vater, der dir das Leben geschenkt hat, und den Sohn, der sein Leben für dich gab. Du liebst auch seine Kinder, da ihr alle zur selben Familie gehört.

Wenn du aus Gott geboren bist, bist du geboren, um zu

gewinnen (V. 4-5). Deine erste Geburt machte dich zu einem Sünder und Verlierer, aber deine zweite Geburt hat aus dir einen Überwinder gemacht. Die Welt und der Teufel wollen dich verführen (2,15-17; 1Mo 3,6), aber wenn du Jesus Christus vertraust, möchte er dir den Sieg geben, den du nötig hast.

Wenn du aus Gott geboren bist, bist du zu der Gewissheit geboren, dass du ewiges Leben hast (V. 6-13). Du bist auch dazu geboren, im Gebet mit dem Vater zu reden und von ihm zu empfangen, was du benötigst (V. 14-17).

Wenn du aus Gott geboren bist, bist du sicher, und der Böse kann dir nichts anhaben (V. 18-21). Der Vater bewahrt deine Errettung (Joh 10,27-30), und du hältst dich fern von dem Bösen. Wenn du in Christus bleibst, erfährst du seine Liebe und Fürsorge.

2. Johannes

Diesen Brief schrieb Johannes an eine anonyme gläubige Frau, die ihr Haus für das Volk Gottes öffnete, damit es sich dort treffen und Gott anbeten konnten. Der Schwerpunkt liegt auf Wahrheit und Liebe, und Johannes weist auf drei Gefahren hin, vor denen Gläubige sich hüten müssen.

Die Wahrheit kennen, sie aber nicht tun (1-6). Wir müssen nach der Wahrheit und Gottes Geboten leben. Das Wort Gottes ist dazu da, dass man es *tut* und nicht nur *kennt*. »*Wenn wir sagen*« (1Jo 1,6.8.10), aber nicht gehorsam sind, sind wir Heuchler.

Die Wahrheit tun, sie aber nicht verteidigen (7-8.10-11). Der Feind schläft nicht, und wir müssen ihm widerstehen. Liebe muss im Gleichgewicht mit der Wahrheit stehen (Eph 4,15), andernfalls unterstützt du die Lüge im Namen der Liebe (Phil 1,9-11). Wenn wir uns mit den falschen Leuten anfreunden, können wir leicht verlieren, was wir gewonnen haben.

Über die Wahrheit hinausgehen (9). Das Wort »*weitergeht*« meint, dass man »über etwas hinausgeht«. Wenn du über Gottes Wort hinausgehst, gehst du zu weit. Das ist kein Fort-, sondern ein Rückschritt. Hüte dich vor jedem, der der Bibel etwas hinzufügt.

> »*Die Wahrheit ist immer stark, ganz gleich wie schwach sie erscheint, und Irrtum immer schwach, ganz gleich wie stark er wirkt.*«
> Phillips Brooks

3. Johannes

Johannes schrieb diesen Brief an seinen Freund Gajus, um ihn in einer schwierigen Situation in der örtlichen Gemeinde zu ermutigen. Wieder konzentriert er sich darauf, die Wahrheit Gottes als einen unerlässlichen Bestandteil des Lebens herauszustellen.

In der Wahrheit leben (1-4). Die Menschen konnten die Wahrheit in Gajus erkennen, weil er sie liebte und gehorsam nach ihr lebte; das bereitete Johannes große Freude. Christliche Eltern können Vers 4 zustimmen und ihn in ihre Gebete aufnehmen.

Für die Wahrheit arbeiten (5-8). Wenn du Gottes Diener unterstützt und ihnen Mut machst, wirst du zu einem ihrer Mitarbeiter bei der Verbreitung der Wahrheit. Christliche Gastfreundschaft war in jener Zeit wichtig und sollte heute wieder aufgegriffen werden.

Die Wahrheit aufnehmen (9-10). Kannst du dir vorstellen, dass Diotrephes eine Botschaft vom Apostel Johannes ablehnte? Er war so »abgesondert«, dass er nicht einmal Johannes' Freunde aufnahm. Wenn wir Gottes Volk aufnehmen, nehmen wir seine Wahrheit auf.

Von der Wahrheit zeugen (11-14). Nicht alle Gläubigen in der Gemeinde sind so wie Diotrephes; es gibt auch Menschen wie Demetrius, die die Wahrheit lieben und nach ihr leben. Sie sind es, die eine gesunde, örtliche Gemeinde ausmachen (V. 2).

Judas

Wie Jakobus war Judas ein Halbbruder des Herrn Jesus (Mk 6,3). Sein Brief beschäftigt sich mit falschen Lehrern und spiegelt die Warnungen von Petrus aus 2. Petrus 2 wider.

Wer sie sind (1-4). Eigentlich wollte Judas sich mit der Errettung befassen, aber der Herr ließ ihn über das Eindringen von Irrlehrern schreiben. Falsche Lehrer schlichen sich in die Gemeinde und blieben unentdeckt. Das sind unerlöste, gottlose, skrupellose Menschen (V. 19), die die Gnade als Ausrede für die Sünde benutzen.

Strebe nach Weisheit

Wenn wir den Menschen dienen wollen, müssen wir vorsichtig sein und unterscheiden können, damit uns der Umgang mit ihnen nicht mehr schadet, als wir ihnen nutzen (Jud 22-23). Über die Pharisäer sagte Jesus seinen Jüngern: »*Lasst sie!*« (Mt 15,14). Zu dem Propheten Hosea sagte Gott: »*Verbündet mit Götzenbildern ist Ephraim. Lass es gewähren!*« (Hos 4,17). Und Paulus riet Timotheus, sich von bestimmten Unruhestiftern fernzuhalten (1Tim 6,3-5). Bitte Gott um Weisheit, wenn du Menschen helfen willst, die vom Glauben abirren.

Was sie tun (5-11). Wie die Israeliten in der Wüste, die gefallenen Engel und die bösen Städte in der Ebene des Jordan lehnen sie Gottes Autorität ab. Ihre Worte sind herausfordernd und schändlich. Wie Kain (1Mo 4) besitzen sie keinen errettenden Glauben, sondern nur eine Religion. Wie Bileam (4Mo 22–24) benutzen sie Religion als einen Vorwand, um Geld zu machen; und wie Korach (4Mo 16) widersetzen sie sich dem Wort Gottes und der Autorität der Diener Gottes.

Was sie sind (12-16). Falsche Lehrer versprechen viel, halten aber wenig – wie Wolken, die keinen Regen bringen, oder Bäume, die keine Frucht tragen. Henoch hatte das richtige Wort für sie: *Gottlose.*

Was wir tun müssen (17-25). Denke an das Wort Gottes und wachse im christlichen Glauben. Echte Gläubige »*sind in Jesus Christus bewahrt*« (V. 1), und sie beweisen es, indem sie in der Liebe Gottes bleiben (V. 21). Deshalb kann Gott sie davor bewahren, im Glauben zu straucheln (V. 24-25).

Offenbarung

Johannes war ein römischer Gefangener auf der Insel Patmos, als Gott ihm diese Offenbarung Jesu Christi gab. Das Buch zeigt Jesus Christus als Priester und König (Kap. 1), Richter der Gemeinden (Kap. 2–3), Schöpfer (Kap. 4), Erlöser (Kap. 5), Herrn der Geschichte (Kap. 6–18), Sieger (Kap. 19–20) und Bräutigam (Kap. 21–22). Die Hauptbezeichnung für Christus in diesem Buch ist *das Lamm*. Johannes erinnert uns daran, dass Jesus für die Sünden der Welt starb (Joh 1,29).

Ein weiteres Schlüsselwort ist *Thron*, das über 40 Mal auftaucht. Die Offenbarung beschreibt den Konflikt zwischen dem Thron des Lammes im Himmel und dem Thron Satans auf der Erde. Johannes schildert sowohl die Anbetung im Himmel als auch den Krieg auf der Erde; und der Herr ist der Sieger. Ganz gleich wie dunkel der Tag sein mag oder wie stark die Kräfte des Bösen, das Lamm Gottes trägt den Sieg davon.

Der Schlüsselvers ist Kap. 1,19. Johannes sollte aufschreiben, »*was du gesehen hast* (Kap. 1) *und was ist* (Kap. 2–3) *und was nach diesem geschehen wird* (Kap. 4–22)!«

Offenbarung 6–19 ähnelt Matthäus 24 und Markus 13 in der Beschreibung des Tages des Herrn oder der Drangsalszeit. Der erste Teil findet sich in Kapitel 6–9, die Mitte in Kapitel 10–14 und der letzte Abschnitt (»*die große Bedrängnis*«) in Kapitel 15–19. Obwohl gute und gottesfürchtige Menschen uneins sind in einzelnen Auslegungsfragen bezüglich der Zahlen und Symbole, die Johannes verwendet, sind die meisten jedoch der Ansicht, dass die letzten Tage gekennzeichnet sind von der Zunahme des Bösen, dem Aufstieg einer Weltregierung und eines Weltherrschers, dem Versuch des Teufels, Gottes Volk zu vernichten, dem Ausgießen des Zornes Gottes über eine rebellische Welt und der Wiederkunft Jesu Christi, um seine Gläubigen zu retten und sein Reich aufzurichten.

Achte beim Lesen darauf, dass du dich nicht in den Details verlierst. Versuche vielmehr, das Große und Ganze im Auge zu behalten, und denke daran, dass Johannes dieses Buch zur Ermutigung der Gläubigen schrieb, die verfolgt wurden. Jede Generation von Christen hatte ihren Antichrist und ihr Babylon, und die Hoffnung auf die Wiederkunft des Herrn hat die Gläubigen in schweren Zeiten aufrechterhalten.

Die Offenbarung ist der Höhepunkt der Bibel, die Erfüllung dessen, was Gott in 1. Mose begann. Viele Symbole aus 1. Mose sind in diesem faszinierenden Buch zu finden: Licht und Finsternis, Sterne, Babylon, die Braut, ein Garten, ein Baum des Lebens, eine Schlange usw. Der Herr ist »*das Alpha und das Omega*« (1,8). Was er anfängt, beendet er auch.

Offenbarung 1

Dieses Buch ist zu allererst die Offenbarung Jesu Christi, nicht nur die Offenbarung zukünftiger Ereignisse. Bevor Johannes zu den Geschehnissen der Endzeit kommt, beschreibt er den Herrn Jesus und erinnert uns daran, wer er ist und was er getan hat.

Ein »glückseliges« Buch

In der Offenbarung findest du sieben Mal das Wort »*glück-selig*«: Kap. 1,3; 14,13; 16,15; 19,9; 20,6; 22,7.14. Es ist wirklich ein Buch der Glückseligkeit!

Lass dein Licht leuchten

In der alttestamentlichen Stiftshütte gab es einen Leuchter mit sieben Armen, aber hier sah Johannes sieben einzelne Leuchter (Offb 1,12), die die sieben in Kapitel 2–3 (V. 20) angesprochenen Gemeinden symbolisieren. Jede örtliche Gemeinde von Gläubigen sollte für den Herrn leuchten (Mt 5,16), indem sie

> das Wort des Lebens festhält und es in einer dunklen Welt
> verkündigt (Phil 2,14-16).

Laut Vers 5 ist er der treue Zeuge (der Prophet), der Erstgeborene
aus den Toten (der Priester) und der Herrscher über die Könige der
Erde (der König). Außerdem ist er der Erlöser (V. 5b-6), der sein
Volk zu einem Königtum von Priestern gemacht hat (2Mo 19,1-6;
1Petr 2,1-10). Vergiss nie, dass Jesus sein Blut für dich vergoss und
dass sein Blut reinigt (1,5; 7,14), erlöst (5,9) und uns überwinden
lässt (12,11).

Als Johannes im Obersaal war, lehnte er sich an die Brust Jesu
(Joh 13,23), doch als er den verherrlichten Christus sah, fiel er zu
seinen Füßen nieder wie ein Toter (V. 17; 2Kor 5,16). Wie Johannes
müssen auch wir ihn anbeten, wenn aus Gottes Offenbarungen in
diesem Buch eine Bedeutung für uns bekommen sollen.

Eines Tages »*wird der Tod nicht mehr sein*« (21,4), weil Jesus den
Tod besiegt hat (V. 18). Wenn du ihn als deinen Herrn und Erlöser
kennst, musst du dich vor der Zukunft nicht fürchten; er hat die
Schlüssel dazu in seiner Hand.

Offenbarung 2–3

Das Gericht beginnt »*beim Haus Gottes*« (1Petr 4,17), deshalb
befasst sich Jesus zuerst mit den sieben Gemeinden, bevor er sich
mit der verlorenen Welt beschäftigt. Diese Gemeinden zeigen das
Gute wie auch das Schlechte in jeder Gemeinde an allen Orten und
zu allen Zeiten. Für welche dieser sieben Gemeinden würdest du
dich entscheiden, wenn du nach einer Gemeinde für dich suchst?
Aus welchem Grund?

Ephesus (2,1-7). In dieser Gemeinde gibt es so viel Gutes, dass
es uns überrascht, dass die Gläubigen ihre erste Liebe verlassen
(nicht verloren) haben. Die Flitterwochen waren vorbei (Jer 2,2)!
Weder Absonderung von der Welt, noch Opfer, noch der Dienst
für den Herrn können deine fehlende Liebe zu ihm ausgleichen.

Das Wort *Nikolaiten* bedeutet »Besieger der Menschen.« Dies war offenbar eine Gruppe innerhalb der Gemeinde, die über die Menschen herrschte und die Trennung in »Geistliche« und »Laien« förderte (siehe Mt 21,20-27; 23,1-12).

Smyrna (2,8-11). Der Name *Smyrna* kommt von »Myrrhe«, einem bitteren Kraut. Eine passende Bezeichnung für eine Gemeinde, die verfolgt wurde. Würden die Gläubigen sich *fürchten* oder *treu sein* (V. 10)? Leiden können unser Leben bereichern, auch wenn wir uns selbst für arm halten; und das, was die Menschen als Reichtum ansehen, stellt sich womöglich als Armut heraus (3,17)! Was macht es schon aus, wenn die Menschen schlecht über dich reden, solange du im Willen Gottes lebst?

Pergamon (2,12-17). Diese Gläubigen hielten am Glauben fest, auch wenn es ihr Leben kostete. Aber sie waren falschen Lehren gegenüber zu tolerant und standen in der Gefahr, dass der Herr Krieg gegen sie führen würde. Bileam überzeugte Israel, einen Kompromiss mit ihren ungläubigen Nachbarn einzugehen, dem Herrn ungehorsam zu werden und der Unmoral nachzugeben (4Mo 23–24). Bereit zu sein, für den Glauben zu sterben, ist kein Ersatz für ein Leben im Glauben.

Thyatira (2,18-29). Vers 19 vermittelt den Eindruck, dass in der Gemeinde alles in Ordnung ist, aber lies nur weiter! Wie die Gläubigen in Pergamon duldeten die Christen in Thyatira Sünde in ihrer Mitte. Götzendienst und Unmoral gehen normalerweise Hand in Hand und Isebel personifiziert beides (1Kö 16,29-34; 21,2; 2Kö 9,30-37). Nicht jeder in der Gemeinschaft hatte sich der Sünde schuldig gemacht, und diese Gläubigen warnte der Herr nicht. Vielmehr ermutigte er sie, an der Wahrheit festzuhalten und treu zu sein.

Sardes (3,1-6). Diese Gemeinde hatte ein hohes Ansehen, aber bei genauerer Betrachtung zeigte sich, dass ihr Dienst ihrem Namen nicht gerecht wurde. Die Gemeinde stand sogar im Begriff zu sterben! Was war der Grund? Viele Leute verunreinigten sich, weil sie mit der Sünde nicht kompromisslos umgingen (2Kor 6,14-18; Jak 1,27). Das »*Buch des Lebens*« enthält die Namen aller lebenden Menschen; und wenn ein Mensch ohne Christus stirbt, wird sein Name darin gestrichen. Die Namen der Gläubigen stehen im *Buch des Lebens des Lammes* und können nicht gelöscht werden.

Philadelphia (3,7-13). Der Name bedeutet »Bruderliebe«, und Jesus empfand eine besondere Liebe zu diesen Menschen (V. 9). Trotz ihrer kleinen Kraft bekamen sie eine offene Tür zum Dienst, und der Herr forderte sie auf, sie zu nutzen. Wenn Gott dir eine Tür öffnet, kann niemand sie schließen. Aber du kannst sie ignorieren oder vernachlässigen.

Laodizea (3,14-22). Diese Gemeinde wusste nicht, wie schlecht es ihr wirklich ging! Es war eine arbeitende Gemeinde, aber ihr Dienst war lauwarm. Den Gläubigen fehlte geistlicher Enthusiasmus. Es war eine reiche Gemeinde, aber in Wirklichkeit war sie arm – und sie war sich ihres traurigen Zustandes nicht bewusst. Noch schlimmer war jedoch, dass der Herr *außerhalb der Gemeinde stand und hineinzukommen versuchte*! Würde sich nur ein Gläubiger ihm ausliefern, könnte die Gemeinde verändert werden.

Gottes Volk muss offen und ehrlich zum Herrn sein und sich seiner geistlichen Diagnose demütig beugen. Keine Gemeinde und kein Christ ist so weit entfernt, dass er nicht erneuert werden kann, aber wir müssen bereit sein, Buße zu tun und zu ihm umzukehren.

An die Überwinder

Jede dieser Botschaften an die Gemeinden endet mit einer Verheißung an die Überwinder. Sie sind keine elitäre Gruppe innerhalb der Gemeinde, sondern echte Gläubige, die ihr Leben Christus hingegeben haben (1Jo 5,1-5). Ganz gleich wie ungeistlich eine Gemeinde wird, Christus wird immer diejenigen belohnen, die ihm gehören, wenn sie seinem Wort treu sind. Die Verheißungen an die Überwinder ziehen sich von der alttestamentlichen Geschichte im Garten Eden (Offb 2,7) bis zum Thron Gottes (3,21).

Offenbarung 4

Eine Tür (1). Eines Tages wird Gott die Tür öffnen. Dann erklingt die Posaune und das Volk Gottes wird in den Himmel gerufen (1Thes 4,13-18). Bis dahin müssen wir die geöffnete Tür nutzen, die er uns zum Dienst gibt (3,8).

Ein Thron (2.4-5). Die Offenbarung ist das Buch des Thrones. Johannes sah Gott, den Vater, auf dem Thron, und er war so überwältigt, dass er das, was er sah, mit Edelsteinen verglich, um es zu beschreiben. Der Teufel mag seinen Thron auf der Erde haben (2,13), aber Gottes Thron im Himmel herrscht über allem und wird nicht besiegt werden.

Ein Regenbogen (3). Dieser smaragdgrüne Regenbogen spannte sich ganz um den Thron *herum*, ein vollständiger Kreis und nicht nur ein Bogen. Er stellt die Gnade Gottes dar (1Mo 9,11-17). Auf der Erde sehen wir den Regenbogen nach einem Sturm, aber Johannes sah ihn, *bevor* der Sturm des Gerichts losbrach. Gott gibt seinem Volk seine gnädige Verheißung, sodass es den kommenden Sturm nicht fürchten muss (3,10; 1Thes 1,10; 5,8).

Ein Chor (6-11). Die lebendigen Wesen repräsentieren die Schöpfung, die den Schöpfer preist (1Mo 1,28-31), und die Ältesten stehen für das Volk Gottes, das ihn anbetet. Wenn du nicht mehr über den Schöpfer staunst, hörst du auf, ein guter Verwalter der Schöpfung zu sein (11,18). Die ganze Schöpfung preist den Herrn, während sündige Menschen nur sich selbst loben und den Schöpfer vergessen.

> »Je mehr ich die Natur studiere,
> umso mehr muss ich über den Schöpfer staunen.«
> Louis Pasteur

> »So vergisst die Welt dich, ihren Schöpfer, und liebt das,
> was du geschaffen hast, statt dich.«
> Augustinus

Offenbarung 5

Das Buch (1) repräsentiert die Eigentumsurkunde der Schöpfung, denn nur Jesus Christus ist der rechtmäßige Erbe (Ps 2,8; Hebr 1,2). Um von ihm angebetet zu werden, bot der Teufel ihm die ganze Welt an (Mt 4,8-10), aber Jesus erwarb das Recht, dieses Buch zu empfangen, als er sein Leben am Kreuz gab. Hast du das Buch deines Lebens in seine Hände gegeben?

Das Lamm (5-6) ist Jesus Christus, der als Opfer für Sünde geschlachtet wurde (1Petr 1,18-20). Er ist sowohl Lamm (Joh 1,29) als auch Löwe (1Mo 49,8-10), Erlöser und Herrscher. Er ist auch die Wurzel Davids, da er vor David existierte und Davids königliche Linie ins Dasein rief. Als Lamm bietet Jesus die Erlösung an, als Löwe richtet er jene, die ihn ablehnen. Staune über die vielen Aspekte seiner Person und seines Werkes!

Das Räucherwerk (8) steht für die Gebete der Gläubigen (Ps 141,1-3). Über die Jahrhunderte hinweg hat Gottes Volk gebetet: »*Dein Reich komme*«; und diese Gebete stehen kurz davor, erhört zu werden. Die Gläubigen auf der Erde beten nicht zu oder durch die Heiligen, die jetzt im Himmel sind. Wir beten zu dem Vater und durch den Sohn. Die Gebete des Volkes Gottes spielen jedoch eine wichtige Rolle im Handeln Gottes mit der Welt.

Die Anbetung (9-14). Er ist unserer Anbetung würdig, nicht nur weil er der Schöpfer ist (Kap. 4), sondern umso mehr, weil er unser Erlöser ist. Schau dir an, wie das Lob immer größere Kreise zieht, bis jedes Geschöpf ihn anbetet. Der Himmel ist ein Ort der Anbetung, bereite dich also jetzt schon darauf vor, dich dem Lobpreis anzuschließen!

> »*Würde man den Vorhang der Weltgeschichte lüften,
> wir würden feststellen, wie viel die Gebete
> der Kinder Gottes bewirkt haben.*«
> Robert Murray M'Cheyne

Offenbarung 6

Der Weltherrscher (Antichrist) beginnt seinen Siegeszug über die Nationen mit einer friedlichen Machtübernahme (V. 1-2). Er hat eine Waffe, aber keine Munition; und die Menschen werden sagen: »*Friede und Sicherheit!*« (1Thes 5,1-3). Bevor er den Krieg erklärt, ruft der Teufel normalerweise den Frieden aus. Hüte dich vor seinen Angeboten.

Ein falscher Christus

In der Offenbarung finden wir zwei wichtige Reiter: den Antichrist (6,1-2) zu Beginn und Christus (19,11-16) gegen Ende des Buches. Die Vorsilbe *Anti* bedeutet im Griechischen sowohl »an stelle von« als auch »gegen«. Der Weltherrscher ist ein falscher Christus und wird vom Teufel, dem großen Fälscher, angetrieben (2Kor 11,13-15). Johannes verwendet den Ausdruck *Antichrist* nicht, stattdessen nennt er ihn »*das Tier*« (Kap. 13). Die Welt nahm den wahren Christus nicht an, aber den falschen Christus wird sie aufnehmen (Joh 5,43).

Kurze Zeit später befindet sich die Welt im Krieg (V. 3-4), Hungersnöte und Seuchen brechen aus (V. 5-8), und es kommt zu kosmischen Katastrophen (V. 12-17). Jesus sagte, dass diese Dinge geschehen würden (Mt 24,4-13).

Es heißt hier, dass sich die Märtyrer »*unter dem Altar*« befanden, denn dort kam das Blut der alttestamentlichen Opfer hin (3Mo 4,7; 17,11). Der Tod um Jesu willen ist nicht vergebens: Er ist Opfer und Anbetung. Sie beten nicht für persönliche Rache, sondern für Gottes Verherrlichung und Rechtfertigung. Wenn es scheint, als würde Gott nicht so wirken, wie er es deiner Meinung nach tun sollte, dann habe Geduld und lass ihn seinen Willen zu seiner Zeit tun.

> *»Die Liebe ist der große Unterschied zwischen einer Hinrichtung und einem Märtyrertod.«*
> Evelyn Underhill

Offenbarung 7

Als der Sturm stärker wird, sieht Johannes zwei Gruppen von Menschen und fasst Mut. Warum? Weil er erkennt, dass Gott sogar mitten in der Drangsalszeit wirkt.

Gott hat seine Diener, die seine Botschaft verkünden und seinen Namen ehren werden (V. 1-8). Uns wird nicht mitgeteilt, was diese versiegelten Juden tun, aber wir können annehmen, dass sie die Menschen auf den Herrn hinweisen werden. Notzeiten bringen Gelegenheiten zum Zeugnis (Mt 24,14).

> *»Wir machen einen großen Fehler, wenn wir mit unserer Vorstellung vom Himmel den Gedanken verbinden, dass wir dort von unserer Arbeit ausruhen werden. Ausruhen von Mühsal, Müdigkeit und Erschöpfung – ja; Ausruhen von Arbeit, Produktivität und Dienst – nein. Sie dienen Gott Tag und Nacht.«*
> B. F. Westcott

Offensichtlich werden die 144.000 Israeliten zu Beginn der Drangsalszeit versiegelt; und am Ende sehen wir eine große Zahl erretteter Menschen aus den Nationen (V. 9-17). Der Tag des Herrn bringt Gericht und Zerstörung, und er wird auch zur Errettung von Menschen führen. Im Zorn gedenkt Gott des Erbarmens (Hab 3,2). Wenn du geprüft wirst, bitte Gott, dass er dich benutzt, um andere mitten in deinen Schwierigkeiten für den Erlöser zu gewinnen.

Prüfungen dauern nicht ewig: Eines Tages wirst du die Not hinter dir gelassen haben und den Trost der Gnade Gottes erfahren. Warte und sei treu, und er wird dich durchbringen.

Offenbarung 8–9

Weihrauch am Altar (8,1-4). Das Schweigen im Himmel ist die Ruhe vor dem Sturm (Hab 2,20; Zef 1,7). Sogar die himmlischen Heerscharen unterbrechen ihre Anbetung und denken an die schrecklichen Gerichte, die kurz bevor stehen. Aber diese Gerichte sind die Antwort auf die Gebete der Heiligen (5,8): »*Dein Reich komme!*« Höre nicht auf zu beten!

Feuer vom Altar (8,5–9,12). Da die Welt nicht zum Altar kommt, um Vergebung zu empfangen (9,21), geht von ihm das Gericht aus. Beim Klang der Posaune erzittern Himmel und Erde, und aus dem Abgrund steigen dämonische Wesen heraus, um die Menschheit zu quälen. Statt Buße zu tun, wollen die Menschen lieber sterben, können es aber nicht (9,6). Sie machen mit ihren Sünden weiter: mit okkulten Praktiken, Mord, Unmoral und Diebstahl (9,20-21). All das klingt nur allzu vertraut.

Eine Stimme vom Altar (9,13-21). Gottes Heerscharen stehen bereit, um zur richtigen Zeit losgelassen zu werden, und die Qual wird vom Tod abgelöst. Die Menschen wollen sterben und Gott sendet seine Diener, die sie töten. Ein Drittel der Menschheit kommt um (9,15), was bedeutet, dass die Hälfte der Weltbevölkerung zu diesem Zeitpunkt tot ist (6,8)! Die Welt muss sich entscheiden: Leben oder Tod (5Mo 30,19). Bietest du ihnen die Gabe des ewigen Lebens in Jesus Christus an?

Offenbarung 10

Die Stimme der sieben Donner (1-4). Wir wissen nicht, was der Engel rief oder was die sieben Donner redeten (Ps 29). Die Wahrheit, die Gott den Menschen in seinem Wort gegeben hat, reicht aus zur Errettung und zu einem gottesfürchtigen Leben. Daher müssen wir uns nicht danach sehnen, die verborgenen Dinge zu erfahren (5Mo 29,28). Das Ziel der Schrift ist es, Sünder zu erretten und Errettete zu heiligen, nicht unsere Neugierde zu befriedigen.

Die Stimme des Engels (5-7). Der Engel sagte: »Es gibt keinen Aufschub mehr!« Was für eine Freude für die Märtyrer (und andere), die fragen: »*Bis wann?*« (6,9-11). Gott hat seine Zeiten (Pred 3,1-8) und wird seine Absichten fristgerecht ausführen. In unserer Verantwortung liegt es, treu zu sein und nicht neugierig (Apg 1,6-8).

Die Stimme des Apostels (8-11). Gott brauchte Johannes, um den Menschen seine Botschaft zu verkünden. Kein Engel konnte seinen Platz einnehmen. Um die Botschaft Gottes weiterzugeben, müssen wir jedoch sein Wort wie Nahrung in uns aufnehmen und es zu einem Teil von uns machen (Jer 15,16; Hes 3,1-11; 1Thes 2,13). Gottes Worte sind süß, wenn du sie liest (Ps 119,103), aber bitter, wenn sie tiefer gehen und du sie verdaust.

> »*Wenn du gewissenhaft
> nach der geoffenbarten Wahrheit lebst,
> wirst du auch etwas von ihrer Bitterkeit
> zu spüren bekommen. ...
> Wir brauchen das Bittere ebenso wie das Süße;
> und jeder Mensch, der in der Wahrheit lebt,
> wie Gott sie ihm geoffenbart hat, hat schließlich
> den Segen des Gehorsams kennengelernt.*«
>
> H. A. Ironside

Offenbarung 11

Etwas abzumessen, bedeutet, es für sich in Anspruch zu nehmen, so wie ein neuer Eigentümer ein Haus abmisst, um die Maße für Teppiche, Vorhänge usw. festzulegen. Johannes beansprucht den Tempel in Jerusalem für den Herrn, auch wenn der Antichrist ihn für kurze Zeit an sich reißen sollte (2Thes 2,3-4). Gott mag scheinbar ein paar Schlachten verlieren, aber letzten Endes wird er den Krieg gewinnen. Wir leben im Glauben.

Wir wissen nicht, wer die beiden Zeugen sind, aber sie ermutigen uns, dem Herrn in schweren Zeiten treu zu sein. Erst beschützt Gott sie, und dann lässt er es zu, dass sie getötet werden (Apg 12,1-10). Gottes Diener können nicht sterben, bis ihre Arbeit getan ist. Aber Satans Triumph ist von kurzer Dauer, da Gott die beiden in den Himmel aufnimmt. Der Sieg des Teufels ist in Wirklichkeit eine Niederlage, aber Gottes scheinbare Niederlage ist ein Sieg.

Ganz gleich was der Feind mit dem Tempel auf Erden tun mag, den himmlischen Tempel kann er nicht anrühren (V. 19). Die Freude böser Menschen wird schnell zur Wehklage (V. 10-14), während die himmlischen Heerscharen die souveräne Herrschaft Jesu Christi verkünden (V. 15-18). Sollen die Nationen ruhig toben (Ps 2), Jesus Christus wird herrschen von Ewigkeit zu Ewigkeit!

> »Im ganzen Wort Gottes hat keine Lehre den Hass der Menschen mehr hervorgerufen als die Wahrheit der absoluten Souveränität Gottes.
> Die Tatsache, dass 'der Herr herrscht', ist unbestreitbar, und genau diese Tatsache erregt den äußersten Widerstand in den Herzen unerretteter Menschen.«
>
> Charles H. Spurgeon

Offenbarung 12

Der Mörder (1-6). Das Kind ist Jesus Christus, und die Frau repräsentiert Israel, durch das der Erlöser in die Welt kam. Der Drache ist Satan, der die Geburt Jesu zu verhindern versuchte und ihn anschließend töten wollte. Der Teufel will diese Welt beherrschen, und er wird sich nicht dem König unterwerfen (V. 5; Ps 2,9).

Der Betrüger (7-9). Dies ist ein Bild von dem Fall des Teufels (Jes 14,12-17). Ein Drittel der Engel konnte er hinter sich herziehen (V. 4), und jetzt täuscht er die Welt, dass sie ihn anbetet.

Der Ankläger (10-12). Der Teufel hat Zugang zum Thron Gottes, wo er das Volk Gottes anklagt (Hi 1–2; Sach 3). Das Lamm überwindet ihn, weil es ihn auf Golgatha besiegt hat (Röm 8,31-34; 1Jo 2,1-2) und die Macht des Wortes Gottes besitzt (Eph 6,17).

Der Verfolger (13-17). Im Himmel mag der Krieg vorüber sein, aber auf der Erde wird er umso intensiver fortgesetzt. Der Teufel ist wütend und versucht, die Juden zu vernichten; er führt mit jedem Krieg, der an den Herrn glaubt. Gott kann seine Gläubigen gegen die Angriffe des Teufels schützen, aber du solltest sichergehen, dass du auch die ganze Waffenrüstung trägst (Eph 6,10-18) und dem Blut Jesu vertraust.

> »Ich fürchte mich nicht vor dem Teufel. Mit mir wird der
> Teufel fertig – er kennt Kampftechniken, von denen ich
> nie etwas gehört habe. Aber er wird nicht mit dem fertig,
> zu dem ich gehöre; er wird nicht mit dem fertig,
> mit dem ich verbunden bin; er wird nicht mit dem fertig,
> dessen Wesen in mir wohnt.«
>
> A. W. Tozer

Offenbarung 13

Anbetung. Das Tier aus dem Meer ist das letzte und größte Meisterwerk des Teufels – der Antichrist, der alle Tyrannen und Diktatoren der Weltgeschichte überragt. Dieser Mann nimmt das Angebot an, das der Teufel Jesus machte (V. 2; Mt 4,8-10). Die Welt betet ihn als Gott an, aber der Himmel sieht ihn als ein Tier (Dan 7). Jetzt hat der falsche Christus die Szene betreten!

Krieg. Das Tier kämpft gegen Gott, indem es ihn lästert (Dan 7,8.11.20.25) und die Heiligen verfolgt (V. 7; Dan 7,25). Es mag seltsam erscheinen, dass Gott es zulässt, dass sein Volk besiegt wird, aber dennoch gehört es zu seinem Plan (Hebr 11,35-40). Zu jeder Zeit musste das Volk Gottes gegen ein teuflisches Tier kämpfen.

Reichtum. Der »Premierminister« des Teufels bringt die Welt dazu, das Tier anzubeten, indem er allen Reichtum kontrolliert. Es ist eine Frage von Leben oder Tod! Wenn man politische und wirtschaftliche Macht und alle Religionen miteinander verbindet, besitzt man die Formel, mit der man die ganze Welt kontrollieren kann. Da die verlorene Welt Geld und Macht anbetet, hat er es nicht allzu schwer.

> ### Welche Reichtümer gehören dir?
> *Da alle Reichtümer dieser Welt*
> *Gaben des Teufels und irdischer Könige sind,*
> *sollte ich befürchten, dass ich den Teufel anbete,*
> *wenn ich Gott für weltliche Dinge danke.*
> *Das zahllose Gold eines fröhlichen Herzens,*
> *die Rubinen und Perlen eines liebenden Auges,*
> *kann der Gleichgültige nie auf den Markt bringen*
> *noch der Gerissene in seiner Schatzkammer aufhäufen.*
>
> William Blake

Offenbarung 14

Johannes benutzt Bilder aus der Landwirtschaft, um uns zu zeigen, dass die Zeit zum Gericht reif war.

Erstlingsfrucht (1-5). Gott nimmt das Beste für sich selbst, bevor die Ernte beginnt. Den 144.000 sind wir schon in Kapitel 7 begegnet, Gottes versiegelte Diener, die durch die Drangsalszeit gehen und das Lob des Lammes singen. Die Beschreibung in Vers 4 müssen wir geistlich verstehen: Sie trieben keine Unzucht, indem sie das Tier oder sein Bild anbeteten (2Mo 34,15; Jak 4,4).

Wein (6-13). Der »*Kelch seines Zornes*« ist ein Bild, das Jeremia 25,15ff. entliehen wurde. Gott gießt seinen Zorn über jene aus, die dem Tier folgen und Gottes Wahrheit zurückweisen. Obwohl man Vers 13 auf alle Gläubigen, die sterben, anwenden könnte, wird er eine besondere Bedeutung für die Märtyrer in dieser bösen Zeit haben.

Ernten (14-20). Gott lässt es zu, dass der Same der Sünde wächst und Ertrag hervorbringt (V. 14-16). Einmal wird die Welt ernten, was sie gesät hat. Johannes verwendet die Traubenlese als

Bild für das kommende Gericht (V. 17-20). Der »*Weinstock der Erde*« reift heran, und eines Tages wird Gott die Sichel ansetzen. Doch bis dahin sollten die Reben des wahren Weinstocks (Joh 15,1-8) mehr und mehr Frucht bringen.

Offenbarung 15

Johannes greift auf das Alte Testament zurück, um uns über Gottes Gericht und seine Gnade zu belehren. Die sieben Engel haben Zornschalen voll mit Plagen, um sie über die böse Welt auszugießen. Sie erinnern uns an die Plagen, die Gott zur Zeit des Mose den Ägyptern sandte (2Mo 7–12). In Kapitel 16 sehen wir, wie sie denen ähneln, die über Ägypten kamen.

Gott befreite Israel aus Ägypten, und die Menschen sangen ein Siegeslied am Roten Meer (2Mo 15). Johannes sah, wie die Überwinder der Drangsalszeit am himmlischen gläsernen Meer sangen. Mose und das Lamm finden zusammen im Lied des Triumphes.

Das himmlische Zelt des Zeugnisses ist von Rauch erfüllt, so wie die Herrlichkeit Gottes sowohl die Stiftshütte (2Mo 40,34-38) als auch den Tempel erfüllte (1Kö 8,10-11). Doch damals war die Herrlichkeit ein Kennzeichen der Gegenwart und des Segens Gottes. Die Herrlichkeit, die Johannes sah, kündigte jedoch an, dass Gottes Zorn bald über eine böse Welt ausgegossen werden sollte.

Sünder lernen nicht aus der Vergangenheit, aber Gläubige können aus ihr Mut schöpfen. Der Gott Moses und Israels verteidigt auch heute noch sein Volk. Es gibt ein neues Lied, das du singen kannst.

Offenbarung 16

Ganz gleich was die ungläubige Welt sagen mag, Gottes Gerichte sind gerecht (V. 1-7). Sünder ernten, was sie säen. Da »*Gerechtigkeit und Recht die Grundfeste seines Thrones sind*« (Ps 97,2), kann niemand Gott der Ungerechtigkeit bezichtigen.

Gottes Gerichte verändern nicht die Herzen der Menschen

(V. 8-11). Gott richtet Sünder nicht, um seine Gnade zu offenbaren, sondern um seine Heiligkeit zu wahren. In den letzten Tagen werden die Sünder wie der Pharao zur Zeit Moses sein; je mehr die Gerichte Gottes zunehmen, umso mehr werden sie ihr Herz verhärten.

Vor dem dunklen Hintergrund des Gerichts erstrahlt die Verheißung Gottes (V. 12-16). Christus kommt bald, und wir sollen wachen und in Heiligkeit leben (3,1-6), damit wir bereit sind, ihm zu begegnen (1Jo 2,28).

Gottes Gericht wird eines Tages vorüber sein (V. 17-21). Gottes Langmut wird einmal enden und sein Zorn wird geoffenbart. Was hält ihn heute zurück? Lies 2. Petrus 3,9.15, dort findest du die Antwort.

> *»In Rechtschaffenheit offenbart Gott in erster Linie seine Liebe zur Heiligkeit; in Gerechtigkeit hauptsächlich seinen Hass auf die Sünde ... Weder Gerechtigkeit noch Rechtschaffenheit ... sind eine Frage von Willkür. Sie sind Offenbarungen des innersten Wesens Gottes.«*
> Augustus Hopkins Strong

Das Schlachtfeld

Harmagedon (Offb 16,16) ist Hebräisch und bedeutet »der Berg von Megiddo«; und *Megiddo* heißt »Ort des Gemetzels«. Es ist die Ebene im Heiligen Land, wo Barak die Kanaaniter (Ri 5,19) und Gideon die Midianiter besiegte (Ri 7). König Saul schlug dort seine letzte Schlacht (1Sam 31). Es ist eines der größten natürlichen Schlachtfelder der Erde, auf dem der Antichrist die Armeen der Welt zusammenziehen wird, um gegen Jesus Christus zu kämpfen (Jes 24; Joe 3; Sach 12–14). Offenbarung 19,11-21 beschreibt das Ergebnis.

Offenbarung 17

Jeder Mensch muss sich entweder auf die Seite der großen Hure oder auf die der Braut stellen (21,9). Es gibt keinen Mittelweg. Die Frau repräsentiert den Höhepunkt der gottlosen Weltreligion. Sie steht in Verbindung mit einer Regierung (getragen von dem Tier) und verdirbt alles, was sie berührt. Die Braut ist die wahre Gemeinde Jesu Christi, gereinigt durch sein Blut und für die Herrlichkeit bestimmt.

Der falschen Religion zu folgen, ist wie Ehebruch: Man ist der Person untreu, der man seine Liebe versprochen hat (Jes 57,3; Jer 3,8-9; Hos 2,6). Die Hure war eine Zeitlang beliebt, aber dann wandten sich ihre »Liebhaber« von ihr ab und zerstörten sie. Der Antichrist wird eine Weltkirche benutzten, um an die Macht zu kommen, und dann seine eigene Religion gründen (13,11-15).

Obschon Christen gute Staatsbürger sein und für den Herrn Einfluss auf die Regierung nehmen sollen, darf sich die Gemeinde nicht mit politischen Systemen verbünden. Diese Systeme benutzen die Gemeinde nur, um ihre eigenen Pläne zu verfolgen, und werden sie dann aufgeben. Das Reich Jesu Christi ist nicht von dieser Welt (Joh 18,33-38), und wir haben einen geistlichen Feind (Eph 6,10ff.). Im Kampf gegen unsere geistlichen Feinde müssen wir zu geistlichen Waffen greifen (2Kor 10,3-6).

Offenbarung 18

Die Hure und die Braut werden jeweils mit einer Stadt in Verbindung gebracht: die Hure mit Babylon und die Braut mit dem himmlischen Jerusalem (21,9ff.). Die himmlische Stadt wird das ewige Zuhause der Braut sein, aber Babylon wird von Gott zerstört werden. Die Weltwirtschaft wird am Boden liegen.

> »In unserer wohlgemeinten Identifizierung mit der Welt formen nicht wir sie, sondern sie formt uns. Wir sollen uns nicht isolieren, sondern abschirmen, uns inmitten des Bösen bewegen, aber nicht davon berühren lassen.«
>
> Vance Havner

Johannes dachte sicherlich an Rom, als er dieses Kapitel schrieb, aber seine Bildersprache besitzt eine viel größere Bedeutung. Babylon symbolisiert das ganze gottlose Weltsystem, das sich um die Wünsche sündiger Männer und Frauen kümmert (1Jo 2,15-17). Wahre Gläubige haben mit der Hure und ihrer Stadt nichts zu tun und sollten sich von ihnen absondern (V. 4; Jer 50,8; 51,6; 2Kor 6,14-18). In jedem Zeitalter musste die Gemeinde ihr Babylon erkennen und sich davon fernhalten.

Wenn Gott Sünder richtet, trauert die Erde und der Himmel freut sich (V. 20). Die meisten Menschen kümmern sich hauptsächlich um die Befriedigung ihrer physischen Wünsche, geistliche oder ewige Dinge interessieren sie nicht. Sie leben für den vergänglichen Augenblick, nicht für die Ewigkeit.

Offenbarung 19

Feier (1-6). Sünder sagen »Leider!«, aber die Gläubigen rufen »*Halleluja!*«, wenn das gottlose Weltsystem namens Babylon fällt. Sünde wurde gerichtet, Gottes Diener rehabilitiert, Gott verherrlicht und Christus steht kurz davor, sein Reich zu gründen. Auch wenn du auf diese Siege noch warten musst, kannst du im Glauben »Halleluja!« rufen.

Verkündigung (7-10.17-21). In diesem Kapitel finden wir zwei gegensätzliche Festmahle: das Hochzeitsmahl des Lammes (V. 9), das Segen bringt, und das »*große Mahl Gottes*« (V. 17-21), das Gericht bringt. Die Braut macht sich am Richterstuhl Christi bereit, wo ihre »*Flecken und Runzeln*« weggenommen werden (Eph 5,25-27) und sie Lohn für ihren treuen Dienst empfängt. Im Gegensatz dazu sind die gottlosen Armeen der Erde vom Herrn besiegt worden und werden nun den Vögeln zum Fraß vorgesetzt. Das ist die Schlacht von Harmagedon, die in Offenbarung 16,16 erwähnt wurde.

Das zukünftige Reich

Sein Reich kommt!
O, erzähl mir die Geschichte!
Gottes Banner soll erhoben werden;
Die Erde soll erfüllt sein mit seinem Wunder
und seiner Herrlichkeit,
So wie Wasser das Meer bedeckt.

Verfasser anonym

Offenbarung (11-16). Christus kommt mit seinen Armeen und besiegt alle seine Feinde! Vergleiche das mit seinem Einzug in Jerusalem am Palmsonntag (Mt 21,1-11), und schaue dir noch einmal die Verheißungen des Vaters in Psalm 2 an. Vergleiche es auch damit, wie der Antichrist die Bühne betritt (6,1-2). Es macht uns Mut zu wissen, dass unser Erlöser *heute* der König der Könige und der Herr der Herren ist, und wir eine sichere Zukunft haben, weil er herrscht.

Offenbarung 20

Der verlorene Thron (1-3.7-10). Seit seiner Rebellion (Jes 14,12-15) hatte Gott dem Teufel erlaubt, auf der Erde zu wirken, hielt ihn aber stets unter Korntrolle (Hi 1–2). Der Teufel wird seinen Thron gegen einen Abgrund eintauschen und sein endgültiges Schicksal wird der Feuersee sein, wo er die Ewigkeit mit dem Tier und dem falschen Propheten verbringen wird (V. 10; 19,20) – und mit denen, die lieber dem Teufel als Jesus Christus gefolgt sind (Mt 25,41).

Die Throne des Reiches (4-6). Die erste Auferstehung findet statt, bevor Jesus in sein Reich kommt, und umfasst nur diejenigen, die an Christus geglaubt haben (Joh 5,24-29; 1Thes 4,13-18). Sie werden mit ihm herrschen (Mt 19,28) und Zuständigkeiten entsprechend ihres treuen Dienstes auf Erden bekommen (Mt 25,14-30).

Der große weiße Thron (11-15). Dieses Gericht gilt nur den Verlorenen und schließt sich an die zweite Auferstehung an, die Auferstehung zum Gericht. Sünder, die Christus abgelehnt haben, werden ihm gegenüberstehen (Joh 5,22) und ihn sagen hören: »*Weicht von mir!*« (Mt 7,23; 25,41). Diese ernste Szene sollte uns veranlassen, für verlorene Menschen zu beten und ihnen Zeugnis zu geben sowie dem Herrn zu danken, dass er uns errettet hat!

Offenbarung 21

Für jene, die an Jesus Christus glauben, wird in der Zukunft »*alles neu*« (V. 5), doch die Menschen, die ihn abgewiesen haben, werden dieselben alten Sünden die ganze Ewigkeit hindurch begleiten (V. 8.27; 22,11.15).

Die Menschheitsgeschichte beginnt mit einem Garten (1Mo 2,8-17) und endet mit einer Stadt, die wie ein Garten ist. Das Wichtigste an der himmlischen Stadt ist jedoch nicht, dass es dort keine Sünde gibt, sondern dass Gott in all seiner Herrlichkeit gegenwärtig ist (V. 3.11.23). Seine Gegenwart macht »*alles neu*«.

Er ist der Tempel (V. 22) und die Lampe (V. 23); und seine Gegenwart bedeutet, dass es dort weder Sünde, Schmerz, Tod, Trauer noch Geschrei geben wird (V. 4) und auch keinen Fluch (22,3; 1Mo 3,9-19). Der Himmel ist so wunderbar, dass Johannes ihn nur anhand der Dinge schildern kann, die nicht dort sein werden! Seine Schönheiten und Segnungen sind mit menschlichen Worten nicht zu beschreiben oder zu erklären.

Warum gab Jesus Johannes diese Vorschau auf die ewige Herrlichkeit? *Um sein geprüftes und verfolgtes Volk zu ermutigen.* »*Ich gehe hin, euch eine Stätte zu bereiten*« (Joh 14,1-6) ist die beste Medizin für ein gebrochenes Herz und die beste Grundlage für wankende Schritte.

> »*Die Hoffnung auf den Himmel in Schwierigkeiten ist wie der Wind und die Segel für die Seele.*«
> Samuel Rutherford

> »Niemand sollte im Himmel etwas erwarten, wovon er
> auf die eine oder andere Weise nicht bereits einen
> Vorgeschmack in diesem Leben bekommen hat.«
>
> John Owen

Offenbarung 22

Wie reagierst du auf die Verheißung der Wiederkunft des Herrn?
Johannes' letztes Kapitel kann dir bei einer Bestandsaufnahme
helfen.

Schätzt du sein Wort und bist ihm gehorsam (V. 7)? Es ist *seine*
Botschaft an dich (V. 16), die nicht verändert werden darf
(V. 18-19). Wenn du gehorsam bist, wartet ein besonderer Segen
auf dich (V. 14).

Erfüllst du die Aufgabe, zu der er dich berufen hat (V. 12)? Er
verheißt, treue Diener zu belohnen (Lk 12,35-48).

Möchtest du *wirklich*, dass Jesus heute wiederkommt (V. 20)?
Hast du »*sein Erscheinen liebgewonnen*« (2Tim 4,8)? Wärst du
enttäuscht und deine Pläne auf den Kopf gestellt, wenn Jesus
heute kommen würde?

Bittest du verlorene Sünder eindringlich, an ihn zu glauben und
sich auf sein Kommen vorzubereiten (V. 17)? Der Heilige Geist
wirkt durch die Gemeinde, um verlorene Menschen zum Erlöser zu
führen. Die in Offenbarung 21,8 und 22,11 beschriebenen Menschen können errettet (1Kor 6,9-11) und eine neue Schöpfung
werden, die bereit ist für den neuen Himmel und die neue Erde
(2Kor 5,17). Wirst du es ihnen sagen?

»Erstaunliche Gnade«

*O Gnade Gottes, wunderbar
Hast du errettet mich.
Ich war verloren ganz und gar,
war blind, jetzt sehe ich.*

Wenn wir zehntausend Jahre sind
in Seiner Herrlichkeit,
mein Herz noch von der Gnade singt
wie in der ersten Zeit.
John Newton